suhrkamp taschenbuch 987

George Bernard Shaw, geboren am 26. Juli 1856 in Dublin, ist am 2. November 1950 in Ayot St. Lawrence/Hertfordshire gestorben. 1926 wurde er mit dem Nobelpreis ausgezeichnet.

Zu den meistgespielten Stücken des irischen Nobelpreisträgers Bernard Shaw (1856–1950), der als Markenzeichen für geistreiche Unterhaltung und Provokation gilt, zählt neben der *Heiligen Johanna*, *Pygmalion*, *Helden* oder *Cäsar und Cleopatra* vor allem seine Verarbeitung des Don Juan-Mythos unter dem bewußt an Nietzsche anklingenden Titel *Mensch und Übermensch* (1903). Shaw veranschaulicht darin seine auch in zahlreichen Essays erklärte Theorie der Evolution, der »life-force«, die er als schöpferisches Prinzip hinter der Anziehungskraft der Geschlechter sieht, mit dem Ziel, einen besseren, einen »Über-Menschen« anzustreben. Medium dieser Kraft ist in erster Linie die Frau, die im Sinne der Evolution den höchsten Anspruch stellen muß, letztlich als Dienerin dieser überpersönlichen Aufgabe, während der Mann, in *Mensch und Übermensch* ein Revolutionär, der seiner eigenen Theorie zum Opfer fällt, allein seine persönliche Freiheit, sogar gegen die Möglichkeit des Glücks, ausleben will.

Bernard Shaw
Mensch und Übermensch

Mit dem Brief
an Arthur Walkley

Deutsch von Heinrich Böll
und Annemarie Böll

Suhrkamp

Titel der Originalausgabe: *Man and Superman*
Abbildung auf dem Umschlag: Shaw, *Mensch und Übermensch.*
Volkstheater Wien 1926. Theatermuseum des Instituts
für Theaterwissenschaft der Universität Köln

suhrkamp taschenbuch 987
Erste Auflage 1984

Druck: Nomos Verlagsgesellschaft, Baden-Baden
Printed in Germany
Umschlag nach Entwürfen von
Willy Fleckhaus und Rolf Staudt

1 2 3 4 5 6 – 89 88 87 86 85 84

Vorwort

Brief an Arthur Walkley

Mein lieber Walkley
Sie haben mich einmal gefragt, warum ich kein Stück über Don Juan schriebe. Die Leichtfertigkeit, mit der Sie diese fürchterliche Verantwortung übernommen haben, hat es Ihnen inzwischen wahrscheinlich leicht gemacht, sie zu vergessen; aber der Tag der Abrechnung ist nun gekommen. hier ist Ihr Stück. Ich sage *Ihr Stück*, denn qui facit per alium facit per se. Der Ertrag des Stücks und die Mühe, die es gemacht hat, gehören mir: seine Moral, sein Gebaren, seine Philosophie, seine Wirkung auf die Jugend: das müssen Sie verantworten. Sie waren in reifem Alter, als Sie den Vorschlag machten; und Sie kannten Ihren Mann. Es ist kaum fünfzehn Jahre her, seit wir als Zwillingspioniere des Neuen Journalismus in den selben neuen Blättern eine neue Epoche der Theater- und Opernkritik einleiteten, indem wir diese Kritik zum Vorwand nahmen, unsere eigenen Lebensanschauungen zu propagieren. Sie können sich also nicht damit verteidigen, Sie hätten die Kraft, die Sie in Bewegung setzen, nicht gekannt. Sie wollten: ich sollte ›épater le bourgeois‹; wenn der Bourgeois nun protestiert, so verweise ich ihn hiermit an Sie als den Verantwortlichen.

Ich warne Sie: sollten Sie versuchen, die Verantwortung abzulehnen, so wird in mir der Verdacht aufkommen, daß mein Stück für Ihren Geschmack zu züchtig ist. Die fünfzehn Jahre haben mich älter und ernsthafter gemacht. Bei Ihnen kann ich diesen angemessenen Wandel nicht feststellen. Mit Ihrer Leichtfertigkeit und Frechheit ist es wie mit der Liebe und dem Trost, um den Desdemona betet:

sie nehmen in dem Maße zu, wie Ihre Jahre zunehmen. Keine bloß fortschrittliche Zeitung will heute noch etwas damit zu tun haben; nur die ehrwürdige Times ist ausreichend über jeden Verdacht erhaben, um Sie unter ihre Fittiche zu nehmen; und sogar die Times muß manchmal ihrem guten Stern dafür danken, daß nicht jeden Tag nur neue Stücke produziert werden, denn nach jedem Ereignis dieser Art ist ihre Würde kompromittiert, ihre Plattheit in ein Epigramm verwandelt, ihr schwerfälliger Ernst in Witz, ihre Ehrbarkeit in Eleganz und sogar ihre Würde in Frivolität durch kritische Bemerkungen, die letzten Endes mit Ihrem Namen zu zeichnen die Traditionen der Zeitungen nicht erlauben, den Sie aber mit Vorbedacht zwischen den Zeilen mit den kühnsten Schnörkeln zeichnen. Ich bin nicht sicher, ob dies nicht ein Vorzeichen der Revolution ist. Im Frankreich des achtzehnten Jahrhunderts war das Ende in Sicht, als die Menschen die Enzyklopädie kauften und darin Diderot fanden. Wenn ich die Times kaufe und Sie darin finde, so vernimmt mein prophetisches Ohr das Dröhnen der Umwälzungen des zwanzigsten Jahrhunderts.

Dies sind jedoch im Augenblick nicht meine Sorgen. Die Frage ist, werden Sie nicht von einem Stück über Don Juan enttäuscht sein, in dem nicht eins von den tausend Liebesabenteuern dieses Helden auf die Bühne gebracht wird? Um Sie zu besänftigen, möchte ich eine Erklärung abgeben. Sie werden mir erwidern, daß ich nie etwas anderes tue: Es ist Ihr Lieblingshieb gegen mich, daß das, was ich ein Drama nenne, nichts anderes ist als eine Erklärung. Aber Sie dürfen nicht erwarten, daß ich Ihre unerklärbare, phantastische, anspruchsvoll-pingelige Art, vorzugehen, übernehme: Sie müssen mich so nehmen, wie ich bin: ein vernünftiger, geduldiger, beharrlicher, fleißiger Mensch mit dem Charakter eines Lehrers und den Zielen eines Kirchenvorstehers, der sich verteidigt. Ohne Zweifel lenkt meine literarische Begabung, die zufälligerweise das britische Publikum amüsiert, die Aufmerksamkeit von meinem Charakter ab, aber dieser Charakter ist da, daran ist nicht zu rütteln. Ich habe ein Gewissen; und ein Gewissen ist immer ängstlich darauf bedacht, sich zu erklären. Sie haben im Gegenteil das Gefühl, ein Mann, der auf sein Gewissen pocht, gleiche sehr einer Frau, die auf ihre Anständigkeit pocht. Die einzige moralische Kraft, die zu zeigen Sie sich herablassen, ist die Kraft Ihres Witzes: der einzige Anspruch, den Sie in der Öffentlichkeit stellen, ist der Anspruch Ihrer Künstlernatur auf Symmetrie, Eleganz, Stil, Anmut, Verfeinerung und die Sauberkeit, welche gleich hinter der Gottesfurcht kommt, wenn nicht gar vor ihr. Aber mein Gewissen ist genau das eines Kanzelpredigers: es ärgert mich, die Leute zufrieden zu sehen, wenn sie unzufrieden sein sollten; und ich bestehe darauf, sie zum Nachdenken zu bringen, um ihnen die Fehltritte bewußt zu machen. Wenn Sie meine Predigten auch nicht mögen, sie müssen Sie schlucken. Ich kann einfach nicht anders.

Im Vorwort zu meinen Stücken für Puritaner habe ich die fatale Lage des zeitgenössischen englischen Dramas erklärt, das gezwungen ist, sich fast ausschließlich mit Fällen sexueller Anziehung zu befassen, und dem es doch untersagt ist, diese sexuelle Anziehung darzustellen oder auch nur ihre Natur zu diskutieren. Ihre Anregung, daß ich ein Stück über Don Juan schreiben solle, war für mich hauptsächlich eine Herausforderung, selber dieses Thema dramatisch darzustellen. Die Herausforderung enthielt so viel Schwierigkeiten, daß es mich reizte, sie anzunehmen; denn, wenn man es recht bedenkt, so haben wir massenhaft Dramen, deren Helden und Heldinnen verliebt sind und infolgedessen am Ende des Stückes heiraten oder umkommen müssen, oder Dramen über Menschen, deren Beziehungen zueinander durch die Ehegesetze kompliziert worden sind, ganz zu schweigen von den eher lockeren Theaterstücken, die von der traditionellen Meinung leben, daß ungesetzliche Liebesbeziehungen lasterhaft und erfreulich zugleich sind; es gibt indessen keine modernen englischen Stücke, in denen die natürliche Anziehung der Geschlechter das Hauptthema der Handlung ist. Das ist der Grund, warum wir darauf bestehen, daß unsere Schauspieler schön sind; darin unterscheiden wir uns von den Ländern, die unser Freund William Archer unseren kindischen Theatern als Beispiel der Ernsthaftigkeit vorhält. Die Julias und Isolden, die Romeos und Tristans dort könnten unsere Väter und Mütter sein. Mit der englischen Schauspielerin ist es da anders. Die Heldin, die sie darstellt, darf über die elementaren Beziehungen zwischen Männern und Frauen nicht sprechen: ihr ganzes sentimentales Geplapper über Liebe, wie sie in Romanen steht, ihre rein rechtlichen Dilemmas, ob sie geheiratet oder »betrogen« wurde, rühren nicht an unser Herz sondern bringen unseren Verstand in Verwirrung. Um uns zu Trost zu verhelfen, dürfen wir sie nur anschauen. Das tun wir, und ihre Schönheit gibt unseren schmachtenden Gefühlen Nahrung. Manchmal murren wir ungalanterweise gegen die Dame, weil sie nicht so gut spielt, wie sie aussieht. Aber in einem Drama, das, obwohl das Sexuelle den ganzen Hintergrund bildet, in Wirklichkeit ohne jegliches sexuelle Interesse ist, ist gutes Aussehen begehrter als darstellerische Kunst.

Erlauben Sie mir, diese Tatsache mit allem Nachdruck zu betonen, denn Sie sind zu klug, um mir den dummen Vorwurf zu machen, ich handele paradox, wenn ich einmal den Stock am richtigen statt am falschen Ende ergreife. Warum sind unsere gelegentlichen Versuche, auf der Bühne das sexuelle Problem zu behandeln, so abstoßend und langweilig; und sogar diejenigen, die entschieden dafür eintreten, die Diskussion sexueller Probleme solle offen und frei sein, können nicht so tun, als genössen sie diese freudlosen Versuche, die Gesellschaft von ihren Abwässern zu befreien. Liegt nicht die Ursache darin, daß sie im Grunde ganz und gar geschlechtslos sind? Was ist die übliche Formel für diese Stücke? Bei einem Vorfall in der Vergangenheit ist eine Frau mit dem Gesetz in Konflikt geraten, das die Beziehung zwischen den Geschlechtern regelt. Ein Mann kommt dadurch, daß er sich in sie verliebt oder sie heiratet, in Konflikt mit der gesellschaftlichen Konvention, die diese Frau verfemt. Nun kann man natürlich den Konflikt zwischen Individuen mit Gesetz und Konvention ebenso dramatisch darstellen wie andere menschliche Konflikte; aber es handelt sich um rein rechtliche Konflikte; und die Tatsache, daß wir uns viel mehr für die unterdrückten Beziehungen zwischen dem Mann und der Frau interessieren als für die Beziehungen zwischen den beiden und unseren Gerichten und den privaten Gerichten der Matronen, bringt dieses Gefühl hervor, etwas verfehlt zu haben, das Gefühl der Unbefriedigtheit, der fundamentalen Unzulänglichkeit, der Seichtheit, des nutzlosen Unbehagens, der völligen Unfähigkeit zu erbauen und der partiellen Unfähigkeit, Interessen zu erwecken, das Ihnen im Theater ebenso vertraut ist, wie es mir geläufig war, als auch ich diese ungemütlichen Gebäude öfter besuchte und fand, daß unsere populären Stückeschreiber beabsichtigen, wie sie glauben, Ibsen nachzueifern.

Ich nehme an, daß Sie nichts dieser Art wünschten, als Sie mich um ein Stück über Don Juan baten. Niemand wünscht das: der Erfolg, den solche Stücke manchmal haben, liegt an dem nebensächlichen konventionellen Melodrama, mit dem ein erfahrener populärer Autor sich instinktiv vor dem Reinfall rettet. Aber was haben *Sie* gewollt? Dank Ihrer unglückseligen Gewohnheit – ich hoffe, Sie sehen inzwischen ein, wie schwierig diese Gewohnheit alles macht – sich nicht zu erklären, habe ich das allein herausfinden müssen. Ich habe mich also zuerst fragen müssen: was ist ein Don Juan? Ist er in der vulgären Vorstellung: ein Wüstling? Aber Ihr Abscheu vor Vulgarität ist fast schon ein Mangel. Eine universelle Persönlichkeit ist ohne einen Anteil Vulgarität nicht denkbar; und selbst, wenn Sie Geschmack daran finden könnten, so fänden Sie Nahrung genug aus gewöhnlichen Quellen und müßten nicht mich bemühen. Ich habe also angenommen, daß Sie einen Don Juan im philosophischen Sinn erwarteten.

Philosophisch betrachtet ist Don Juan ein Mann, der, obgleich er begabt genug ist, um außergewöhnlich gut zwischen gut und böse zu unterscheiden, seinen eigenen Instinkten folgt, ohne sich um das allgemeine, geschriebene oder kanonische Recht zu kümmern; und der sich darum, während er die warme Sympathie unserer rebellischen Instinkte genießt, (denen Don Juan durch die Brillianz schmeichelt, mit der er sie verbindet) sich in einem tödlichen Konflikt mit existierenden Institutionen befindet, und er verteidigt sich mit List und Gewalt genauso bedenkenlos, wie der Bauer mit den gleichen Mitteln seine Ernte vor Ungeziefer zu schützen versucht. Der Vorläufer Don Juans, der im frühen sechzehnten Jahrhundert von einem spanischen Mönch erfunden wurde, wurde, entsprechend den Ideen jener Zeit, als der Feind Gottes dargestellt, dessen herannahende Rache, deren Drohung von Minute zu Minute wächst, man während des ganzen Dramas spürt. Kein anderer Gegner läßt den Zuschauer um Don Juan fürchten: mit Leichtigkeit entkommt er der Polizei, der weltlichen und geistlichen; und als ein empörter Vater mit dem Schwert private Wiedergutmachung sucht, tötet Don Juan ihn mühelos. Erst als der erschlagene Vater in Gestalt seiner eigenen Statue als Bote Gottes vom Himmel heruntersteigt, siegt er über seinen Mörder und stürzt ihn in die Hölle. Die Moral ist eine mönchische: bereue und bessere dich jetzt, denn morgen könnte es zu spät sein. Dies ist in Wirklichkeit der einzige Punkt, in dem Don Juan skeptisch ist; denn er glaubt fest an eine ewige Hölle, und er riskiert es, verdammt zu werden, nur, weil die Hölle, da er jung ist, in so weiter Ferne zu liegen scheint, daß die Reue aufgeschoben werden kann, bis er sich nach Herzenslust amüsiert hat.

Aber die Lehre, die der Autor beabsichtigt hat, ist nur selten die, die die Welt aus seinem Buch zieht. Was uns bei El Burlado de Sevilla anzieht und beeindruckt, ist nicht die Notwendigkeit einer augenblicklichen Reue, sondern die Kühnheit, die in dem Wagnis liegt, ein Widersacher Gottes zu sein. Von Prometheus bis zu meinem eigenen Teufelsjünger sind solche Widersacher immer populär gewesen. Don Juan wurde so beliebt, daß die Welt seine Verdammung nicht ertragen konnte. In einer zweiten Version versöhnte sie ihn auf eine sentimentale Weise mit Gott und verlangte ein ganzes Jahrhundert lang nach seiner Kanonisation; auf diese Weise wurde er ebenso behandelt, wie der englische Journalismus jenen komischen Widersacher der Götter, Punch, behandelt hat. Molières Don Juan hält sich im Punkt der Reuelosigkeit an das Original; aber in puncto Frömmigkeit entfernt er sich weit davon. Es ist wahr, auch er äußert die Absicht, zu bereuen. Aber in welchen Ausdrücken! »Qui, ma foi! il faut S'amender. Encore vingt ou trente ans de cette vie-ci, et puis nous songerons ànous.« Nach Molière kommt der Zauberkünstler, der selbst von Meistern geliebte Meister, Mozart, er enthüllt den Geist des Helden in zaubrischen Harmonien, in Elfentönen, in trunkenen, durchdringenden Rhythmen, wie Sommerblitze, die hörbar gemacht worden sind. Hier ist Freiheit in der Liebe und in der Moral, die sich auf geistvolle Weise über die Unterjochung durch diese beiden (Liebe Moral) lustig macht, sie zieht dich an, verlockt dich, zwingt dich auf unerklärliche Weise den Helden mit seinem Widersacher, der Statue, auf eine transzendente Ebene zu versetzen und die prüde Tochter und ihren selbstgefälligen Liebhaber auf einem Nippesbord darunter zu placieren, wo sie, wenn sie nicht gestorben sind, noch heute als fromme Leute leben.

Nach diesen perfekten Werken zählt Byrons Fragment philosophisch gesehen nicht viel. Unsere umherschweifenden Lüstlinge sind von diesem Standpunkt an nicht interessanter als der Seemann, der in jedem Hafen eine Frau hat; und am Ende ist Byrons Held nichts anders als ein umherschweifender Lüstling. Und er ist sprachlos: er diskutiert nicht nur sich selbst mit einem Sganarelle-Leporello oder mit den Vätern und Brüdern seiner Geliebten; er erzählt nicht einmal, wie Casanova, seine eigene Geschichte. Er ist überhaupt kein richtiger Don Juan; denn er ist ebenso wenig ein Widersacher Gottes wie irgendein romantischer und abenteuerlustiger Junge, der über die Stränge schlägt. Wären Sie oder ich in seinem Alter an seiner Stelle gewesen, wer weiß, ob wir uns nicht so verhalten hätten wie er, wenn ich auch glaube, daß Ihre Pingeligkeit Sie vor der Kaiserin Katharina bewahrt hätte. Byron war so wenig ein Philosoph wie Peter der Große; beide waren Beispiele jener seltenen und nützlichen, aber wenig erbaulichen Species: kraftvolle Genies, die ohne die Vorurteile und den Aberglauben ihrer Zeitgenossen geboren sind. Die daraus entstehende skrupellose Freiheit des Gedankens machte Byron zu einem kühneren Dichter als Wordsworth, so wie sie Peter zu einem kühneren Herrscher als Georg III. machte; aber da es schließlich nur eine negative Eigenschaft war, hinderte es Peter nicht daran, ein fürchterlicher Schurke und ein durchtriebener Feigling zu werden, und es machte Byron nicht fähig, wie Shelley zu einer religiösen Kraft zu werden. Wir wollen also Byrons Don Juan außer acht lassen. Mozarts Don Juan ist der letzte der wahren Don Juans; denn als er mündig geworden war, hatte sein Vetter Faust in den Händen Goethes seinen Platz eingenommen und hatte beides, seinen Kampf gegen die Götter und seine Versöhnung mit ihnen, weit über die Liebe hinaus ausgedehnt: in die Politik, in die Kunst, es waren Pläne darin enthalten, dem Ozean neue Kontinente zu entreißen und die Erkenntnis eines ewig weiblichen Prinzips im Universum. Goethes Faust und Mozarts Don Juan waren das letzte Wort des neunzehnten Jahrhunderts zu diesem Thema, und ehe die modischen Kritiker des zwanzigsten Jahrhunderts, die William Blake ebenso leichtfertig ignorierten, wie das achtzehnte Jahrhundert Hogarth oder das siebzehnte Bunyan ignoriert hatte, die Dickens-Macauly-Dumas-Guizot-Stufe und die Stendhal-Meredith-Turgenieff-Stufe überwunden hatten und sich mit der philosophischen Dichtung eines Ibsen und Tolstoi konfrontiert sahen, hatte Don Juan sein Geschlecht gewechselt und war zu einer Dona Juana geworden, die aus dem Puppenhaus ausbrach und darauf bestand, ein Individuum zu sein und nicht nur eine Nummer in einem Mysterienspiel.

Sie haben es gut, mich am Anfang des zwanzigsten Jahrhunderts um ein Stück über Don Juan zu bitten, aber Sie werden aus der obigen Übersicht ersehen, daß Don Juan seit einem vollen Jahrhundert für Sie und für mich nicht mehr zeitgemäß ist; und wenn es Millionen von weniger gebildeten Menschen gibt, die sich immer noch im achtzehnten Jahrhundert befinden, haben sie dann nicht ihren Molière und ihren Mozart, deren Kunst keine menschliche Hand verbessern kann? Sie würden mich auslachen, wenn ich mich heute mit Duellen und Geistern und »weiblichen« Frauen befaßte. Was einen bloßen Libertinismus betrifft,

so wären Sie der erste, mich daran zu erinnern, daß »Festin de Pierre« von Molière kein Stück für Liebhaber ist, und daß ein Takt der wollüstigen Sentimentalitäten von Gounod oder Bizet in der Partitur von »Don Giovanni« als liederlicher Flecken erscheinen würden. Selbst die abstrakteren Teile des Don Juan Dramas sind unbrauchbar geworden. Zum Beispiel: Don Juans übernatürlicher Gegner, warf diejenigen, die sich weigerten zu bereuen, in einen Pfuhl von kochendem Schwefel, wo sie von Teufeln mit Hörnern und Schwänzen gepeinigt wurden. Wieviel ist von diesem Gegner und von dieser Vorstellung von Reue noch übrig, daß man es in einem Stück verwenden könnte, das Ihnen gewidmet ist? Andererseits triumphieren heute überall jene Kräfte der bürgerlichen öffentlichen Meinung, die es zu Zeiten des ersten Don Juan für einen spanischen Edelmann wohl kaum gab. Die zivilisierte Gesellschaft ist eine riesige Bourgeoisie: heute wagt es kein Edelmann mehr, auch nur seinen Gemüsehändler zu schokkieren. Die Frauen, »marchesane, principesse, cameriere, cittadine« und die übrigen, sind ebenso gefährlich geworden. Das weibliche Geschlecht ist aggressiv und mächtig: wenn den Frauen Unrecht geschieht, so bilden sie nicht eine rührende Gruppe und singen »Protegga il giusto cielo«; sie ergreifen schreckliche legale und gesellschaftliche Waffen und schlagen zurück. Durch eine einzige Indiskretion werden politische Parteien gestürzt, öffentliche Karrieren vernichtet. Für einen Mann wäre es besser, alle Statuen Londons zum Abendessen einzuladen, so häßlich sie auch sein mögen, als von Donna Elvira vor das Gericht des Protestantischen Gewissens gestellt zu werden. Die Exkommunikation ist zu einer beinahe ebenso schwerwiegenden Sache geworden wie im zehnten Jahrhundert.
Als Folge davon ist nicht mehr der Mann, wie Don Juan es noch war, der Sieger im Duell der Geschlechter. Ob er

das je gewesen ist, mag bezweifelt werden: jedenfalls zeigt sich die ungeheure Überlegenheit der natürlichen Stellung der Frau, was diese Sache betrifft mit immer größerer Macht. Das protestantische Gewissen am Bart zu zupfen, so wie Don Juan die Statue des Komturs im Franziskanerkloster am Bart zupfte, das kommt heutzutage gar nicht in Frage: das verbieten einem Helden, der einigermaßen bei Verstand ist, sowohl Klugheit als auch gute Manieren. Außerdem besteht für Don Juan die Gefahr, beim Bart gezupft zu werden. Weit davon entfernt, in Heuchelei zu verfallen, wie Sganarelle fürchtete, hat er unerwarteterweise in seiner Unmoral eine Moral entdeckt. Die wachsende Erkenntnis seines neuen Standpunktes überhäuft ihn mit Verantwortung. Er hat seine früheren Scherze so ernst nehmen müssen, wie ich manche Scherze von Mr. W. S. Gilbert. Sein Skeptizismus, der einmal seine am wenigsten geduldete Eigenschaft war, hat sich jetzt so vollständig durchgesetzt, daß er sich nicht mehr mit witzigen Verneinungen behaupten kann, sondern, um nicht zu einer bloßen Null zu werden, eine positive Einstellung finden muß. Nachdem seine tausendunddrei galanten Affairen zu höchstens zwei unreifen Intrigen geworden sind, die zu schmutzigen und andauernden Komplikationen und Erniedrigungen führten, hat man sie abgetan als seiner philosophischen Ehre unwürdig und kompromittierend für seine neuerdings anerkannte Stellung als Gründer einer Schule. Statt so zu tun, als läse er Ovid, liest er tatsächlich Schopenhauer und Nietzsche, studiert Westermarck und macht sich Sorgen um die Zukunft des Menschengeschlechts statt um die Freiheit seiner eigenen Triebe. So sind seine Ruchlosigkeit und sein mutwilliges Benehmen dort gelandet, wohin auch sein Schwert und seine Mandoline verschwunden sind, in den Lumpensack der Anachronismen und des Aberglaubens. Er ist tatsächlich heute mehr Hamlet als Don Juan;

denn wenn auch die Zeilen, die dem Schauspieler in den Mund gelegt werden, um dem Parkett klar zu machen, daß Hamlet ein Philosoph ist, zum größten Teil einfach wohlklingende Platitüden sind, die, wenn man etwas von der Wortmusik abstriche, eher einem Pecksniff angemessen wären – wenn das auch so sein mag – wenn Sie den wahren Helden, der außer im Augenblick der Inspiration unartikuliert und sich selbst unverständlich ist, von dem Darsteller trennen, der um jeden Preis durch fünf Akte hindurch reden muß; und wenn Sie aussetzen und tun, was man bei Shakespeares Tragödien immer tun muß, das heißt, wenn Sie die absurden sensationellen Vorfälle und die physische Gewalttätigkeit der geborgten Geschichte von dem echten Shakespearischen Gewebe trennen, finden Sie einen wahren promethischen Feind der Götter, dessen instinktive Haltung gegenüber den Frauen sehr derjenigen gleicht, zu der Don Juan jetzt getrieben wird. Von diesem Gesichtspunkt aus war Hamlet ein weiter entwickelter Don Juan, den Shakespeare hinter einem ehrenhaften Mann versteckt, genau wie er den armen Macbeth hinter einem Mörder versteckte. Heute ist das Kaschieren nicht mehr nötig, (wenigstens nicht auf Ihrer Ebene und auf meiner), denn der Donjuanismus wird nicht mehr als bloßer Casanovismus mißverstanden. In seinem Wunsch, dieses Mißverständnis zu vermeiden, ist Don Juan selber beinahe asketisch; und daher hat mein Versuch, ihn zeitgemäß zu machen, indem ich ihn als modernen Engländer in eine moderne englische Umgebung stelle, eine Figur hervorgebracht, die oberflächlich betrachtet dem Helden Mozarts ganz unähnlich ist.

Und doch habe ich nicht ein Herz, Sie gänzlich zu enttäuschen und Ihnen nicht doch noch einen Blick auf den Mozartschen dissoluto punito und seinen Widersacher, die Statue, zu gönnen. Ich bin sicher, daß Sie mehr über die

Statue erfahren möchten – Sie möchten sie, wenn sie sozusagen frei hat, vorzeigen. Um Ihnen den Gefallen zu tun, habe ich auf den Trick des Schmierendirektors zurückgegriffen, der eine Pantomime über Sindbad den Seefahrer mit einem Packen alter Plakate anzeigt, die für Ali Baba gemalt worden sind. Er wirft einfach ein paar Öllampen in das Tal der Diamanten und erfüllt so das Versprechen, das dem Auge der Öffentlichkeit auf dem Bauzaun gemacht worden ist. Ich habe diesen einfachen Trick auf unseren Fall so angewandt, daß ich in mein ganz modernes dreiaktiges Stück einen ganz fremden Akt einbaue, in dem mein Held, von der Luft der Sierra verzaubert, einen Traum hat, in dem sein mozartscher Vorfahr erscheint und ausgiebig in einem Shawisch-sokratischen Dialog mit der Dame, der Statue und dem Teufel philosophiert.

Aber dieser Scherz ist nicht das Wesentliche meines Stücks. Was das Wesentliche ist, unterliegt nicht meiner Kontrolle. Sie schlagen mir eine gewisse gesellschaftliche Substanz vor, sexuelle Anziehung; und ich destilliere sie für Sie. Ich verfälsche das Produkt nicht mit Aphrodisiaka, noch verdünne ich es mit Romantik und Wasser; denn ich führe nur Ihren Auftrag aus, ich produziere kein populäres Stück für den Markt. Sie müssen sich deshalb darauf vorbereiten (falls Sie nicht wie die meisten klugen Leute zuerst das Stück und erst hinterher das Vorwort lesen), Sie müssen sich darauf vorbereiten, eine banale Story aus dem modernen Londoner Leben vorzufinden, einem Leben, in dem, wie Sie wissen, die Hauptbeschäftigung des durchschnittlichen Mannes darin besteht, das Geld zu beschaffen, um die Stellung und die Gewohnheiten eines Gentleman aufrecht zu erhalten, und wo die Beschäftigung der durchschnittlichen Frau darin besteht, sich zu verheiraten. In 9999 von 10 000 Fällen können Sie darauf zählen, daß sie nichts tun werden, weder Edles noch Gemeines, das sich mit diesen

Zielen nicht verträgt. Sie können sich darauf verlassen, was ist ihre Religion, ihre Moral, ihr Patriotismus, ihr guter Ruf, ihre Ehre, das sind ihre Prinzipien usw.

Im großen und ganzen ist das eine vernünftige und zufriedenstellende Basis für eine Gesellschaft. Geld bedeutet Nahrung und Ehe bedeutet Kinder; und daß die Männer die Nahrung an die erste Stelle und die Frauen die Kinder an die erste Stelle setzen, ist, allgemein gesprochen, ein Naturgesetz und nicht das Diktat persönlichen Ehrgeizes. Das Geheimnis des Erfolges, den der prosaische Mensch tatsächlich hat, ist die Gradlinigkeit, mit der er diese Ziele verfolgt; das Geheimnis des Mißerfolges beim Künstler, soweit er Mißerfolg hat, ist die Vielseitigkeit, mit der er nach allen Richtungen sekundären Idealen nachläuft. Der Künstler ist entweder ein Dichter oder ein Taugenichts: als Dichter kann er nicht einsehen, wie es der prosaische Mann tut, daß Ritterlichkeit im Grunde nur ein romantischer Selbstmord ist; als Taugenichts kann er nicht verstehen, daß es sich nicht lohnt, zu schmarotzen, zu betteln und zu lügen, zu prahlen und sein Äußeres zu vernachlässigen. Mißverstehen Sie also meine einfache Feststellung, die fundamentale Beschaffenheit der Londoner Gesellschaft betreffend, nicht als den Vorwurf eines Iren gegen Ihre Nation. Vom ersten Tage an, wo ich meinen Fuß auf diesen fremden Boden setzte, erkannte ich den Wert der prosaischen Eigenschaften, deren sich zu schämen die Iren den Engländern beibringen, und ich erkannte auch die Eitelkeit der poetischen Eigenschaften, auf die stolz zu sein, die Engländer den Iren beibringen. Denn der Ire setzt instinktiv die Eigenschaft herab, die den Engländer für ihn gefährlich macht; und der Engländer schmeichelt instinktiv dem Fehler, der den Iren für ihn ungefährlich und amüsant macht. Der Fehler, den der prosaische Engländer hat, ist der gleiche, den alle prosaischen Menschen aller Länder haben:

Stupidität. Die Vitalität, welche Nahrung und Kinder an die erste Stelle, Himmel und Hölle an eine ziemlich entfernte zweite Stelle und das Wohl der Gesellschaft als einem organischen Ganzen an gar keine Stelle setzt, kann sich erfolgreich durch die Stufen der gesellschaftlichen Entwicklung hindurchpfuschen; die vergleichsweise der Organisation in Klans entsprechen, aber in den Nationen des neunzehnten und den Völkergemeinschaften des zwanzigsten Jahrhunderts muß der Entschluß eines jeden Mannes, um jeden Preis reich zu werden, und der jeder Frau, um jeden Preis zu heiraten, ohne eine hochwissenschaftliche gesellschaftliche Organisation als Voraussetzung eine ruinöse Entwicklung von Armut, Ehelosigkeit, Prostitution, Kindersterblichkeit, Degeneration der Erwachsenen hervorrufen und alles weitere, was weise Männer fürchten. Kurz gesagt, es gibt keine Zukunft für jene Menschen, so sehr sie auch von grober Vitalität überschäumen mögen, die weder intelligent noch ausreichend politisch gebildet sind, um Sozialisten zu sein. Mißverstehen Sie mich also auch nicht in der anderen Richtung: wenn ich die vitalen Qualitäten eines Engländers schätze, wie ich die Qualitäten der Biene schätze, so garantiere ich dem Engländer nicht, daß er nicht wie die Biene (oder die Kanaaniter) ausgeräuchert und seines Honigs beraubt wird von Wesen, die ihm in einfacher Erwerbstüchtigkeit an Kampflust und Fruchtbarkeit unterlegen, aber an Einbildungskraft und List überlegen sind.

Das Stück über Don Juan soll indessen von der Anziehung der Geschlechter handeln und nicht über Nahrungsbeschaffung, und die Anziehung soll in einer Gesellschaft dargestellt werden, wo die ernste Seite der Sexualität von den Männern den Frauen überlassen wird, so wie die ernste Seite der Nahrungsbeschaffung von den Frauen den Männern überlassen wird. Es stimmt, daß die Männer, um sich vor einer zu aggressiven Verfolgung der weiblichen Ziele zu schützen, die schwächliche romantische Übereinkunft erfunden haben, daß die Initiative in sexuellen Dingen immer vom Mann ausgehn muß; aber der Vorwand ist so seicht, daß es selbst im Theater, dem letzten Heiligtum der Unwirklichkeit, nur noch den Unerfahrenen täuscht. In den Dramen Shakespeares ergreift immer die Frau die Initiative. In seinen Problemstücken wie in seinen volkstümlichen Stücken besteht das Interesse an der Liebesgeschichte im Interesse zuzusehen, wie die Frau den Mann zur Strecke bringt. Sie kann es wie Rosalind tun, indem sie ihn bezaubert oder wie Mariana durch List; aber in jedem Fall ist die Beziehung zwischen der Frau und dem Mann die gleiche: sie ist der Verfolger und Urheber, er der Verfolgte und der, über den entschieden wird. Wenn die Absichten der Frau, wie bei Ophelia, durchkreuzt werden, so wird sie verrückt und begeht Selbstmord; und der Mann geht gleich von ihrem Begräbnis zu einem Wettfechten. Bei sehr jungen Wesen erspart die Natur ohne Zweifel der Frau manchmal die Mühe des Intrigierens. Prospero weiß, daß er Ferdinand und Miranda nur zusammenwerfen muß, damit sie sich paaren wie die Tauben; und Perdita braucht Florizel nicht einzufangen wie die gelehrte Dame in ›Ende gut alles gut‹ (eine frühe Ibsenheldin) Bertram einfängt. Aber wenn es sich um Erwachsene handelt, kommt immer das Shakespearesche Gesetz zur Geltung. Die scheinbar einzige Ausnahme, Petruchio, ist keine wirkliche Ausnahme; er ist sehr sorgfältig als ein Eheabenteurer aus rein wirtschaftlichen Gründen konzipiert. Sobald er sicher ist, daß Katharina Geld hat, entschließt er sich, sie zu heiraten, noch ehe er sie gesehen hat. Im wirklichen Leben finden wir nicht nur Petruchios, auch Mantalinis und Dobbins, die Frauen nachstellen, indem sie an ihr Mitleid, ihre Eifersucht oder ihre Eitelkeit appellieren,

oder sich in einer romantischen Leidenschaft an sie klammern. Solche Weichlinge zählen nicht im Weltplan; sogar Bunsby, der wie ein verblendeter Vogel in den Rachen von Mrs. MacStinger fällt, ist vergleichsweise ein wahrer tragischer Gegenstand von Furcht und Mitleid. Ich finde in meinen eigenen Stücken diese Frau wieder, die auf dramatische Weise meinen Händen entspringt (ein Prozeß, über den ich, das versichere ich Ihnen, nicht mehr wirkliche Gewalt besitze wie über meine Ehefrau) und die sich genau so benimmt wie die Frau in den Stücken Shakespeares.
So ist Ihr Don Juan ans Tageslicht gekommen: als eine Bühnenprojektion der tagikomischen Liebesjagd, die die Frau auf den Mann macht; und mein Don Juan ist die Beute, nicht der Jäger. Und doch ist es ein wahrer Don Juan mit einem Sinn für die Wirklichkeit, der Konventionen zu nichts macht und der sich bis zuletzt gegen das Schicksal wehrt, das ihn schließlich erreicht. Die Tatsache, daß die Frau ihn braucht, um die dringendste Aufgabe der Natur zu vollbringen, kann ihn erst dann bezwingen, als sein Widerstand sie zur äußersten Anspannung ihrer Kräfte treibt und sie es wagt, ihre gewohnte Anwendung der konventionellen Pose von Pflicht und Zärtlichkeit aufzugeben und ihren Anspruch an ihn als ihr natürliches Recht zu proklamieren, zu einem Zweck, der ihre persönlichen irdischen Zwecke weit übersteigt.
Unter den Freunden, denen ich das Stück im Manuskript vorgelesen habe, sind einige unseres eigenen Geschlechts, die über die »Skrupellosigkeit« schockiert waren; sie meinten damit das völlige Fehlen männlicher Empfindlichkeit, mit der die Frau ihr Ziel verfolgt. Sie kommen nicht auf den Gedanken, daß es das Ende des Menschengeschlechts bedeuten würde, wenn die Frauen moralisch oder physisch so empfindlich wären wie die Männer. Gibt es etwas gemeineres, als anderen Leuten die notwendige Arbeit über-

zuschieben und diese dann als unwürdig und unfein zu diffamieren? Wir lachen über das hochmütige amerikanische Volk, daß den Neger die Stiefel putzen läßt und dann die moralische und physische Unterlegenheit des Negers mit der Tatsache beweist, daß er ein Schuhputzer ist. Aber wir selber schieben die ganze Mühsal der Schöpfung einem Geschlecht zu und unterstellen dann, daß kein weibliches Wesen mit der geringsten Fraulichkeit oder dem geringsten Zartgefühl je den ersten Schritt in dieser Richtung tun würde. In dieser Sache kennt die männliche Heuchelei keine Grenzen. Ohne Zweifel gibt es Augenblicke, in denen die sexuellen Vorrechte des Mannes für ihn äußerst demütigend werden. Wenn der schreckliche Augenblick der Geburt eines Kindes kommt, ein Augenblick von höchster Wichtigkeit, übermenschlicher Anstrengung und Gefahr, zeigt sich, daß der Vater daran keinen Teil hat und völlig bedeutungslos wird; er geht selbst der bescheidensten Schürze aus dem Wege, glücklich, wenn er so arm ist, daß man ihn aus dem Haus schiebt und er seine Schande mit trunkenem Lärm überspielen kann. Aber wenn die Gefahr vorüber ist, nimmt er seine Rache, brüstet sich als der Ernährer, und spricht mit Herablassung von der »Sphäre« der Frau, sogar mit Ritterlichkeit, so als wären Küche und Kinderzimmer weniger wichtig als das Büro in der Stadt. Wenn seine Prahlsucht erschöpft ist, so läßt er sich in erotische Poesie oder sentimentales Gattengehabe treiben; und Tennysons König Arthur, der vor Guinevere posiert, wird zu einem Don Quichote, der vor Dulcinea kriecht. Sie müssen zugeben, daß die Natur hier die Komödie übertrifft: die wildeste Männerrechts- oder Frauenrechts-Farce ist flau, verglichen mit der alltäglichsten »Scheibe aus dem wirklichen Leben.« Die Unterstellung, daß Frauen nicht die Initiative ergreifen, ist ein Teil dieser Farce. Die ganze Welt ist übersät mit Schlingen, Fallen, Fallstricken und Gruben, die von den Frauen zum Fang von Männern ausgelegt sind. Geben Sie den Frauen das Stimmrecht, dann wird es in fünf Jahren eine erdrückende Junggesellensteuer geben. Die Männer hinwiederum belegen das Heiraten mit Strafen, sie berauben die Frauen ihres Eigentums, des Wahlrechts, des freien Gebrauchs ihrer Glieder, des uralten Symbols der Unsterblichkeit, des Rechts, es sich im Hause Gottes behaglich zu machen, indem man den Hut abnimmt, sie rauben ihr alles, auf das zu verzichten sie die Frauen zwingen können, ohne daß sie sich selbst zwingen auf die Frau zu verzichten. Das alles ist vergebens. Die Frau muß heiraten, weil das Menschengeschlecht ohne ihr Wirken zugrunde geht; wenn das Risiko des Todes und die Gewißheit von Schmerz, Gefahr und unaussprechlichen Mühseligkeiten sie nicht zurück halten können, so werden es auch Sklaverei und Fesseln an den Gelenken es nicht tun. Und doch nehmen wir an, daß die Kraft, die die Frauen durch all diese Gefahren und Mühen trägt, beschämt halt macht vor unseren zimperlichen Verhaltensvorschriften für junge Damen. Man ist überein gekommen, daß die Frau bewegungslos warten muß, bis um sie geworben wird. Nun, oft wartet sie wirklich bewegungslos. So wartet die Spinne auf die Fliege. Aber die Spinne spinnt ihr Netz. Und wenn die Fliege wie mein Held, eine Kraft zeigt, die ihn vielleicht befreien könnte, dann gibt die Spinne sehr schnell ihre scheinbare Passivität auf und wickelt ihn ganz offen immer dichter ein, bis sie ihn sich für immer gesichert hat!

Wenn die wirklich eindrucksvollen Bücher und andere Kunstwerke der Welt von gewöhnlichen Männern gemacht wären, so würden sie mehr Angst vor der Verfolgung durch die Frauen ausdrücken als Liebe zu deren trügerischer Schönheit. Aber gewöhnliche Männer können keine Kunstwerke hervorbringen, die wirklich Eindruck machen. Die, die es können, sind geniale Männer; das heißt Männer, die von der Natur ausgewählt sind, deren eigenem instinkthaften Streben ein intellektuelles Bewußtsein aufzubauen. Wir finden daher im genialen Mann die ganze Skrupellosigkeit und die »Selbsthingabe« (die beiden Dinge sind dasselbe) der Frau. Er riskiert Hals und Kragen; wenn es nötig ist, hungert er ein ganzes Leben lang in einer Dachkammer; er studiert die Frauen und lebt von ihrer Arbeit und Sorge, so wie Darwin die Würmer studierte und von Schafen lebte; er arbeitet ohne Bezahlung, bis seine Nerven in Fetzen sind, ein erhabener Altruist in seiner Rücksichtslosigkeit gegen sich selbst, ein schrecklicher Egoist in seiner Rücksichtslosigkeit gegen andere. Hier begegnet die Frau einem Lebensziel, das genau so unpersönlich, so unwiderstehlich ist wie ihr eigenes; und der Zusammenprall ist manchmal tragisch. Wenn die Sache noch dadurch kompliziert wird, daß das Genie eine Frau ist, dann ist es ein Spiel für einen König unter den Kritikern: Ihre George Sand wird Mutter, um als Romanschriftstellerin Erfahrung zu sammeln und um sich als solche zu entwickeln, und sie verschlingt Männer von Genie, Chopin, Musset und andere, als bloße Hors d'oeuvres.

Ich führe natürlich einen extremen Fall an; aber was von dem großen Mann gilt, der das philosophische Bewußtsein des Lebens verkörpert und die Frau, die die Fruchtbarkeit verkörpert, gilt bis zu einem gewissen Grad für alle Genies und alle Frauen. Daher werden die Bücher der Welt geschrieben, ihre Bilder gemalt, ihre Statuen modelliert, ihre Symphonien komponiert, von Menschen, die frei sind von der sonst allgemeinen Herrschaft der Tyrannei des Geschlechtlichen. Das führt uns zu dem Schluß, der für den Pöbel überraschend sein muß, daß die Kunst, anstatt vor allem der Ausdruck der normalen sexuellen Situation zu sein, in Wirklichkeit der einzige Ort ist, wo das Geschlechtliche eine unwirksame und zweitrangige Macht ist, deren

Bewußtsein so verwirrt und deren Absicht so pervertiert ist, daß ihre Ideen den gewöhnlichen Menschen wie bloße Fantasie vorkommen. Ob der Künstler nun ein Dichter wird oder ein Philosoph, ein Moralist oder der Gründer einer Religion, seine Sexuallehre ist nichts als ein unfruchtbares, einseitiges Plädieren für Vergnügen, Aufregung und Wissen, solange er jung ist, und für kontemplative Ruhe, wenn er alt und gesättigt ist. Romantik und Asketentum, Libertinismus und Puritanismus sind in der großen Welt der Philister gleichermaßen unwirklich. Die Welt, wie sie uns in Büchern gezeigt wird, ob die Bücher nun als Erzählungen oder als Evangelien deklariert werden, in einem Kode, einer politischen Rede oder in philosophischen Systemen, ist gar nicht die eigentliche Welt: es ist nur das Selbstverständnis gewisser anormaler Leute, die das besondere künstlerische Talent und Temperament haben. Das ist für Sie und für mich eine ernste Angelegenheit, denn der Mensch, dessen Bewußtsein nicht mit dem der Mehrheit übereinstimmt, ist ein Verrückter; und die alte Sitte, Verrückte anzubeten weicht der neuen Sitte, sie einzusperren. Und da das, was wir Bildung und Kultur nennen, größtenteils nichts anderes ist als die Verwechslung von Lesen mit Erfahrung, von Literatur mit Leben, veralteter Phantasien mit der zeitgenössischen Wirklichkeit, zerstört Bildung, wie Sie es zweifelsohne in Oxford bemerkt haben, durch Unterschiebung jeden Geist, der nicht stark genug ist, die Anmaßung zu durchschauen und die großen Meister der Kunst als das zu nehmen, was Sie sind und nicht mehr; als Inhaber von Patenten höchst fragwürdiger Methoden des Denkens und Hersteller von höchst fragwürdigen, und für die Mehrheit nur halb gültigen Darstellungen des Lebens. Der Schuljunge, der seinen Homer dazu benutzt, ihn seinem Mitschüler an den Kopf zu werfen, macht wahrscheinlich den sichersten und vernünftigsten Gebrauch von ihm; und ich beobachte mit Genugtuung, daß Sie gelegentlich, in Ihren besten Augenblicken, das gleiche mit Ihrem Aristoteles tun.

Zum Glück für uns, deren Geist durch die Literatur so überwältigend verformt worden ist, ist das, was all diese Abhandlungen und Gedichte und Schriften jeglicher Art hervorbringt, der Kampf des Lebens, das sich auf eine göttliche Weise seiner selbst bewußt werden will, statt blind hierhin und dorthin zu taumeln um dem Weg des geringsten Widerstandes zu folgen. Daher findet man in allen Büchern eine Annäherung an die Wahrheit nur auf den Gebieten, wo der Schreiber, wenn er auch außergewöhnlich begabt ist, normal veranlagt ist und nicht persönlich betroffen. Copernikus hatte kein Motiv, seine Mitmenschen irrezuführen, was die Stellung der Sonne im Sonnensystem betrifft: er suchte diese Stellung so redlich wie ein Schäfer seinen Weg durch den Nebel sucht. Aber Kopernikus hätte nie wissenschaftliche Liebesgeschichten geschrieben. Wenn es auf geschlechtliche Beziehungen ankommt, so teilt der geniale Mann nicht die Gefahr des gewöhnlichen Mannes, nämlich gefangen zu werden, ebensowenig teilt die geniale Frau die überwältigende Spezialisierung der gewöhnlichen Frau. Und das ist der Grund, warum unsere Schriften und die anderen Kunstwerke, wenn sie sich mit Liebe befassen, sich von einem redlichen naturwissenschaftlichen Versuch in romantischen Unsinn verkehren, in erotische Ekstase oder das strenge Asketentum der Sättigung (»die Straße des Exzesses führt in den Palast der Weisheit« sagt William Blake; denn »man weiß nie, was genug ist, ehe man nicht weiß, was mehr als genug ist«).

Diese Frage der Sexualität hat einen politischen Aspekt, der für meine Komödie zu umfangreich ist, und zu gewichtig, als daß ich ihn ohne schuldhafte Frivolität übergehen könnte. Es ist unmöglich, darzulegen, daß die Initiative beim Anknüpfen sexueller Beziehungen immer noch bei der Frau liegt und ihr bis jetzt immer mehr bestätigt worden ist, indem man den Frauenraub unterdrückte und Zudringlichkeit diffamiert, ohne daß man gleichzeitig sehr ernste Betrachtungen darüber anstellt, daß diese Initiative politisch gesehen die wichtigste aller Initiativen ist, denn unser politisches Experiment der Demokratie, die letzte Zuflucht einer billigen politischen Mißwirtschaft, wird uns ruinieren, wenn unsere Mitbürger kein gutes Erbgut haben.

Als wir beide geboren wurden, war dieses Land noch von einer ausgewählten Klasse beherrscht, die aus politisch geschlossenen Ehen hervorgegangen war. Die Kaufmannsklasse hatte damals noch nicht einmal die ersten fünfundzwanzig Jahre ihrer neuen Teilhaberschaft an der politischen Macht hinter sich; ihre Mitglieder waren nach finanziellen Gesichtspunkten ausgewählt, sie entstammten, wenn nicht politischen Ehen, so doch ziemlich rigoros beschränkten Klassenehen. Aristokratie und Plutokratie stellen immer noch die Führer der Politik; aber sie sind jetzt von den Wahlen einer Masse abhängig, die promiskuitiv gezeugt ist. Und das, müssen Sie sich vorstellen, genau in dem Augenblick, wo politische Probleme plötzlich nicht mehr nur in sehr beschränkter und zufälliger Einmischung, in die Mißwirtschaft einer so engen kleinen Insel bestehen, die etwas von einer Pfarrei an sich hat, wo man öffentliche Ämter verkungelt und gelegentlich sinnlose dynastische Kämpfe austrägt; das politische Problem ist jetzt die industrielle Reorganisation Britanniens, der Aufbau eines praktisch internationalen Commonwealth und die Teilung ganz Afrikas und vielleicht ganz Asiens unter die zivilisierten Mächte. Können Sie glauben, daß die Menschen, deren Vorstellungen von Gesellschaft und Benehmen, deren Fähigkeit zur Aufmerksamkeit und deren Interessenradius sich am britischen Theater messen, so wie Sie es heute kennen, entweder diese kolossale Aufgabe selbst in die Hand nehmen, oder den Geist und Charakter verstehen und unterstützen können, der (wenigstens einigermaßen) imstande ist, sie in die Hand zu nehmen? Denn denken Sie daran: was unsere Wähler im Parkett und auf der Galerie sind, das sind sie auch im Wahllokal. Wir sind jetzt alle unter den Hufen dessen, was Burke »die Hufen der schweinischen Menge« nannte. Burkes Sprache wurde sehr übel aufgenommen, denn die Ausnahmen, die er in der allgemeinen Anwendung dieses Ausdrucks zubilligte, machten ihn zu einer Klassenbeleidigung; und der Topf hatte gewiß keine Veranlassung, den Kessel schwarz zu schimpfen. Trotzdem die Aristokratie, die er verteidigte, versuchte, durch politische Heiraten eine Nachkommenschaft für ihre Interessen zu erzeugen, blieb ihr Verstand dank dummer Lehrer und Erzieherinnen unterentwickelt, ihr Charakter wurde verdorben durch einen Luxus, für den sie nicht zu arbeiten brauchte, ihre Selbstachtung wurde durch Schmeichelei und Unterwürfigkeit völlig verfälscht. Es ist heute nicht besser und wird auch nie besser werden: sogar unsere Bauern haben etwas moralisch kräftigeres in sich, das gelegentlich in einem Bunyan, einem Burns oder einem Carlyle kulminiert. Aber geben Sie acht: diese Aristokratie, die von 1832 bis 1885 vom Mittelstand überwältigt wurde, ist jetzt wieder zur Macht gelangt durch die Stimmen der »schweinischen Menge«. Tom Paine hat über Edmund Burke gesiegt; und die Schweine sind jetzt umschmeichelte Wähler. Wie viele ihrer eigenen Klasse haben diese Wähler ins Parlament geschickt? Kaum ein Dutzend von 670, und diese nur wegen hervorragender persönlicher Eignung und der Fähigkeit die Menge anzusprechen. Die Menge spricht so das Urteil über die eigenen Reihen; sie gibt zu, daß sie selber unfähig ist zum Regieren und stimmt nur für einen Mann, der morphologisch und gattungsmäßig verwandelt ist dadurch, daß er ein Schloß bewohnt und eine Equipage besitzt, einen überragenden Schneider hat und durch den Glanz seiner aristokratischen Verwandtschaft. Nun, wir beide kennen diese verwandelten Personen, die das College soeben absolviert haben, diese wohlfrisierten, monokeltragenden Algys und Bobbys, diese Kricketspieler, denen das Alter Golf statt Weisheit bringt, diese plutokratischen Produkte des »Ladens für Nägel und Kochpötte, mit dem er sein Geld gemacht hat«.

Wissen Sie etwa, ob Sie lachen oder weinen sollen bei dem Gedanken, daß sie, diese armen Teufel! ein Team von Kontinenten lenken werden so wie sie einen Vierspänner lenken; daß sie ein anarchisches Gedränge von zufälligem Handel und zufälliger Spekulation zu einer geordneten Produktivität verwandeln, daß sie unsere Kolonien zu einer Weltmacht erster Größe zusammenschließen sollen? Geben Sie diesen Leuten die vollkommenste politische Konstitution, die eine wohlwollende Allwissenheit für sie erfinden kann, und sie werden sie zu einer bloßen modischen Torheit oder billigen Wohltätigkeit uminterpretieren, sie werden das so unweigerlich tun, wie ein Wilder die philosophische Theologie eines schottischen Missionars in rohen afrikanischen Götzendienst verkehrt.

Ich weiß nicht, ob Sie noch irgendwelche Illusionen über Erziehung, Fortschritt usw. haben. Ich habe keine. Jeder Pamphletist kann den Weg zu einer besseren Zukunft zeigen, aber wo kein Wille ist, da ist auch kein Weg. Mein Kindermädchen sagte gern, daß man aus einem Schweinsohr keine Seidenbörse machen kann; und je mehr ich von den Anstrengungen unserer Kirchen und Universitäten und unserer literarischen Weisen sehe, die Masse über ihr eigenes Niveau emporzuheben, desto überzeugter werde ich, daß mein Kindermädchen recht hatte. Der Fortschritt kann nichts anderes bewirken, als das beste aus dem herauszuholen, was in uns steckt. Und es ist klar, daß dieses beste nicht ausreichen würde, selbst wenn die, die sich schon aus den tiefsten Abgründen erhoben haben, den anderen eine Chance ließen. Die Blase der Erblichkeit ist angestochen, die Gewißheit, daß erworbene Eigenschaften als Elemente des praktischen Erbgutes ohne Belang sind, hat die Hoffnungen der Erziehungsfanatiker ebenso zerstört wie die Schrecken der Leute, die mit der Degeneration drohen; und wir wissen heute, daß es ebensowenig eine geborene »herrschende Klasse« gibt wie angeborenes Rowdytum. Wir müssen entweder politische Fähigkeiten züchten oder durch die Demokratie zugrundegehen, die uns durch das Versagen der älteren Alternativen aufgezwungen worden ist. Aber wenn der Despotismus versagt hat, nur weil es keinen fähigen gütigen Despoten gab, was für eine Chance hat dann die Demokratie, die eine ganze Bevölkerung von fähigen Wählern braucht: das heißt, von politischen Kritikern, die, wenn sie wegen Mangels an überschüssiger Energie oder an spezifischem Talent zur Verwaltung nicht persönlich regieren können, wenigstens Fähigkeit und Güte bei anderen erkennen und schätzen können, und durch fähige und wohlmeinende Vertreter regieren? Wo kann man heutzutage solche Wähler finden? Nirgends. Die Inzucht unter Plutokraten hat eine Charakterschwäche hervorgebracht, die zu ängstlich ist, die ganze Härte eines rein auf Konkurrenz beruhenden Existenzkampfes auf sich zu nehmen und zu faul und kleinlich, um ein kooperatives Gemeinwesen aufzubauen. Da wir feige sind, bekämpfen wir unter dem Vorwand der Philantropie eine natürliche Selektion; da wir träge sind, vernachlässigen wir künstliche Selektion unter dem Vorwand des Zartgefühls und der Moral.

Aber wir müssen eine Wählerschaft von fähigen Kritikern bekommen, oder wir werden zugrunde gehen wie Rom und Ägypten. Im Augenblick entsteht unter unseren Augen die römische Phase der Dekadenz von »Panem et circenses«. Unsere Zeitungen und unsere melodramatischen Theaterstücke prahlen mit unserer Bestimmung zum Weltreich; aber unsere Augen und unsere Herzen wenden sich begehrlich dem amerikanischen Millionär zu. So wie seine Hand sich in die Tasche senkt, fahren unsere Hände instinktiv an die Hutkrempe. Unser idealer Wohlstand ist nicht der Wohlstand des industriellen Nordens, sondern der Wohlstand der Insel Whight, der Wohlstand von Folkestone und Ramsgate, von Nizza und Monte Carlo. Das ist der einzige Wohlstand, den man auf der Bühne sieht, wo alle arbeitenden Menschen, Lakaien, Zimmermädchen, komische, möbliert wohnende Literaten und modische Akademiker sind, während die Helden und Heldinnen auf wunderbare Weise über unbegrenzte Dividende verfügen und wie die Ritter in Don Quixotes Ritterromanen kostenlos essen. Die Zeitungen der City schwätzen von der Konkurrenz zwischen Bombay und Manchester und ähnlichem. Die wahre Konkurrenz besteht zwischen Regent Street und der Rue de Rivoli, zwischen Brighton und der Südküste und der Riviera um das Geld der amerikanischen Trusts. Was bedeutet diese wachsende Vorliebe für Gepränge, diese überströmende Loyalität, dieses beflissene Aufstehen und Hutabnehmen beim Flattern einer Fahne oder einem einzigen Ton von einer Blaskapelle? Imperialismus? Keineswegs. Beflissenheit, Dienstfertigkeit, Gier beim aufsteigenden Geruch von Geld. Wenn Mr. Carnegie mit seinen Millionen in der Tasche klimpert, so krümmt sich ganz England in einer habgierigen Verbeugung. Nur als Rhodes (der wahrscheinlich meinen »Sozialismus für Millionäre« gelesen hatte) mitteilte, daß kein Müßiggänger sein Vermögen erben werde, richteten sich die gebeugten Rücken für einen Augenblick mißtrauisch auf. Könnte es sein, daß der Diamantenkönig doch kein Gentleman ist? Aber letzten Endes war es doch leicht, den Ausrutscher eines reichen Mannes zu ignorieren. Die wenig gentlemanhafte Klausel wurde nicht mehr erwähnt, und die Rücken krümmten sich wieder zu ihrer natürlichen Form zurück.

Aber ich höre Ihre erschrockene Frage, ob ich tatsächlich all diese Paukenschläge in ein Lustspiel über Don Juan hineingepackt habe. Ich habe es nicht getan. Ich habe nur aus meinem Don Juan den Verfasser eines politischen Pamphlets gemacht und Ihnen in einem Anhang den vollen Wortlaut seines Pamphlets beigefügt. Sie finden es am Ende dieses Buches. Leider ist es bei Romanschreibern allgemein üblich, ihren Helden als einen Mann von außerordentlichem Genie anzukündigen und dann seine Werke gänzlich der Phantasie seiner Leser zu überlassen; so daß Sie am Ende des Buches sich wehmütig sagen werden, daß Sie, wenn der Autor nicht am Anfang es feierlich versichert hätte, Sie dem Herrn kaum ein gewöhnliches Maß an Vernunft bescheinigt hätten. Mir können Sie diesen beklagenswerten Mangel, diese schwache Ausrede nicht vorwerfen. Ich erzähle Ihnen nicht nur, daß mein Held ein Handbuch für Revolutionäre geschrieben hat: ich biete Ihnen das Handbuch in vollem Wortlaut zu Ihrer Erbauung, falls Sie sich die Mühe machen wollen, es zu lesen. Und in diesem Handbuch finden Sie die Politik, die sich aus der sexuellen Frage ergibt, so wie sie der Nachfahre Don Juans in meiner Vorstellung versteht. Damit will ich nicht die volle Verantwortung für seine Ansichten und für diejenigen meiner Gestalten ablehnen, ob sie nun erfreulich oder unerfreulich sind. Von ihren verschiedenen Standpunkten aus sind sie ganz in Ordnung; und für den dramatischen Augenblick sind ihre Ansichten auch die meinen. Das mag die Leute in Erstaunen versetzen, die glauben, daß es so etwas wie einen absolut richtigen Standpunkt gibt, gewöhnlich meinen Sie damit ihren eigenen. Es mag ihnen so scheinen, daß niemand, der dies bezweifelt, sich im Zustand der Gnade befinden kann. Wie auch immer das sein mag, es ist gewiß wahr, daß niemand, der ihrer Ansicht ist, ein Dramatiker sein kann noch irgendetwas anderes, das mit Menschenkenntnis zu tun hat. Daher ist darauf hingewiesen worden, daß Shakespeare kein Gewissen hatte. In diesem Sinne habe ich auch keins.

Sie können mich allerdings daran erinnern, daß dieser meiner Abschweifung in die Politik ein sehr überzeugender Beweis voranging, daß der Künstler in der Frage der Geschlechter nie den Standpunkt des gewöhnlichen Menschen trifft, weil er nicht in dessen Lage ist. Zuerst beweise ich, daß alles, was ich über die Beziehung der Geschlechter schreibe, notwendigerweise mißverständlich ist; und dann gehe ich daran, ein Stück über Don Juan zu schreiben. Nun, wenn Sie darauf bestehen mich zu fragen, warum ich mich so absurd verhalte, dann kann ich nur antworten, daß Sie mich darum gebeten haben, und daß meine Behandlung des Gegenstandes auf jeden Fall für den Künstler gültig sein kann, für den Amateur amüsant, und für den Philister zum mindesten verständlich und darum vielleicht anregend. Jeder Mensch, der von seinen Illusionen berichtet, liefert Material für eine wirklich wissenschaftliche Psychologie, auf die die Welt immer noch wartet. Ich lege meine Ansicht über die bestehenden Beziehungen zwischen Männern und Frauen in der höchstzivilisierten Gesellschaft einfach auf den Tisch. Es ist eine Ansicht wie jede andere Ansicht, nicht mehr, sie ist weder richtig noch falsch, aber, so hoffe ich, eine Weise, den Gegenstand zu betrachten, die in die vertraute Reihenfolge von Ursache und Wirkung eine ausreichende Masse von Tatsachen und Erfahrungen hineinwirft, um für Sie interessant zu sein, vielleicht auch für das Theaterpublikum von London. Bei dieser Unternehmung habe ich gewiß auf dieses Publikum wenig Rücksicht genommen; aber ich weiß, daß es Ihnen und auch mir sehr freundlich gesonnen ist, soweit es überhaupt von unserer Existenz Kenntnis hat, und daß es sehr wohl weiß, daß das, was ich für Sie schreibe, notwendigerweise weit über seine schlichten romantischen Köpfe hinweggeht. Es betrachtet meine Bücher als gebildet und mein Genie als garantiert, es vertraut darauf, daß ich Werke von einer Qualität hervorbringe, die seine Meinung rechtfertigen. So dürfen wir uns also auf unserer eigenen Ebene nach Herzenslust ergötzen; und wenn irgendein Herr findet, daß weder diese Widmung noch der Traum des Don Juan im dritten Akt der folgenden Komödie sich für die unmittelbare Darstellung in einem volkstümlichen Theater eignet, so brauchen wir ihm nicht zu widersprechen. Napoleon versorgte Talma mit einem ganzen Parkett voll Königen; welchen Effekt das auf Talmas Darstellung hatte, wird nicht berichtet. Was mich betrifft, so habe ich mir immer ein Parkett voll von Philosophen gewünscht; und dies ist ein Stück für ein solches Parkett.

Ich würde die Namen aller Autoren, die ich in den folgenden Seiten geplündert habe, in aller Form aufführen, wenn ich mich noch an alle erinnerte. Den dichtenden Räuber habe ich mit Absicht bei Sir Arthur Conan Doyle entlehnt; und die Verwandlung von Leporello in Enry Straker, den Automechaniker und neuen Menschen ist eine beabsichtigte dramatische Skizze des zeitgenössischen Embryos von Mr. H. G. Wells Vorwegnahme der tüchtigen Technikerklasse, die, wie er hofft, am Ende dem Fortschritt die Schwätzer aus dem Weg räumen wird. Während ich meine Druckfahnen korrigierte, hat Mr. Barrie London sich auch mit einem Diener amüsiert, der mehr weiß als sein Herr. Die Erfindung der Firma Mendoza GmbH führe ich auf einen gewissen Westindischen Kolonialsekretär zurück, der, zu einer Zeit, als er und ich und Mr. Sidney Webb als eine Art drei Fabier-Musketieren nur politisches Unkraut säten, ohne im geringsten vorauszusehen, welch überraschend ehrbare Saat daraus aufgehen würde, dem umfassend gebildeten und unerschöpflichen Webb riet, sich selbst zu einer Gesellschaft zum Wohl der Aktionäre zu machen. Octavius übernehme ich unverändert von Mozart; und ich bevollmächtige hiermit jeden Schauspieler, der ihn darstellt, wenn er kann in irgendeinem geeigneten Moment während der Aufführung »dalla sua pace« zu singen.

Auf Ann bin ich durch ein holländisches Mysterienspiel aus dem fünfzehnten Jahrhundert gekommen, das ›Jedermann‹ heißt und das vor kurzem von Mr. William Poel mit triumphalem Erfolg wiedererweckt worden ist. Ich hoffe, daß er diese Ader weiter ausbeutet und erkennt, daß der elisabethanische Renaissanceschwulst nach der mittelalterlichen Dichtung ebenso schwer zu ertragen ist wie Scribe nach Ibsen. Während ich im Charterhouse saß und »Jedermann« sah, sagte ich mir, warum nicht Jedefrau? Ann war das Ergebnis: nicht jede Frau ist Ann, aber Ann ist Jedefrau.

Daß der Autor von Jedermann kein bloßer Künstler, sondern ein Künstler *und* Philosoph war, und daß die Künstler-Philosophen die einzige Art von Künstlern sind, die ich ganz ernst nehme, wird Ihnen nichts Neues sein. Sogar Plato und Boswell, die Dramatiker, die Socrates und Dr. Johnson erfanden, beeindrucken mich tiefer als die romantischen Stückeschreiber. Seit ich als Junge zum erstenmal bei einer Aufführung von Mozarts Zauberflöte die Luft der transzendenten Regionen geatmet habe, bin ich gegen den billigen Glanz und die alkoholischen Erregungen der üblichen Bühnenkombinationen von Tappertitian-(d.h. Naturburschen-)Romantik und Polizeiintelligenz gefeit gewesen. Zu den Schriftstellern, deren besonderes Weltgefühl ich als mehr oder weniger dem meinen verwandt empfinde, gehören Bunyan, Blake, Hogarth und Turner (diese vier im besonderen, dann vor allem die englischen Klassiker) Goethe, Shelley, Schopenhauer, Wagner, Ibsen, Morris, Tolstoy und Nietzsche. Beachten Sie das Wort »besonderes«. Ich habe Dickens und Shakespeare ohne Scham oder Einschränkung gelesen; aber ihre reichen Beobachtungen und Darstellungen des Lebens ordnen sich in keine Philosophie oder Religion ein; im Gegenteil, Dickens' sentimentale Auffassungen widersprechen seinen Beobachtungen aufs heftigste; und Shakespeares Pessimismus kommt nur aus seiner verletzten Menschlichkeit. Beide haben in einem hervorragenden Maße das besondere Genie des Erzählers und die dem menschlichen Fühlen und Denken gemeinsamen Sympathien. Sie sind oft vernünftiger (normal) und klüger als die Philosophen, genau wie Sancho Pansa oft vernünftiger (normal) und klüger war als Don Quixote. Durch ihr Gefühl für das Lächerliche räumen sie riesige Massen von bedrückendem Ernst beiseite, dieses Gefühl für das Lächerliche ist im Grunde eine Kombination von gesundem moralischem Urteil mit leichtherziger guter Laune. Aber sie befassen sich mit der Mannigfaltigkeit der Welt statt mit ihrer Einheit; sie sind so unreligiös, daß sie für berufliche Zwecke die Volksreligion ohne Zartgefühl und Bedenken ausbeuten (zum Beispiel Sydney Carton und der Geist in Hamlet) sie sind anarchisch und können ihre Darstellungen von Angelo und Dogberry, Sir Leicester Dedlock und Mr. Tite Barnacle nicht gegen das Bild eines Propheten oder eines würdigen Führers abwägen; sie haben keine konstruktiven Ideen; sie betrachten diejenigen, die solche haben, als gefährliche Fanatiker; in ihrem ganzen Werk gibt es keinen führenden Gedanken, keine Inspiration, für die irgendjemand es riskieren könnte, seinen Hut in einem Regenschauer zu verderben, viel weniger sein Le-

ben aufs Spiel zu setzen. Shakespeare und Dickens sind bei-
de gezwungen, für die gewichtigeren Handlungen ihrer Per-
sonen Motive aus dem gemeinsamen Vorrat von melodra-
matischen Situationen zu borgen, so daß Hamlet durch die
Vorurteile eines Polizisten stimuliert werden muß und Mac-
beth durch die Begehrlichkeit eines Strauchdiebs. Dickens,
der sich nicht auf den Vorwand berufen kann, Motive für
einen Hamlet oder Macbeth fabrizieren zu müssen, steu-
ert seine Mannschaft überflüssigerweise mit mechanischen
Tricks den Strom seiner monatlichen Fortsetzungen hinun-
ter, die zu beschreiben ich Ihnen überlasse, da mein eigenes
Gedächtnis sich vergeblich mit so einfachen Fragen abquält
wie dem Monks in Oliver Twist oder der lange unbe-
kannten Herkunft von Smike oder den Beziehungen zwi-
schen den Familien Dorritt und Clennan, deren Entdek-
kung durch Monsieur Rigaud so ungelegen kommt. In
Wahrheit war die Welt für Shakespeare eine große »Büh-
ne voller Narren«, auf der er ganz verwirrt stand. Er
konnte im Leben überhaupt keinen Sinn entdecken; und
Dickens rettete sich vor der Verzweiflung des Traums in
»The Chimes«, indem er die Welt als gegeben hinnahm
und sich mit ihren Details beschäftigte. Keiner von ihnen
konnte etwas mit einem ernsten, positiven Charakter an-
fangen; sie konnten eine menschliche Gestalt vollkommen
lebensecht vor einen hinstellen; aber wenn der Augenblick
kam, wo sie leben und sich bewegen sollte, so stellten sie
fest, daß sie, falls diese Gestalt sie nicht zum Lachen brin-
gen konnte, sie eine Marionette in Händen hielten, und
daß sie einen künstlichen Anstoß von außen erfinden muß-
ten, damit sie sich bewege. Das ist bei Hamlet das ganze
Stück hindurch der Fall: er hat, außer in seinen Wutaus-
brüchen, keinen Willen. Törichte Shakespearefanatiker
machen, wie das so ihre Art ist, daraus eine Tugend; sie
erklären, daß das Stück die Tragödie der Unentschlossen-

heit ist, aber Shakespeares gesamte Darstellungen der tiefsten Menschlichkeit, die er kannte, haben den gleichen Fehler; die Charaktere und Sitten sind lebensecht, aber die Handlungen werden den Gestalten von außen aufgezwungen, und die äußere Gewalt ist auf groteske Weise unangemessen, außer wenn sie ganz konventionell ist, wie bei Heinrich V. Falstaff ist lebendiger als irgendeiner der ernsten, reflektierten Charaktere, weil er aus sich heraus handelt; seine Motive sind seine eigenen Begierden, Instinkte und Launen. Auch Richard III. ist erfreulich als der launische Komödiant, der einen Leichenzug anhält, um der Witwe des Sohnes des Verstorbenen den Hof zu machen; aber wenn er im nächsten Akt von einem Theaterschurken ersetzt wird, der kleine Kinder erstickt und Leuten den Kopf abschlägt, so sind wir von diesem Betrug angewidert und lehnen den Wechselbalg ab. Faulconbridge, Coriolanus, Leontes sind bewundernswerte Beschreibungen von impulsiven Charakteren; Coriolanus ist tatsächlich die größte von Shakespeares Komödien; aber Beschreibung ist keine Philosophie, und eine Komödie stellt einen Autor weder bloß, noch enthüllt sie ihn. Man muß ihn nach jenen Charakteren beurteilen, in die er das hineinlegt, was er über sich selbst weiß, seine Hamlets und Macbeths, seine Lears und Prosperos. Wenn diese Gestalten sich in einer Leere mit künstlichen melodramatischen Morden und Racheakten und ähnlichem herumquälen, während die komischen Charaktere mit den Füßen auf festem Grund stehen, lebendig und amüsant sind, dann weiß man, daß der Autor viel zu zeigen hat, aber nichts zu lehren. Der Vergleich zwischen Falstaff und Prospero ist wie der Vergleich zwischen Micawber und David Copperfield. Am Ende des Buches kennt man Micawber, während man nur weiß, was David widerfahren ist; man ist an ihm nicht genügend interessiert, um sich zu fragen, was seine politischen oder religiösen Ansichten sind, falls so etwas Gewichtiges wie eine politische oder religiöse Idee oder irgendeine allgemeine Idee ihm überhaupt kommen. Als Kind ist er erträglich, aber er wird nie ein Mann, und man könnte ihn aus seiner eigenen Biographie ganz herauslassen, wäre er nicht als Bühnenvertrauensperson nützlich, als ein Horatio oder »sein Freund Karl«; das was man auf der Bühne einen Stichwortgeber nennt.

Nun kann man dergleichen von den Werken eines Dichter-Philosophen nicht sagen. Man kann es zum Beispiel nicht von Pilgrim's Progress sagen. Stellen Sie ihren Shakespeare-Helden oder Feigling, Heinrich V. und Pistol oder Parolles neben Mr. Valiant und Mr. Fearing, so wird sich Ihnen plötzlich der Abgrund auftun, der zwischen dem Modeautor liegt, der in der Welt nichts sehen konnte, als persönliche Ziele und die Tragödie ihrer Enttäuschung oder die Komödie ihrer Unangemessenheit, und dem Feldprediger, der Tugend und Mut erreichte, indem er sich selbst mit den Zwecken der Welt identifizierte, so wie er sie verstand. Der Unterschied ist riesig: Bunyans Feigling erregt Ihr Blut mehr als Shakespeares Held, der einen in Wirklichkeit kalt läßt und eine heimliche Feindschaft hervorruft.

Man sieht plötzlich ein, daß Shakespeare bei all seinen Geistesblitzen und Ahnungen Tugend und Mut niemals verstanden hat; daß er nie begriffen hat, wie ein Mann, der wie Bunyans Held kein Narr war, am Ufer des Todesflusses einen Blick auf die Kämpfe und Mühsale seiner Pilgerschaft zurückwerfen und sagen konnte »und doch bereue ich es nicht«; oder der mit der Großartigkeit eines Millionärs verfügen kann »mein Schwert dem, der mir in meiner Pilgerschaft nachfolgt, und meinen Mut und meine Geschicklichkeit dem, der sie erreichen kann.« Das ist die wahre Freude am Leben: für einen Zweck benutzt zu werden, den man selber als einen großen erkannt hat; völlig verbraucht zu werden, bevor man auf den Abfallhaufen geworfen wird; eine Naturkraft zu sein statt eines selbstsüchtigen kleinen Häufchens von Leiden und Beschwerden, der sich darüber beklagt, daß sich nicht die ganze Welt damit beschäftigt, einen glücklich zu machen. Und die einzige Tragödie im Leben ist die, von selbstsüchtigen Menschen zu Zwecken mißbraucht zu werden, die man als niedrig erkennt. Der ganze Rest ist schlimmstenfalls bloßes Mißgeschick oder Vergänglichkeit; das allein ist Elend, Sklaverei, Hölle auf Erden; und das Aufbegehren dagegen ist die einzige Kraft, die dem armen Künstler die Arbeit eines Mannes verschafft, dem Künstler, dem unsere selbstsüchtigen reichen Leute so gern als Schmeichler, Spaßmacher, Verkäufer von Schönheit, Produzent von Gefühlen und ähnlichem beschäftigen möchten.

Es scheint ein langer Weg von Bunyan zu Nietzsche; aber der Unterschied zwischen den Ergebnissen, zu denen beide gekommen sind, ist ein rein formaler. Bunyans Einsicht, daß Rechtschaffenheit nur ein Haufen schmutziger Lumpen ist, seine Verachtung für Herrn Rechtlichkeit im Dorf Moral, seine trotzige Verachtung der Kirche als einer Verfälscherin der Religion, sein Bestehen darauf, daß Mut die Tugend der Tugenden ist, seine Einschätzung der herkömmlich ehrbaren und vernünftigen Lebensweise des Weltlichen Weisen als im Grunde nicht besser als Leben und Tod von Herrn Schlecht; all das, bei Bunyan mit den Worten einer Kesselflickertheologie ausgedrückt, ist das, was Nietzsche mit den Worten einer nachdarwinistischen, nachschopenhauerschen Philosophie ausdrückt; Wagner mit den Worten einer polytheistischen Mythologie; und Ibsen mit den Mitteln der Pariser Dramaturgie des mittleren neunzehnten Jahrhunderts. Nichts an diesen Dingen ist neu, außer ihre Neuheiten: zum Beispiel ist es eine Neuheit, die Rechtfertigung durch den Glauben als »Wille« zu bezeichnen, und die Rechtfertigung durch die Werke als »Vorstellung«. Der einzige Nutzen dieser Neuerung ist, daß Sie und ich Schopenhauers Traktat »Wille und Vorstellung« kaufen und lesen, während es uns nicht im Traum einfallen würde, eine Predigtsammlung über Glauben und Werke zu kaufen. Im Grunde ist die Kontroverse die gleiche und die dramatischen Ergebnisse sind die gleichen. Bunyan macht keinen Versuch, seine Pilger als vernünftiger oder besser beraten hinzustellen als Herrn Weltweisheit. Die schlimmsten Feinde des Herrn W. W., Herr Unterschlagung, Herr Nie-am-Sonntag-in-die-Kirche, Herr Schlechteform, Herr Mörder, Herr Räuber, Herr Mitangeklagter, Herr Erpresser, Herr Ungebildet, Herr Trinker, Herr Arbeiteraufwiegler und so weiter, können »The Pilgrim's Progress« lesen ohne ein Wort gegen sich zu finden; während die ehrbaren Leute, die sie bekämpfen und ins Gefängnis bringen, wie Herr W. W. selbst und sein junger Freund Höflichkeit, Formalist und Heuchelei, Wildfang, Rücksichtslos und Pragmatisch (die ganz deutlich erkennbar junge Studenten aus guter Familie und wohlgenährt sind), der muntere Bursche Unwissenheit, Schwätzer, Nebenabsicht von Offenrede und seine Schwiegermutter, Frau Vorspiegelung und andere ehrbare Herren und Bürger, schwer eins draufkriegen. Sogar dem kleinen Glauben, trotzdem er am Ende in den Himmel kommt, wird zu verstehen gegeben, daß ihm recht geschehn ist, wenn er von seinen Brüdern Schwachherz, Mißtrauen und Schuld, die alle drei anerkannte Mitglieder der ehrbaren Gesellschaft und wahre Säulen des Gesetzes sind, verhöhnt worden ist. Die ganze Allegorie ist ein beständiger Angriff gegen Moralismus und Ehrbarkeit, ohne daß man sich an ein Wort erinnert, daß gegen das Laster und das Verbrechen gesagt wird. Ist es nicht genau das, was man bei Nietzsche und Ibsen beklagt? Und nicht genau das, was man bei aller Literatur beklagen würde, die groß genug oder alt genug ist, um kanonischen Rang erlangt zu haben, offiziell oder inoffiziell, würden Bücher nicht nach einer Übereinkunft zum Kanon zugelassen, die bei der Beurteilung ihren Inhalt unberücksichtigt läßt, so daß der ehrwürdige Rektor mit dem Propheten Micha einverstanden sein kann, was seinen inspirierten Stil betrifft, ohne daß er sich mit Michas wüsten radikalen Meinungen einverstanden erklären muß. Sogar ich finde mich, während ich mich mit der Feder in der Hand zur Anerkennung und Höflichkeit zwinge, daß die ganze Gewalt meines Angriffs durch eine einfache Politik des passiven Widerstands zunichte gemacht wird. Umsonst verdoppele ich die Kraft der Sprache, in der ich meine Ketzereien verkünde. Ich wüte gegen die theistische Leichtgläubigkeit Voltaires, den amoristischen Aberglauben Shelleys, gegen das Wiederaufleben primitiver Wahrsagerei und den Götzendienst, den Huxley Naturwissenschaft nennt und den er als einen Fortschritt gegenüber dem Pentateuch mißversteht; nicht weniger als gegen den Wust von kirchlichem und akademischem Schwindel, der das Ansehen des törichten Systems von Gewalt und Räuberei aufrecht erhält, den wir Gesetz und Fleiß nennen. Sogar Atheisten werfen mir Untreue vor und Anarchisten zeihen mich des Nihilismus, weil ich ihre moralisierenden Tiraden nicht ertragen kann. Und doch, statt auszurufen »Schickt diesen unglaublichen Satansanbeter auf den Scheiterhaufen« fallen mir die angesehenen Zeitungen in den Rücken, indem sie »ein neues Buch dieses brillianten Denkers« ankündigen. Und der normale Bürger, der weiß, daß ein Autor, von dem eine geachtete Zeitung gut spricht, in Ordnung sein muß, liest mich so, wie er Micha liest, von seinem Standpunkt aus mit ungetrübter Erbauung. Es wird berichtet, daß in den siebziger Jahren eine alte Dame, eine sehr fromme Methodistin, aus Colchester in ein Haus in der Nähe der City Road in London zog, wo sie, da sie irrtümlich das Haus der Wissenschaft für eine Kirche hielt, jahrelang zu Füßen von Charles Bradlaugh saß, von seiner Eloquenz berauscht, ohne daß ihr ein Zweifel an seiner Rechtgläubigkeit kam oder ihr Glaube auch nur eine Feder verloren hätte. Ich fürchte, ich werde auf die gleiche Weise um mein Martyrium betrogen.

Aber ich schweife ab, wie das Leute mit Kummer auf dem Herzen immer tun. Und schließlich sind die Hauptsache, die die künstlerische Qualität eines Buches entscheidet, nicht die Meinungen, die es vertritt, sondern die Tatsache, daß der Autor eine Meinung hat. Die alte Dame aus Colchester hatte recht, wenn sie ihre schlichte Seele im kraftvollen Glanz von Bradslaughs echtem Glauben und Unglauben sonnte, statt in der Kühle einer bloßen Beschreibung von Licht und Wärme, wie sie Beredsamkeit und Konvention hervorbringen können. Meine Verachtung für die belles lettres und für Amateure, die die Helden der Liebhaber literarischer Virtuosität sind, gründet sich nicht darauf, daß ich mir Illusionen über die Dauer jener Denkformen (nennen Sie sie Meinungen) machte, durch die ich meinen Mitmenschen meine Neigungen mitzuteilen suche. Für jüngere Leute sind sie jetzt schon überholt; denn obwohl sie ihre Logik ebensowenig verloren haben wie ein Pastellbild des achtzehnten Jahrhunderts seine Zeichnung oder seine Farbe verloren hat, so werden sie doch, genau wie das Pastellbild auf eine undefinierbare Weise schäbig und sie werden immer schäbiger, bis sie jede Bedeutung verloren haben, während meine Bücher entweder untergehen werden, oder, wenn die Welt immer noch arm genug ist, sie nötig zu haben, so werden sie, zusammen mit denen Bunyans, durch ganz amorphe Qualitäten des Temperaments und der Energie standhalten müssen. Mit dieser Überzeugung kann ich kein Belletrist sein. Ohne Zweifel muß ich erkennen, daß ich, wie es sogar der alte Seemann tat, meine Geschichte auf eine unterhaltsame Weise erzählen muß, wenn ich den Hochzeitsgast trotz der lauten Sirenentöne des Fagotts fesseln will. Aber »um der Kunst willen« allein würde ich mir nicht die Mühe machen, einen einzigen Satz zu schreiben. Ich weiß, daß es Menschen gibt, die, obwohl sie nichts zu sagen und nichts zu schreiben haben, doch so in die Redekunst und die Literatur verliebt sind, daß es ihnen Vergnügen macht, das, was sie von dem, was andere gesagt und geschrieben haben, zu wiederholen verstehen. Ich weiß, daß die müßigen Kunstgriffe, die ihr Mangel an Überzeugung ihnen zu benutzen erlaubt, ihnen nur angenehmes Salonspiel möglich macht, das sie Stil nennen. Ich kann sie wegen ihrer Verstandesschwäche bemitleiden und sogar mit ihrem Geschmack sympathisieren. Aber ein wirklich originaler Stil wird nie um seiner selbst willen erreicht; ein Mensch kann, seinen Mitteln entsprechend, von einem Schilling bis zu einer Guinee dafür zahlen, um von der genialen Tat eines anderen Menschen zu hören oder zu lesen; aber er wird nicht mit Leib und Seele dafür zahlen, ein bloßer Virtuose der Literatur zu werden, und ein Können zu produzieren, das ihm nicht einmal, wie das Fiedeln, Geld einbringt. Die Wirksamkeit der Aussage ist das Alpha und Omega des Stils. Wer nichts auszusagen hat, hat keinen Stil und kann keinen haben; derjenige, der etwas auszusagen hat, wird eine Kraft des Stils erlangen, die der Bedeutung der Aussage und seiner Überzeugung entsprechen. Seine Aussage kann, nachdem sie gemacht worden ist, widerlegt werden, sein Stil wird bleiben. Darwin hat den Stil von Hiob oder von Händel ebensowenig zerstört, wie Martin Luther den Stil von Giotto zerstörte. Alle Behauptungen werden früher oder später widerlegt; daher finden wir die Welt voll von herrlichen Überresten künstlerischer

Fossilien; die Glaubwürdigkeit der Tatsachen hat sich ganz verloren, aber die Form ist immer noch glänzend. Und das ist der Grund, warum die alten Meister unsere bloß rezeptiven an der Nase herumführen. Ihr Mitglied der Royal Academy glaubt, daß er den Stil Giottos erreichen kann ohne den Glauben Giottos, und daß er noch obendrein Giottos Perspektive verbessern kann. Ihr Literat denkt, daß er den Stil Bunyans oder Shakespeares erreichen kann ohne Bunyans Überzeugung oder Shakespeares Einsicht, besonders wenn er es vermeidet, seine Infinitive zu spalten. Ebenso ist es mit Ihren Doktoren der Musik, die, besonders wenn sie ihre Sammlung von Dissonanzen nach der Art der großen Komponisten richtig vorbereiten oder verzögern oder vorwegnehmen, glauben, daß sie die Kunst Palestrinas lernen können aus der Bearbeitung von Cherubini. Ihre ganze akademische Kunst ist viel schlimmer als der Handel mit kopierten antiken Möbeln; denn der Mann, der mir eine Eichenkommode verkauft, von der er schwört, daß sie aus dem achtzehnten Jahrhundert stamme, obwohl er sie in Wirklichkeit erst gestern selber hergestellt hat, gibt wenigstens nicht vor, daß irgendwelche modernen Ideen darin verarbeitet sind; während Ihr akademischer Kopierer von Fossilien Ihnen diese als den neuesten Erguß des menschlichen Geistes anbietet, und, was noch schlimmer ist, er reißt junge Menschen als Schüler an sich und redet ihnen ein, daß seine Begrenztheiten Regeln sind, seine Methode Geschicklichkeit, seine Ängstlichkeit guter Geschmack und seine Leere Reinheit. Und wenn er erklärt, daß Kunst nicht didaktisch sein sollte, so stimmen ihm alle Leute, die nichts zu lehren haben oder nichts lernen wollen, begeistert zu.

Ich bin stolz darauf, daß ich nicht zu diesen Beeindruckbaren gehöre. Wenn Sie das elektrische Licht prüfen, das ich Ihnen in dieser meiner etwas komischen, öffentlichen Polizistenstellung, über die Sie manchmal lachen, liefere, so werden Sie feststellen, daß Ihr Haus große Mengen sehr leitfähigen Kupferdrahts enthält, der sich mit Elektrizität auffüllt, ohne Ihnen das geringste Licht zu geben. Aber hier und da kommt ein Stück sehr wenig leitfähigen, Widerstand leistenden Materials; und dieses widerspenstige Stück wehrt sich gegen den Strom und will ihn nicht durchlassen, bis er sich Ihnen nutzbar gemacht hat durch jene beiden lebenswichtigen Eigenschaften der Literatur: Licht und Wärme. Wenn ich also nicht ein bloßer Kupferdraht-Amateur sein will, sondern ein erleuchtender Autor, so muß ich ein äußerst widerspenstiger Mensch sein, der dazu neigt, in ungeeigneten Augenblicken auszugehen oder falsch zu laufen, und ein Mensch, der etwas in Brand setzen kann. Das sind die Fehler meiner Qualitäten. Und ich versichere Ihnen, daß ich mir manchmal selber so mißfalle, daß ich, wenn dann zufällig ein reizbarer Rezensierer mit Eifer auf mich einsticht, ich mich unaussprechlich erleichtert fühle und ihm sehr dankbar bin. Aber ich denke nie daran, mich zu bessern, denn ich weiß, daß ich mich so nehmen muß, wie ich bin, und sehen muß, was ich mir an Arbeit abringen kann. Sie werden all das verstehen, denn der Stoff, aus dem wir gemacht sind, hat Gemeinsamkeiten: wir sind beide Kritiker sowohl des Lebens wie auch der Kunst; und wenn ich an Ihrem Fenster vorüberging, haben Sie sich vielleicht gesagt: »Wenn Gott es nicht verhütet hätte, dann ginge dort ich.« Eine schreckliche und beschämende Überlegung, mit der ich diesen unmäßig langen Brief schließen will

Woking, 1903 *Ihr ergebener G. Bernard Shaw*

P. S. – Ach, daß Ihre eigene Stimme inmitten der nie dagewesenen kritischen Gehirnakrobatik über dieses unser

Buch schweigt! – Man hat mir die Vorbereitung einer neuen Auflage angekündigt. Ich nehme die Gelegenheit wahr, ein paar Fehler zu berichtigen. Sie werden bemerkt haben (nebenbei: niemand anders hat das bemerkt), daß ich Ihnen ein Zitat von Othello vorgesetzt habe und es dann unbewußt mit A Winter's Tale in Zusammenhang brachte. Ich verbessere diesen Fehler mit Bedauern; denn es paßt zur Hälfte zu Florizel und Perdita: dennoch, man sollte mit Shakespeare nicht leichtfertig umgehen; ich habe also Desdemona ihr Eigentum zurückerstattet.

Im Ganzen ist das Buch gut angekommen. Die starken Kritiker sind beeindruckt, die schwachen eingeschüchtert; die Kenner gekitzelt durch meine literarische Bravour (die ich angewandt habe, um Ihnen einen Gefallen zu tun): nur die Humoristen machen mir seltsamerweise Vorwürfe; vor Angst haben sie sich aus ihrem Bereich vertreiben lassen und sind in die seltsamsten Gewissenswirren verfallen. Nicht alle meine Rezensenten haben mich verstanden; wie Engländer in Frankreich, die zuversichtlich ihre eigenen Inseldiphtonge als gute französische Vokale von sich geben, bieten viele von ihnen als Beispiele Shawscher Philosophie den Artikel aus ihrem eigenen Vorrat, der dieser am ähnlichsten sieht. Die anderen fallen Ideenassoziationen zum Opfer: sie nennen mich einen Pessimisten, weil meine Bemerkungen ihre Selbstgerechtigkeit verletzen und einen Renegaten, weil ich gern hätte, daß meine Masse aus lauter Caesars besteht statt aus Hinzen und Kunzen. Und was am schlimmsten ist, man hat mir vorgeworfen, einen endgültigen ethischen Übermenschen zu predigen, niemand anderen als unseren Gerechten, der vollkommen geworden ist. Dieses Mißverständnis ist so ärgerlich, daß ich meine Feder ohne ein weiteres Wort niederlege, sonst könnte ich versucht sein, das Postscriptum länger zu machen als den Brief.

Postscriptum 1933. Das Evolutionsthema aus dem dritten Akt von Mensch und Übermensch wurde von mir zwanzig Jahre später wieder aufgenommen im Vorwort zu »Zurück zu Methusalem« wo es als die Grundlage der Religion der nahen Zukunft entwickelt ist.

Mensch
und Übermensch
Komödie
in vier Akten

Personen

JOHN TANNER
ROEBUCK RAMSDEN
SUSANNE RAMSDEN, *seine Schwester*
OCTAVIUS ROBINSON
VIOLET ROBINSON, *seine Schwester*
FRAU WHITEFIELD
ANN WHITEFIELD, *ihre Tochter*
MALONE
HECTOR MALONE, *sein Sohn*
HENRY STRAKER, *Chauffeur*
STUBENMÄDCHEN
MENDOZA
DER ANARCHIST
DER SCHMOLLENDE SOZIALDEMOKRAT
DER WÜSTE SOZIALDEMOKRAT
DUVAL, *der französische Sozialdemokrat*
} *alle drei mit scharlachroten Schleifen*
DIE ECHTEN ENGLISCHEN RÄUBER
EIN ZIEGENHIRT
EIN OFFIZIER
DER TEUFEL
DON JUAN TENORIO
DIE STATUE
DONNA AÑA

Ort der Handlung
Der erste Akt spielt in London; der zweite Akt spielt in der Nähe von Richmond; der dritte Akt ist in der Sierra Nevada gedacht; der vierte Akt spielt in Granada.

Zeit
Anfang des zwanzigsten Jahrhunderts.

Erster Akt

Roebuck Ramsden in seinem Arbeitszimmer beim Öffnen der Morgenpost. Es ist das geschmackvoll und solide ausgestattete Arbeitszimmer eines wohlhabenden Mannes. Kein Stäubchen ist zu sehen. Es ist offensichtlich, daß unten im Hause mindestens zwei Hausmädchen und ein Zimmermädchen wirken und im oberen Stockwerk eine Haushälterin, die darauf achtet, daß die Mädchen nicht an Muskelschmalz sparen. Sogar Roebucks Glatze sieht aus wie poliert: an sonnigen Tagen könnte er durch bloßes Nicken seine Befehle mittels Heliographie an weit entfernte Lager erteilen. Sonst gibt es jedoch keine Anzeichen dafür, daß er ein Militär wäre. Es ist vielmehr ein tätiges bürgerliches Leben, das einem Mann diese ruhige Ausstrahlung von Wichtigkeit verleiht, diese würdevolle Erwartung von Unterwerfung, diesen entschlossenen Mund, der in jener Stunde des Erfolges seine Schärfe verloren und Feinheit gewonnen hat, in jener Stunde, als seine Widersacher sich zurückzogen und man ihm den Vorrang und den ruhigen Genuß seiner Macht zugestand. Er ist weit mehr als ein höchst ehrenwerter Mann, er ist dazu ausersehen, der Präsident höchst ehrenwerter Männer zu sein, ein Vorsitzender unter Direktoren, ein Ratsherr unter Räten, ein Bürgermeister unter Ratsherren. Vier Büschel eisengrauen Haares, die bald so weiß sein werden wie Marienglas und diesem auch in anderer Hinsicht nicht ganz unähnlich sind, wachsen in zwei symmetrischen Paaren über seinen Ohren und in den Winkeln seiner breiten Kiefer. Er trägt einen schwarzen Gehrock, eine weiße Weste (es ist strahlendes Frühlingswetter) und eine Hose, die weder schwarz noch deutlich blau ist, von einem jener undefinierbaren gemischten Farbtöne, die die modernen Tex-

tilfabrikanten produzieren, damit sie mit den Religionen ehrenwerter Männer übereinstimmen. Ramsden ist heute noch nicht draußen gewesen; daher hat er noch seine Pantoffeln an, seine Stiefel stehen auf dem Teppich vor dem Kamin für ihn bereit. Wenn man voraussetzt, daß er keinen Kammerdiener hat und sieht, daß er keinen Sekretär mit Stenoblock und Schreibmaschine hat, so bringt das einem zum Bewußtsein, wie wenig das Hauswesen unserer Großbürger durch neumodische Gewohnheiten und Methoden verändert worden ist, auch nicht durch die Rührigkeit der Eisenbahn- und Hotelgesellschaften, die einem für zwei Guineen das Leben eines wahren Gentleman von Samstag bis Montag in Folkestone verkaufen, den Fahrpreis erster Klasse hin und zurück eingeschlossen.

Wie alt ist Roebuck? Diese Frage ist an der Schwelle eines Ideendramas wichtig; denn unter solchen Umständen hängt alles davon ab, ob seine Jugend in die sechziger oder achtziger Jahre fiel. Laut Geburtsurkunde wurde er 1839 geboren, war von seiner Knabenzeit an ein Unitarier und für den Freihandel, und seit der Veröffentlichung von Darwins »Über den Ursprung der Arten« ein Evolutionist. Er hat sich deshalb immer für einen fortschrittlichen Denker und einen ehrlichen, furchtlosen Reformer gehalten.

Wenn er am Schreibtisch sitzt, hat er zur rechten die Fenster, die auf den Portland Place hinausgehen. Durch diese Fenster kann der neugierige Zuschauer wie durch ein Proszenium Ramsdens Profil betrachten, soweit die Rolladen dies zulassen.

Zu seiner linken hat er die innere Wand mit einem stattlichen Bücherschrank, die Tür in der Wand liegt nicht ganz in der Mitte, sondern etwas weiter von ihm entfernt. An der Wand, die ihm gegenüber liegt, stehen auf Säulen zwei Büsten: die eine zu seiner linken, stellt John Bright dar, die andere zu seiner Rechten Mr. Herbert Spencer. Zwi-

schen beiden hängt ein Kupferstich, ein Porträt von Richard Cobden, vergrößerte Photographien von Martineau, Huxley und George Eliot, Drucke von Allegorien des Herrn G. F. Watts (denn Roebuck glaubt an die schönen Künste mit der Ernsthaftigkeit des Mannes, der nichts davon versteht) und eine Reproduktion von Duponts Kupferstich nach Delaroches ›Hemicycle des Beaux Arts‹, auf dem die großen Männer aller Zeitalter dargestellt sind. An der Wand hinter ihm hängt über dem Kaminsims ein Familienporträt von undurchdringlicher Düsterkeit.

Neben dem Schreibtisch steht ein Stuhl für Besucher, die in geschäftlichen Angelegenheiten kommen. Zwei weitere Stühle stehen an der Wand zwischen den Büsten.

Ein Zimmermädchen kommt mit einer Visitenkarte herein. Roebuck nimmt sie und nickt erfreut. Der Besucher ist offensichtlich willkommen.

RAMSDEN

Führen Sie ihn herein.

Das Zimmermädchen geht und kommt mit dem Besucher zurück.

ZIMMERMÄDCHEN

Mr. Robinson.

Mr. Robinson ist wirklich ein ungewöhnlich nett aussehender junger Mann. Der Zuschauer denkt: das muß der jugendliche Liebhaber sein, denn es wäre unvernünftig, anzunehmen, daß in einer einzigen Geschichte eine zweite ebenso anziehende männliche Figur auftreten könnte. Die schlanke, anmutige Gestalt, der elegante Traueranzug, der kleine Kopf, die regelmäßigen Züge, der hübsche kleine Schnurrbart, die offenen, klaren Augen, die gesunde blühende Farbe der jugendlichen Haut, das wohlgebürstete Haar, das nicht lockig, aber seidig und von angenehm dunkler Farbe ist, die gewölbten Augenbrauen, die auf ein gutes Herz hindeuten, die steile Stirn und das fein zulaufende Kinn, all das deutet auf einen Mann hin, der lieben und im weiteren Verlauf der Geschichte leiden wird. Und daß es ihm dabei nicht an Mitgefühl fehlen wird, garantiert uns sein sympathischer Ernst und seine eifrige und zugleich bescheidene Beflissenheit, die beweisen, daß er ein Mensch von gutherziger Natur ist. Im Augenblick seines Erscheinens erstrahlt Ramsdens Gesicht in Freude und väterlichem Wohlwollen, ein Ausdruck, der sich sofort in würdevolle Trauer verwandelt, als der junge Mann ihm mit ernstem Gesicht in seiner schwarzen Kleidung entgegenkommt. Ramsden scheint zu wissen, was diese Trauerkleidung bedeutet. Während der Besucher sich schweigend dem Schreibtisch nähert, erhebt sich der alte Mann und drückt dem jungen über den Tisch hinweg die Hand, ohne ein Wort zu sagen: es ist ein langer, herzlicher Händedruck, der von einem kürzlich erlittenen Verlust erzählt, der sie beide betrifft.

RAMSDEN *läßt Octavius Hand los, seine Miene hellt sich auf.*
Nun, nun, Octavius, das ist unser aller Los. Eines Tages trifft es uns alle. Setz dich.
Octavius setzt sich auf den Besucherstuhl. Ramsden läßt sich wieder auf den seinen sinken.

OCTAVIUS
Ja, wir müssen uns damit abfinden, Mr. Ramsden. Aber ich schulde ihm so viel. Er hat alles für mich getan, was mein Vater, wäre er am Leben geblieben, hätte tun können.

RAMSDEN
Du weißt, er hatte keinen eigenen Sohn.

OCTAVIUS
Aber er hatte Töchter; und doch war er zu meiner Schwester ebensogut wie zu mir. Und sein Tod kam so plötzlich! Ich hatte immer die Absicht, ihm zu danken,

ihm zu sagen, daß ich all seine Sorge um mich nicht als selbstverständlich hingenommen habe, so wie irgendein Junge die Fürsorge des Vaters hinnimmt. Aber ich wartete auf eine günstige Gelegenheit; und jetzt ist er tot – ohne ein warnendes Vorzeichen tot umgefallen. Nie wird er wissen, was ich fühlte.

Er nimmt sein Taschentuch heraus und weint ganz ungeniert.

RAMSDEN

Wie sollen wir das wissen, Octavius. Vielleicht weiß er es doch: wir können darüber nichts sagen. Komm. Sei nicht traurig.

Octavius nimmt sich zusammen und steckt das Taschentuch weg.

So ist es recht. Jetzt will ich dir etwas sagen, was dich trösten wird. Als ich ihn zuletzt sah – es war in eben diesem Zimmer hier – sagte er zu mir: »Tavy ist ein großherziger Junge und ein Ehrenmann durch und durch. Und wenn ich sehe, wie wenig Dank andere Männer von ihren Söhnen ernten, so muß ich feststellen, daß er mir viel mehr als ein Sohn gewesen ist...« Also, tut dir das nicht wohl?

OCTAVIUS

Mr. Ramsden, er hat mir oft gesagt, daß er in der ganzen Welt nur einen durch und durch ehrenhaften Mann gefunden habe, und das sei Roebuck Ramsden.

RAMSDEN

Oh, da war er parteiisch: wir waren sehr alte Freunde, wie du weißt. Aber noch etwas hat er oft von Dir gesagt. Ich weiß nicht recht, ob ich es Dir sagen soll.

OCTAVIUS

Das müssen Sie selbst am besten wissen.

RAMSDEN

Es hatte etwas mit seiner Tochter zu tun.

OCTAVIUS

Mit Anne? Oh sagen Sie es mir doch, Mr. Ramsden.

RAMSDEN

Nun, er sagte, er sei letzten Endes doch froh, daß du nicht sein Sohn bist, denn er glaubte, daß Anne und du eines Tages –

Octavius errötet heftig.

Nun, vielleicht hätte ich es dir doch nicht sagen sollen. Aber er meinte es ernst.

OCTAVIUS

Oh, wenn ich nur glauben könnte, daß ich eine Chance habe! Sie wissen, Mr. Ramsden, ich mache mir nichts aus Geld oder dem, was die Leute eine Position in der Gesellschaft nennen, und ich, ich kann mich nicht dazu aufraffen, um so etwas zu kämpfen. Nun ist Anne zwar ein großartiges Mädchen, aber sie ist so daran gewöhnt, über all das sattsam zu verfügen; darum glaubt sie, einem Mann fehlt etwas, wenn er nicht ehrgeizig ist. Sie weiß, wenn sie mich heiratet, müßte sie sich vormachen, daß sie sich meiner nicht schämt. Ich bin in keiner Weise ein Erfolg.

RAMSDEN *steht auf und pflanzt sich mit dem Rücken zum Feuer hinauf.*

Unsinn, mein Junge, Unsinn! Du bist zu bescheiden. Was weiß sie in ihrem Alter über den wahren Wert eines Mannes?

ernster

Übrigens, sie ist eine so ergebene Tochter. Der Wunsch ihres Vaters würde ihr heilig sein. Weißt du, was ich glaube: seit sie in ein vernünftiges Alter gekommen ist, hat sie nicht ein einziges Mal, wenn sie etwas tat oder nicht tat, ihren eigenen Willen als Grund angegeben. Immer hieß es: »Vater möchte, daß ich ...« oder »Mutter hätte etwas dagegen.« Es ist schon beinahe ein Fehler an ihr. Ich habe ihr oft gesagt, daß sie lernen muß, selbst zu entscheiden.

OCTAVIUS *schüttelt den Kopf.*

Ich kann sie nicht bitten, mich zu heiraten, weil ihr Vater es gewünscht hat, Mr. Ramsden.

RAMSDEN

Nun, vielleicht nicht. Nein, natürlich nicht. Das sehe ich ein. Aber wenn du sie um deiner selbst willen gewinnen kannst, so wird es ein großes Glück für sie bedeuten und gleichzeitig ihren eigenen und den Wunsch ihres Vaters zu erfüllen. Also was denn nun? Du wirst sie doch fragen, nicht wahr?

OCTAVIUS *mit trauriger Munterkeit*

Auf jeden Fall verspreche ich Ihnen, daß ich keine andere fragen werde.

RAMSDEN

Oh, das wirst du auch gar nicht nötig haben. Sie wird Dir ihr Ja-Wort geben, mein Junge – obgleich

hier wird er plötzlich ganz streng

du hast einen großen Mangel.

OCTAVIUS *ängstlich*

Welchen Mangel meinen Sie, Mr. Ramsden? Eigentlich sollte ich sagen: welche von meinen vielen Mängeln?

RAMSDEN

Ich werde es dir sagen, Octavius.

Er nimmt ein in rotes Leinen gebundenes Buch vom Tisch

Hier in dieser Hand halte ich ein Exemplar des schändlichsten, des skandalösesten, des boshaftesten und schurkischsten Buches, das der Henker jemals öffentlich zu verbrennen versäumt hat. Ich habe es nicht gelesen, ich würde meinen Geist nicht mit solchem Dreck besudeln; aber ich habe gelesen, was die Zeitungen darüber schreiben. Der Titel genügt mir schon.

Er liest

Handbuch und Taschenbuch des Revolutionärs. Von John Tanner, M. K. R. N. (Mitglied der Klasse reicher Nichtstuer).

OCTAVIUS *lächelt*

Aber Jack –

RAMSDEN *gereizt*

Nennen Sie ihn um Gottes Willen unter meinem Dach nicht Jack.

Er knallt das Buch auf den Tisch, dann tritt er, etwas ruhiger, vom Tisch weg und zu Octavius und redet aus nächster Nähe ernst und eindringlich auf ihn ein.

Also Octavius, ich weiß, mein verstorbener Freund hatte recht, als er dich einen großherzigen Jungen nannte. Ich weiß, dieser Kerl war dein Schulfreund, und da fühlst du dich verpflichtet, dich wegen dieser Knabenfreundschaft hinter ihn zu stellen. Aber ich bitte dich, die veränderten Umstände zu bedenken. Du wurdest im Hause meines Freundes wie ein Sohn behandelt. Du hast dort gewohnt, und man konnte deinen Freunden nicht die Tür weisen. Dieser Tanner ist deinetwegen fast seit seiner Kindheit dort ein- und ausgegangen. Er nennt Anne so selbstverständlich beim Vornamen wie dich. Nun, so lange Annes Vater lebte, was das seine Sache, nicht meine. Für ihn war dieser Tanner nur ein Junge: über seine Ansichten konnte man lachen, so wie man darüber lacht, wenn ein Kind sich einen Männerhut aufsetzt. Aber nun ist Tanner ein erwachsener Mann und Annie ist eine erwachsene Frau. Und ihr Vater ist nicht mehr. Wir kennen die genauen Bestimmungen seines Testaments noch nicht, aber er hat es oft mit mir durchgesprochen; und ebenso sicher wie Du hier sitzt, ebenso sicher bestimmt mich das Testament zu Annies Vormund und Vermögensverwalter.

energisch

Und jetzt sage ich dir, ein für allemal, ich kann und will nicht dulden, daß Annie in die Lage gerät, aus Rücksicht auf dich die Nähe dieses Burschen Tanner zu ertragen. Es ist nicht fair, es ist nicht recht, es ist nicht rücksichtsvoll. Was wirst du in der Sache unternehmen?

OCTAVIUS

Aber Anne selber hat Jack gesagt, daß er, was auch immer seine Ansichten sein mögen, jederzeit willkommen ist, weil er ihren lieben Vater gekannt hat.

RAMSDEN *verliert die Geduld*

Wenn es um ihre Kindespflicht geht, verliert dieses Mädchen jedes Maß.

Er beginnt wie ein Ochse, dem man Heu vorhält in Richtung auf das Bild von John Bright zuzugehen, aber der Ausdruck auf John Brights Gesicht zeigt kein Mitgefühl für ihn. Während er spricht, schnaubt er auf Herbert Spencer hinunter, der ihn mit noch größerer Kälte aufnimmt.

Entschuldige, Octavius, aber auch gesellschaftliche Duldung hat ihre Grenzen. Du weißt, ich bin weder ein Frömmler noch ein Mann mit Vorurteilen. Du weißt, ich bin einfach Roebuck Ramsden, während Männer, die weniger getan haben als ich, ihrem Namen einen Schnörkel hinzufügen können. Ich habe mich für Gleichheit und Gewissensfreiheit eingesetzt, während sie vor der Kirche und dem Adel gekrochen sind. Whitefield und ich haben eine Chance nach der anderen unserer fortschrittlichen Ideen wegen verpaßt. Aber bei Anarchismus und Freier Liebe und so was ist für mich die Grenze erreicht. Wenn ich Annies Vormund sein soll, so wird sie begreifen müssen, daß sie mir gegenüber Pflichten hat. Ich werde es nicht dulden; ich werde es nicht dulden. Sie muß John Tanner das Haus verbieten, und du mußt es auch.

Das Zimmermädchen kommt.

OCTAVIUS

Aber –

RAMSDEN *macht ihn auf das Dienstmädchen aufmerksam.*

Sst! Nun?

DAS MÄDCHEN

Mr. Tanner möchte Sie sprechen, Sir.

RAMSDEN

Mr. Tanner?

OCTAVIUS

Jack!

RAMSDEN

Wie kann Mr. Tanner es wagen, mich aufzusuchen? Sagen Sie, daß ich ihn nicht empfangen kann.

OCTAVIUS *verletzt*

Ich bedaure es, daß Sie meinen Freund so von Ihrer Tür weisen.

DAS MÄDCHEN *ruhig*

Er ist nicht an der Tür, Sir! Er ist oben im Wohnzimmer bei Miss Ramsden. Er kam zusammen mit Mrs. Whitefield und Miss Anne und Miss Robinson, gnädiger Herr.

Ramsden ist fassungslos

OCTAVIUS *grinst*

Das sieht Jack genau ähnlich, Mr. Ramsden. Sie müssen ihn also empfangen, wenn auch nur, um ihn hinauszuwerfen.

RAMSDEN *stößt seine Worte mit unterdrückter Wut heraus*

Gehen Sie nach oben und bitten Sie Mr. Tanner, er möchte gefälligst herunter kommen.

Das Zimmermädchen geht hinaus und Ramsden kehrt zum Kamin wie in seine Festung zurück.

Ich muß sagen, von all seinen verdammten Frechheiten – also, wenn dies anarchistische Manieren sind, so hoffe ich nur, daß sie dir gefallen. Und Annie ist bei ihm! Annie! A-

er kriegt einen Hustenanfall.

OCTAVIUS

Also, das überrascht mich. Er hat so entsetzliche Angst vor Anne. Da muß irgendetwas los sein.

Mr. John Tanner reißt die Tür auf und tritt ein. Er ist zu jung, als daß man ihn einfach als einen großen Mann mit Bart beschreiben könnte. Aber es ist schon sichtbar, daß er in mittleren Jahren zu dieser Kategorie gehören wird. Er hat noch etwas von der Schlankheit der Jugend, legt aber keinen Wert darauf, jugendlich zu erscheinen: sein Gehrock wäre eines Premierministers würdig, und eine gewisse Schulterhaltung, bei der die Brust vorgestreckt wird, die erhobene Kopfhaltung, die olympische Majestät, mit der er eine Mähne, oder vielmehr eine dicke Tolle von haselnußbraunem Haar von der imposanten Stirn zurückwirft, deutet eher auf einen Jupiter als auf einen Apollo. Er spricht fließend und wortreich, ist unruhig, erregbar, (Man achte auf die sich blähenden Nüstern, die unruhigen blauen Augen, die um das zweiunddreißigstel eines Zolls zu weit geöffnet sind) vielleicht ein wenig verrückt. Er ist sorgfältig gekleidet, nicht mit jener Eitelkeit, die dem Putz nicht widerstehen kann, sondern aus dem Gefühl, daß alles, was er tut, von Wichtigkeit ist; das verleitet ihn dazu, aus einem Besuch soviel zu machen wie andere Männer aus ihrem Hochmut oder einer Grundsteinlegung machen. Ein empfindlicher, empfänglicher, ernster Mann, der zu Übertreibungen neigt: ein Größenwahnsinniger, der ohne Sinn für Humor verloren wäre.

In diesem Augenblick allerdings ist ihm sein Sinn für Humor abhanden gekommen. Es wäre zu wenig, zu sagen, daß er aufgeregt ist: alle seine Stimmungen sind

Phasen der Erregung. Im Augenblick befindet er sich in Panik, und er geht geradewegs auf Ramsden zu, als habe er die feste Absicht, ihn auf seinem eigenen Kaminvorleger zu erschießen. Aber was er aus seiner Brusttasche zieht, ist keine Pistole, sondern ein Schriftstück, daß er dem empörten Ramsden unter die Nase hält, während er ausruft:

TANNER

Ramsden: wissen Sie, was das ist?

RAMSDEN *hochmütig*

Nein, mein Herr.

TANNER

Es ist eine Kopie von Whitefields Testament. Anne hat es heute morgen erhalten.

RAMSDEN

Wenn Sie Anne sagen, so meinen Sie wahrscheinlich Miss Whitefield.

TANNER

Ich meine unsere Anne, Ihre Anne, Tavys Anne, und jetzt, Gott steh mir bei, auch meine Anne!

OCTAVIUS *steht auf, sehr blaß*

Was soll das heißen?

TANNER

Heißen?

er hält das Testament hoch

Weißt du, wer nach diesem Testament zu Annes Vormund bestimmt wird?

RAMSDEN *kühl*

Ich glaube ich.

TANNER

Sie! Sie und ich, Mann. Ich! Ich! Ich!!! Wir beide!

Er knallt das Testament auf den Schreibtisch.

RAMSDEN

Sie? Unmöglich.

TANNER

Leider ist es die schreckliche Wahrheit.

Er läßt sich in Octavius' Sessel fallen.

Ramsden: Helfen Sie mir da irgendwie heraus. Sie kennen Anne nicht so gut wie ich. Sie wird alle Verbrechen begehen, die eine anständige Frau begehen kann; und sie wird alles rechtfertigen, indem sie sagt, es sei der Wunsch ihrer Vormünder gewesen. Sie wird uns alles aufbürden, und wir werden nicht mehr Gewalt über sie haben als zwei Mäuse über eine Katze.

OCTAVIUS

Jack, ich wünschte, du würdest nicht so von Anne sprechen.

TANNER

Dieser Bursche hier ist in sie verliebt: das ist eine weitere Komplikation. Also: sie wird ihm entweder den Laufpaß geben und sagen, ich wäre nicht mit ihm einverstanden gewesen, oder sie wird ihn heiraten und sagen, Sie hätten es so befohlen. Ich sage Ihnen, das ist der vernichtendste Schlag, der je einen Mann meines Alters und meiner Wesensart getroffen hat.

RAMSDEN

Lassen Sie mich das Testament sehen, mein Herr.

Er geht zum Schreibtisch und nimmt es.

Ich kann nicht glauben, daß mein alter Freund Whitefield mir so wenig Vertrauen entgegenbrachte, daß er Sie mir zur Seite stellte –

Während er liest, wird sein Gesicht immer länger.

TANNER

Schuld an all dem bin ich selber. Die schreckliche Ironie daran ist: Annes Vater sagte mir eines Tages, daß Sie Anns Vormund sein würden; und ich Narr redete auf ihn ein, es sei eine Torheit, eine junge Frau unter die

Vormundschaft eines alten Mannes mit veralteten Ideen zu stellen.

RAMSDEN *verblüfft*

Meine Ideen veraltet!!!!!

TANNER

Vollständig veraltet. Ich hatte gerade einen Essay mit dem Titel ›Nieder mit dem Regiment der Grauköpfe‹ beendet; und ich hatte eine Fülle von Argumenten und Beispielen. Ich sagte, das Richtige wäre, die Erfahrung eines alten Menschen mit der Vitalität eines Jungen zu kombinieren. Und ich will verdammt sein, wenn er mich nicht beim Wort genommen und sein Testament geändert hat – es ist nur vierzehn Tage nach dieser Unterredung datiert – und bestimmt mich zu Ihrem Mitvormund.

RAMSDEN *bleich und entschlossen*

Ich werde ablehnen.

TANNER

Was soll dabei herauskommen? Ich habe mich während des ganzen Weges von Richmond hierher geweigert; aber Anne sagt immer wieder, daß sie ja nur eine Waise ist, und daß sie nicht erwarten kann, daß die Leute, die zur Zeit ihres Vaters nur zu gern ins Haus kamen, sich jetzt noch um sie kümmern wollen. Das ist das neueste Spiel. Eine Waise! Es ist, als ob ein Panzerschiff sagte, es sei der Willkür von Wind und Wellen ausgeliefert.

OCTAVIUS

Das ist nicht fair, Jack. Sie ist eine Waise. Und du solltest ihr zur Seite stehen.

TANNER

Ihr zur Seite stehen! In welcher Gefahr ist sie denn? Sie hat das Gesetz auf ihrer Seite, sie hatte eine Masse Geld und kein Gewissen. Alles was sie von mir will, ist alle ihre moralische Verantwortung auf mich abzuwälzen, und auf Kosten meines guten Rufes zu tun, was ihr beliebt. Ich kann sie nicht im Zaum halten; und sie kann mich kompromittieren, soviel sie will. Ich könnte genausogut ihr – Gatte sein.

RAMSDEN

Sie können sich weigern, die Vormundschaft zu übernehmen. Ich werde mich jedenfalls weigern, sie mit Ihnen zusammen auszuüben.

TANNER

Ja, und was wird sie dazu sagen? Was sagt sie dazu? Daß die Wünsche ihres Vaters ihr heilig sind, und daß sie immer zu mir als zu ihrem Vormund aufsehen wird, ganz gleich, ob ich diese Verantwortung übernehme oder nicht. Mich weigern! Sie könnten sich ebensogut weigern, die Umarmung einer Boa Constrictor anzunehmen, die sich schon um ihren Hals windet.

OCTAVIUS

Das klingt aber nicht sehr freundschaftlich, Jack.

TANNER *steht auf und geht zu Octavius, um ihn zu trösten, immer noch klagend*

Wenn er einen jungen Vormund wollte, warum hat er dann nicht Tavy bestimmt?

RAMSDEN

Ja, warum wohl nicht?

OCTAVIUS

Das will ich euch sagen. Er hat deswegen bei mir angefragt, aber ich weigerte mich, die Vormundschaft zu übernehmen, weil ich sie liebe. Ich habe nicht das Recht, mich ihr von ihrem Vater als Vormund aufdrängen zu lassen. Er hat mit ihr darüber gesprochen, und sie sagte, ich hätte recht. Sie wissen, daß ich sie liebe, Mr. Ramsden, und auch Jack weiß es. Wenn Jack eine Frau liebte, so würde ich sie nicht in seiner Gegenwart mit einer Constrictor vergleichen, wie sehr sie mir auch mißfiele.

Er läßt sich zwischen den Büsten nieder und dreht das Gesicht zur Wand.

RAMSDEN

Ich kann nicht glauben, daß Whitefield ganz bei Sinnen war, als er dieses Testament machte. Sie geben zu, daß er es unter Ihrem Einfluß verfaßt hat.

TANNER

Sie sollten mir für diese Einflußnahme dankbar sein. Er hinterläßt Ihnen für Ihre Mühe zweitausendfünfhundert Pfund. Er hinterläßt Tavy eine Aussteuer für seine Schwester und fünftausend für ihn selbst.

OCTAVIUS *Seine Tränen fließen von neuem*

Oh, ich kann es nicht annehmen. Er ist zu gut zu uns gewesen.

TANNER

Wenn Ramsden das Testament anficht, wirst du selbst das nicht bekommen, mein Junge.

RAMSDEN

Ha, ich verstehe. Sie haben mich da in einer Zwickmühle.

TANNER

Mir hinterläßt der Verstorbene nichts als die Verantwortung für Annes Moral. Die Begründung: daß ich schon mehr Geld besitze, als gut für mich ist. Das zeigt doch, daß er im Vollbesitz seiner Sinne war, oder?

RAMSDEN *grimmig*

Das gebe ich zu.

OCTAVIUS *steht auf und verläßt seinen Zufluchtsort an der Wand*

Mr. Ramsden: ich glaube, sie haben ein Vorurteil gegen Jack. Er ist ein Ehrenmann, und unfähig...

TANNER

Bitte nicht, Tavy, mir wird sonst übel. Ich bin kein Ehrenmann; ich bin ein Mann, der von der Hand eines

Toten zu Boden gestreckt worden ist. Tavy: du mußt sie also doch heiraten und sie mir vom Hals schaffen. Und ich hatte mir so vorgenommen, dich vor ihr zu retten!

OCTAVIUS

Oh Jack, du wolltest mich vor meinem höchsten Glück retten.

TANNER

Ja, vor einem lebenslänglichen Glück. Wenn es nur das Glück der ersten halben Stunde gewesen wäre, Tavy, das würde ich mit meinem letzten Penny für dich kaufen. Aber ein lebenslängliches Glück! Kein lebender Mensch würde das ertragen: es wäre die Hölle auf Erden.

RAMSDEN *heftig*

Unsinn, mein Herr. Reden Sie vernünftig oder gehen Sie und stehlen Sie nicht andern die Zeit. Ich habe besseres zu tun als mir Ihre Narrheiten anzuhören.

Er tritt sich den Weg zu seinem Schreibtisch regelrecht frei und setzt sich wieder an den Tisch.

TANNER

Da hörst du es, Tavy. Keine Idee in seinem Kopf ist nach achtzehnhundertsechzig geboren. Anne braucht also einen zweiten Vormund, an den sie sich wenden kann.

RAMSDEN

Ich bin stolz darauf, daß Sie meinen Charakter und meine Ansichten verachten, mein Herr. Ihre eigenen haben Sie, wie ich annehme, in diesem Buch dargelegt.

TANNER *tritt aufgeregt an den Tisch*

Wie? Sie haben mein Buch? Was halten Sie davon?

RAMSDEN

Sie nehmen doch nicht an, daß ich ein solches Buch lese, mein Herr.

TANNER

Warum haben Sie es denn gekauft?

RAMSDEN

Ich habe es nicht gekauft, mein Herr. Es wurde mir von irgendeiner verrückten Dame zugeschickt, die Ihre Ansichten zu bewundern scheint. Ich wollte mich seiner gerade entledigen, als ich von Octavius unterbrochen wurde. Mit Ihrer Erlaubnis werde ich es jetzt tun.

Er knallt das Buch mit solcher Vehemenz in den Papierkorb, daß Tanner zurückweicht, weil er den Eindruck hat, es sollte ihm an den Kopf geworfen werden.

TANNER

Sie haben auch keine besseren Manieren als ich. Jedenfalls erspart uns das Förmlichkeiten.

Er setzt sich wieder.

Was beabsichtigen Sie wegen dieses Testaments zu unternehmen?

OCTAVIUS

Darf ich einen Vorschlag machen?

RAMSDEN

Aber gewiß, Octavius.

OCTAVIUS

Vergessen wir nicht, daß Anne selbst in dieser Angelegenheit vielleicht den einen oder anderen Wunsch äußern möchte?

RAMSDEN

Es ist durchaus meine Absicht Annies Wünsche soweit wie möglich zu berücksichtigen. Aber sie ist nur eine Frau, und dazu noch eine junge und unerfahrene.

TANNER

Ramsden, Sie fangen an, mir leid zu tun.

RAMSDEN *hitzig*

Ihre Gefühle mir gegenüber interessieren mich nicht, Mr. Tanner.

TANNER

Ann wird genau das tun, was sie will. Und darüber hinaus wird sie uns zwingen, ihr genau das anzuraten, und wenn es schlecht ausgeht, wird sie uns die Schuld geben. Und da Tavy sich danach sehnt, sie zu sehen –

OCTAVIUS *schüchtern*

Das tue ich gar nicht, Jack.

TANNER

Da lügst du, Tavy, du willst sie sehen. Wir wollen sie also aus dem Wohnzimmer herunterbitten und sie fragen, was sie über uns beschlossen hat. Los Tavy, hol sie.

Tavy wendet sich zum Gehen

Und bleib nicht lange; denn die angespannten Beziehungen zwischen mir und Mr. Ramsden werden die Wartezeit ziemlich peinlich machen.

Ramsden kneift die Lippen zusammen, sagt aber nichts.

OCTAVIUS

Nehmen Sie keine Notiz von ihm, Mr. Ramsden. Er meint es nicht ernst.

Er geht hinaus

RAMSDEN *mit großem Nachdruck*

Mr. Tanner: Sie sind der unverschämteste Mensch, den ich je gesehen habe.

TANNER *ernsthaft*

Das weiß ich, Mr. Ramsden. Aber nicht einmal ich kann die Scham ganz unterdrücken. Wir leben in einer Atmosphäre von Scham. Wir schämen uns all dessen, was an uns wirklich ist; wir schämen uns unser selbst, unserer Verwandten, unseres Einkommens, unseres Akzents, unserer Meinungen, unserer Erfahrungen ebenso, wie wir uns unserer nackten Haut schämen. Mein Gott, mein lieber Ramsden, wir schämen uns, zu Fuß zu gehen, schämen uns, mit einem Omnibus zu fahren, schämen uns, eine Kutsche zu mieten statt einen eigenen Wagen zu halten, schämen uns, ein Pferd zu halten statt zwei und einen Gärtner, der zugleich Pferdeknecht ist, statt eines Kutschers und eines eigenen Dieners. Je mehr Dinge es gibt, deren ein Mann sich schämt, desto ehrenwerter ist er. Also, Sie schämen sich, mein Buch zu kaufen, schämen sich, es zu lesen; das einzige, dessen Sie sich nicht schämen, ist, mich wegen des Buches zu verurteilen, ohne es gelesen zu haben; und auch das bedeutet nur, daß Sie sich schämen, unorthodoxe Meinungen zu haben. Sehen Sie, welche Wirkung es hervorbringt, daß die Fee, die meine Patin ist, mir die Gabe der Scham vorenthalten hat. Ich habe jede Tugend, die ein Mann nur haben kann außer –

RAMSDEN

Es freut mich, daß Sie eine so gute Meinung von sich haben.

TANNER

Sie wollen damit doch nur sagen, ich sollte mich schämen, von meinen Tugenden zu sprechen. Sie wollen nicht sagen, daß ich keine besitze: Sie wissen genau, daß ich ein ebenso nüchterner und ehrenhafter Bürger bin wie Sie selbst, persönlich ebenso ehrlich, und sehr viel ehrlicher in politischen und moralischen Fragen.

RAMSDEN *an seiner wundesten Stelle getroffen*

Das streite ich ab. Ich werde weder Ihnen noch sonst jemandem erlauben, mich zu behandeln, als sei ich nur ein Stück britische Öffentlichkeit. Ich verabscheue deren Vorurteile, verachte ihre Engstirnigkeit, ich nehme für mich das Recht in Anspruch, unabhängig zu denken. Sie stellen sich als einen fortschrittlichen Menschen hin. Lassen Sie sich sagen: ich war schon ein fortschrittlicher Mann, als Sie noch gar nicht geboren waren.

TANNER

Ich wußte, daß es schon lange her ist.

RAMSDEN

Ich bin so fortschrittlich, wie ich es je gewesen bin. Beweisen Sie mir doch, daß ich jemals die Flagge niedergeholt habe. Ich bin fortschrittlicher, als ich es je war. Jeden Tag mache ich Fortschritte.

TANNER

Fortschritte in Jahren, Polonius.

RAMSDEN

Polonius! Sie sind also wohl Hamlet, wenn ich recht verstehe.

TANNER

Nein, ich bin nur der unverschämteste Mensch, den Sie je gesehen haben. Das ist Ihre Vorstellung von einem durch und durch schlechten Charakter. Wenn Sie mir Ihre Meinung sagen wollen, so fragen Sie sich als gerechter und aufrechter Mann, was wohl das schlimmste ist, daß Sie fairerweise von mir sagen können. Dieb, Lügner, Fälscher, Ehebrecher, Meineidiger, Fresser, Säufer? Keine dieser Bezeichnungen trifft auf mich zu. Sie müssen auf meinen Mangel an Scham zurückkommen. Nun, ich gebe diesen Mangel zu. Ich beglückwünsche mich sogar dazu, denn wenn ich mich meines wahren Selbst schämte, würde ich eine ebenso blöde Figur abgeben wie irgendeiner von euch andern. Legen Sie sich ein bißchen Unverschämtheit zu, Ramsden, dann werden Sie noch ein ganz beachtlicher Mann.

RAMSDEN

Ich habe kein --

TANNER

Nein, Sie haben kein Verlangen nach dieser Art von Beachtung. Ich danke Ihnen, ich wußte, diese Antwort würde kommen, ebenso sicher wie ich weiß, daß eine Schachtel Streichhölzer aus dem Automaten kommt, wenn ich einen Penny in den Schlitz werfe: Sie würden sich schämen, etwas anderes zu sagen.

Die vernichtende Erwiderung, für die Ramsden sicher-

lich seine Kräfte gesammelt hatte, ist für immer verloren, denn in diesem Augenblick kommt Octavius mit Miss Anne Whitefield und ihrer Mutter zurück. Ramsden springt auf und eilt zur Tür, um sie zu empfangen. Ob Anne hübsch ist oder nicht, kommt auf Ihren Geschmack an, auch und wohl hauptsächlich auf Ihr Alter und Geschlecht. Für Octavius ist sie eine bezaubernd schöne Frau, in deren Gegenwart sich die Welt verwandelt und die engen Grenzen des individuellen Bewußtseins sich plötzlich ins Unendliche weiten durch eine mystische Erinnerung an das gesamte Leben der Menschheit bis zu ihren Anfängen im Osten, oder sogar bis zurück ins Paradies, aus dem die Menschheit vertrieben wurde. In Anne wird für ihn das Märchen Wirklichkeit, sie ist der innere Sinn des Unsinns, die Entschleierung seiner Augen, die Befreiung seiner Seele, die Aufhebung von Zeit, Raum und Umständen, sie bewirkt die Verflüchtigung seines Blutes in die rauschenden Bäche des wahren Lebenswassers, die Enthüllung aller Geheimnisse und die Sanktionierung aller Dogmen. Für ihre Mutter ist Anne, um es so bescheiden wie möglich auszudrücken, nichts dieser Art. Nicht daß Octavius' Bewunderung im geringsten lächerlich oder entehrend wäre. Anne ist, was das anbelangt ein wohlgestaltetes Geschöpf und sie ist vollkommen damenhaft, anmutig und artig, mit berückenden Augen und Haaren. Außerdem hat sie – statt sich wie ihre Mutter zu einer Vogelscheuche zu machen – ein Trauerkleid aus schwarzer und violetter Seide gewählt, das ihren verstorbenen Vater ehrt und gleichzeitig die Familientradition tapferer Unkonventionalität beweist, auf die Ramsden so stolz ist.

Aber all dies kann Anns Charme nicht erklären. Geben Sie ihr eine Stupsnase, ein Schielauge, ersetzen Sie das schwarz-violette Seidengebilde durch die Schürze und den Federhut eines Blumenmädchens, streichen Sie alle Hs aus ihrer Sprache, und immer noch würde Anne die Männer zum Träumen bringen. Vitalität ist so allgemein wie Menschlichkeit; aber ebenso wie Menschlichkeit erhebt sie sich manchmal zur Genialität, und Anne ist ein solches Genie an Vitalität. Bitte sehr, sie ist keineswegs übersexuell: das wäre ein vitaler Fehler, keine wirkliche Steigerung. Anne ist vollkommen respektabel, vollkommen selbstbeherrscht und sieht auch so aus, obwohl sie sich auf modische Weise offen und impulsiv gibt. Man traut ihr zu, daß sie nichts tun wird, was sie nicht so meint; vielleicht hat man auch ein wenig Angst, daß sie alles, was sie tun will, tun wird, ohne mehr Rücksicht auf andere zu nehmen, als unbedingt nötig ist und als sie als angebracht empfindet. Kurz und gut, sie ist, was die schwächeren ihrer Geschlechtsgenossinnen manchmal eine Katze nennen.

Nichts könnte würdevoller sein, als ihr Eintritt und ihr Empfang durch Ramsden, den sie küßt. Der verstorbene Mr. Whitefield würde sich fast bis zum Überdruß geschmeichelt fühlen durch die ernsten Gesichter der Männer (außer Tanner, der nervös ist) das schweigende Händedrücken, das mitfühlende Zurechtrücken der Stühle, das Schnüffeln der Witwe, die feuchten Augen der Tochter, die scheinbar vor Bewegtheit nicht sprechen kann. Ramsden und Octavius holen zwei Stühle von der Wand und stellen sie für die beiden Damen zurecht; aber Anne geht auf Tanner zu und setzt sich auf seinen Stuhl, den er ihr mit einer brüsken Geste anbietet; dann befreit er sich von seiner Verwirrung, indem er sich mit beabsichtigter Flegelhaftigkeit auf die Schreibtischkante setzt. Octavius stellt einen Stuhl für Mrs. Whitefield neben Anne und setzt sich selbst auf den leeren, den Mr.

Ramsden dem Abbild von Mr. Herbert Spencer unter die Nase gesetzt hat.
Mrs. Whitefield ist übrigens eine kleine Frau, deren verblichenes Flachshaar um ihren Kopf liegt wie Stroh auf einem Ei. Ihr Ausdruck hat etwas unklar Widerspenstiges, ihre Stimme ein protestierendes Quieken, man hat den seltsamen Eindruck, daß sie dauernd mit den Ellbogen eine größere Person wegdrängt, die sie in die Ecke drücken will. Man errät, daß sie eine von den Frauen ist, die sich bewußt sind, als dumm und unbedeutend angesehen zu werden, und die sich, ohne die Kraft, sich wirksam zu behaupten, doch nie mit ihrem Schicksal abfinden. In der sorgfältigen Aufmerksamkeit, mit der Octavius sich ihr widmet, liegt etwas Ritterliches, während seine ganze Seele bei Anne ist.
Ramsden geht feierlich zu seinem Magistratssitz am Schreibtisch zurück, und eröffnet die Verhandlung, ohne Tanner zu beachten.

RAMSDEN

Es tut mir leid, Annie, daß ich dich in dieser traurigen Stunde mit Geschäften belästigen muß. Aber das Testament deines armen lieben Vaters hat eine sehr schwerwiegende Frage aufgeworfen. Ich denke, du hast es gelesen.
Anne, zu bewegt um zu sprechen, bejaht mit einem Kopfnicken und dem Anhalten des Atems.
Ich muß sagen, es überrascht mich, daß Mr. Tanner mit mir zusammen zum Vormund und Vermögensverwalter für dich und Rhoda ernannt ist.
Eine Pause tritt ein. Alle machen ein wichtiges Gesicht, haben aber nichts zu sagen. Ramsden, ein wenig verwirrt durch das völlige Ausbleiben einer Reaktion, fährt fort
Ich glaube, unter solchen Voraussetzungen kann ich die

Verantwortung nicht übernehmen. Auch Mr. Tanner hat, wie ich höre, Einwände; aber ich behaupte nicht, sie zu verstehen; ich bin sicher, daß er sie selbst erklären wird. In einem aber sind wir einig: wir können nichts entscheiden, ohne deine Meinung gehört zu haben. Ich fürchte, ich muß dich bitten, zwischen meiner alleinigen Vormundschaft oder der von Mr. Tanner zu wählen; denn ich fürchte, es ist unmöglich, daß wir beide gemeinsam die Sache übernehmen.

ANNE *mit leiser, melodischer Stimme*

Mama –

MRS. WHITEFIELD *hastig*

Also Anne, ich bitte dich, die Sache nicht mir aufzubürden. Ich habe in dieser Angelegenheit keine Meinung; und wenn ich eine hätte, so würde man sie wahrscheinlich doch nicht berücksichtigen. Ich bin ganz mit dem einverstanden, was ihr drei für das beste haltet.

Tanner dreht den Kopf und sieht Ramsden starr an, dieser weigert sich ärgerlich, die stumme Mitteilung entgegenzunehmen.

ANNE *beginnt mit der gleichen weichen Stimme, ohne von der Geschmacklosigkeit ihrer Mutter Notiz zu nehmen.*

Mama weiß, daß sie nicht stark genug ist, ohne jemandes Hilfe und Rat die ganze Verantwortung für mich und Rhoda zu übernehmen, Rhoda muß einen Vormund haben; ich bin zwar älter als sie, aber ich glaube nicht, daß eine junge, unverheiratete Frau gänzlich ihrer eigenen Einsicht überlassen werden sollte. Ich hoffe, Du bist meiner Meinung, Großpapa . .

TANNER *fährt hoch*

Großpapa! Hast du etwa vor, deine Vormünder Großpapa zu nennen?

ANNE

Sei nicht so dumm, Jack. Mr. Ramsden ist für mich immer Großpapa Roebuck gewesen: Ich bin Opas Annie, und er ist Annies Opa. Ich hab ihn so getauft, als ich sprechen lernte.

RAMSDEN *sarkastisch*

Ich hoffe, Sie sind zufrieden. Sprich weiter Annie: ich bin ganz deiner Meinung.

ANNE

Also: wenn ich einen Vormund brauche, *darf* ich dann überhaupt einen Mann ablehnen, den mein lieber Vater dazu bestimmt hat?

RAMSDEN *beißt sich auf die Lippen*

Du bist also mit der Wahl deines Vaters einverstanden?

ANNE

Es steht mir nicht zu, einverstanden oder nicht einverstanden zu sein. Ich nehme die Wahl an. Mein Vater liebte mich und wußte am besten, was gut für mich ist.

RAMSDEN

Natürlich verstehe ich dein Gefühl, Annie. Es ist genau das, was ich erwartet hatte, und es gereicht dir zur Ehre. Aber es regelt die Frage nicht so vollständig wie du glaubst. Ich will es dir an einem Beispiel klarmachen. Nimm an, du entdeckst, daß ich mich irgendeiner unehrenhaften Handlung schuldig gemacht hätte – daß ich nicht der Mann wäre, für den dein armer lieber Vater mich gehalten hat! Würdest du es dann immer noch für richtig halten, daß ich Rhodas Vormund würde?

ANNE

Ich kann mir nicht vorstellen, daß du etwas unehrenhaftes tust, Großpapa.

TANNER *zu Ramsden*

Sie haben doch nicht wirklich so was getan?

RAMSDEN *entrüstet*

Nein, mein Herr.

MRS. WHITEFIELD *Gelassen*

Also, warum sollen wir es uns dann vorstellen?

ANNE

Du siehst Großpapa, Mama möchte nicht einmal, daß ich es mir vorstelle.

RAMSDEN *völlig ratlos*

Ihr beide seid in diesen Familienangelegenheiten von so natürlichem Zartgefühl, daß es schwer fällt, euch die Situation klar zu machen.

TANNER

Übrigens mein Freund, Sie machen ihnen die Sache nicht klar.

RAMSDEN *gekränkt*

Dann tun Sie es doch.

TANNER

Das werde ich. Anne: Ramsden hält mich nicht für fähig, dein Vormund zu sein, und ich bin ganz seiner Meinung. Er glaubt, daß dein Vater, hätte er mein Buch gelesen, mich nicht dazu bestimmt hätte. Dies Buch ist die unehrenhafte Handlung, von der er spricht. Er glaubt, daß es Rhodas wegen deine Pflicht ist, ihn zu bitten, allein die Vormundschaft zu übernehmen und mich zum Rücktritt zu bewegen. Sag nur ein Wort, und ich trete zurück.

ANNE

Aber ich habe dein Buch noch nicht gelesen, Jack.

TANNER *beugt sich über den Papierkorb und fischt das Buch heraus.*

Dann lies es sofort und entscheide dich.

RAMSDEN *heftig*

Wenn ich dein Vormund sein soll, so verbiete ich dir strikt, dies Buch zu lesen, Annie.

Er schlägt mit der Faust auf den Tisch und erhebt sich.

ANNE

Natürlich nicht, wenn du es nicht möchtest.

Sie legt das Buch auf den Tisch.

TANNER

Wenn der eine Vormund dir verbietet, das Buch des andern Vormunds zu lesen, wie sollen wir die Sache dann klären? Wenn ich dir nun befehle, es zu lesen? Wo bleibt denn dein Gehorsam mir gegenüber?

ANNE *sanft*

Ich bin sicher, du würdest mich niemals absichtlich in einen solch schmerzlichen Zwiespalt stürzen, Jack.

RAMSDEN *gereizt*

Ja, ja, Annie. Das ist alles sehr gut, und wie ich sagte, natürlich und anständig. Aber du mußt dich so oder so entscheiden. Wir sind ebenso in einem Dilemma wie du.

ANNE

Ich fühle mich zu jung und zu unerfahren, um zu entscheiden. Die Wünsche meines Vaters sind mir heilig.

MRS. WHITEFIELD

Wenn ihr beiden Männer die Frage nicht lösen könnt, so finde ich es hart, Anne die Verantwortung aufzubürden. Mir scheint, daß die Menschen in dieser Welt immer alles andern aufbürden.

RAMSDEN

Es tut mir leid, daß Sie es so verstehen.

ANNE *in rührendem Ton*

Weigerst du dich, mich als dein Mündel zu akzeptieren, Großpapa?

RAMSDEN

Nein, das habe ich nie gesagt. Ich weigere mich aber entschieden, zusammen mit Mr. Tanner zu fungieren, das ist alles.

MRS. WHITEFIELD

Warum? Was haben Sie denn gegen den armen Jack?

TANNER
Meine Ansichten sind ihm zu fortschrittlich.

RAMSDEN *entrüstet*
Das sind sie nicht. Das streite ich ab.

ANNE
Natürlich nicht. Was für ein Unsinn. Niemand ist fortschrittlicher als Großpapa. Ich bin sicher, daß Jack selber all diese Schwierigkeiten heraufbeschworen hat. Komm Jack, sei lieb zu mir in meinem Leid. Du weigerst dich doch nicht, mich als dein Mündel zu akzeptieren?

TANNER *düster*
Nein. Ich habe mich darauf eingelassen und muß es also wohl auch auf mich nehmen.
Er dreht sich dem Bücherschrank zu und studiert niedergeschlagen die Titel der Bände.

ANNE *steht auf, strahlt vor Entzücken, das sie zu unterdrücken sucht*
Dann sind wir uns also alle einig, und der Wille meines lieben Vaters wird erfüllt werden. Ihr wißt nicht, was für eine Freude das für mich und meine Mutter bedeutet.
Sie geht zu Ramsden, drückt seine beiden Hände und sagt:
Und mein lieber Großpapa wird mir helfen und mich beraten.
Sie wirft über die Schulter Tanner einen Blick zu.
Und ich habe Jack, den Riesentöter.
Sie geht an ihrer Mutter vorbei auf Octavius zu
und Jacks unzertrennlichen Freund Ricky-ticky-tavy.
Octavius errötet und macht ein unbeschreiblich dummes Gesicht.

MRS. WHITEFIELD *steht auf und schüttelt ihre Trauerkleider zurecht*
Ramsden, jetzt, da Sie Annes Vormund sind, wünschte

ich, Sie würden ihr etwas über ihre Gewohnheit sagen, den Leuten Spitznamen zu geben. Das kann Ihnen doch nicht recht sein.
sie geht auf die Tür zu.

ANNE

Wie kannst du nur so etwas sagen, Mama.
glühend vor zärtlichen Gewissensbissen
Oh, ob du nicht doch recht haben könntest? Bin ich nicht doch unbedacht gewesen.
Sie wendet sich an Octavius, der rittlings auf seinem Stuhl sitzt, die Ellbogen auf der Rückenlehne. Sie legt ihre Hand auf seine Stirn und drückt plötzlich sein Gesicht nach oben.
Möchtest du wie ein erwachsener Mann behandelt werden? Muß ich dich in Zukunft Mr. Robinson nennen?

OCTAVIUS *ernst*

Oh bitte, nenn mich Ricky-ticky-tavy. »Mr. Robinson« würde mir schrecklich weh tun.

ANNE *lacht und streichelt seine Wange mit einem Finger, dann geht sie zu Ramsden zurück*

Weißt du, mir wird allmählich klar, daß Großpapa doch ziemlich unverschämt klingt. Aber ich habe nie vorgehabt, dich zu verletzen.

RAMSDEN *munter, während er ihr zärtlich auf den Rücken klopft*

Aber liebe Annie, das ist ja Unsinn. Ich bestehe auf Großpapa. Ich werde auf keinen anderen Namen hören als auf Annies Großpapa.

ANNE *dankbar*

Ihr alle seid so nett zu mir, nur Jack nicht.

TANNER *vom Bücherschrank her über seine Schulter*

Ich denke, du solltest mich Mr. Tanner nennen.

ANNE *freundlich*

Nein, das denkst du gar nicht, Jack. Das ist wieder so

etwas, das du sagst, um die Leute zu schockieren: die, die dich kennen, achten gar nicht darauf. Aber wenn du willst, nenne ich dich nach deinem berühmten Vorfahren Don Juan.

RAMSDEN

Don Juan?

ANNE *mit Unschuldsmiene*

Oh, ist da etwas dabei? Das wußte ich nicht. Dann nenne ich dich auf keinen Fall so. Darf ich dich Jack nennen, bis mir etwas anderes einfällt?

TANNER

Oh, versuch um Himmels willen nicht, dir noch etwas Schlimmeres auszudenken. Ich kapituliere. Ich klammere mich an Jack. Hier endet mein erster und letzter Versuch, mir Autorität zu verschaffen.

ANNE

Du siehst Mama, es gefällt ihnen allen ganz gut, einen Kosenamen zu haben.

MRS. WHITEFIELD

Also, ich denke, du solltest die Kosenamen wenigstens fallen lassen, bis die Trauerzeit vorüber ist.

ANNE *vorwurfsvoll, bis ins Herz getroffen*

Oh, wie kannst du mich daran erinnern, Mutter?

Sie geht hastig aus dem Zimmer, um ihre Bewegung zu verbergen.

MRS. WHITEFIELD

Natürlich. Ich bin schuld, wie immer.

Sie geht hinter Anne her.

TANNER *kommt vom Bücherschrank nach vorn*

Ramsden, wir sind geschlagen – zerschmettert – in nichts aufgelöst wie ihre Mutter.

RAMSDEN

Unsinn, Mr. Tanner.

Er folgt Mrs. Whitefield aus dem Zimmer.

TANNER *allein mit Octavius, starrt diesen mit freundlicher Ironie an*

Tavy, möchtest du etwas in der Welt gelten?

OCTAVIUS

Ich möchte als Dichter etwas gelten. Ich möchte ein großartiges Stück schreiben.

TANNER

Mit Anne als Heldin.

OCTAVIUS

Ja, ich gestehe es.

TANNER

Nimm dich in acht, Tavy. Ein Stück mit Anne als Heldin ist in Ordnung, aber wenn du nicht sehr aufpaßt, dann, beim Himmel wird sie dich heiraten.

OCTAVIUS *seufzend*

So viel Glück habe ich nicht.

TANNER

Mann, dein Kopf steckt im Rachen der Löwin: halb bist du schon verschlungen – in drei Bissen – Biß eins: Ricky – Biß zwei: Ticky – Biß drei: Tavy – und runter bist du.

OCTAVIUS

Sie geht mit allen gleich um, Jack; du kennst sie doch.

TANNER

Ja: sie bricht jedem mit einem Tatzenhieb das Rückgrat; aber die Frage ist: wen von uns wird sie fressen. Ich glaube, daß sie dich fressen wird.

OCTAVIUS *steht auf, gekränkt*

Es ist gräßlich, so von ihr zu sprechen, wo sie doch oben um ihren Vater weint. Aber ich wünsche mir so sehr, von ihr gefressen zu werden, daß ich deine Brutalitäten ertrage, denn sie geben mir Hoffnung.

TANNER

Tavy, das ist das Teuflische am Zauber einer Frau: sie

bringt dich dazu, deinen eigenen Untergang zu wollen.

OCTAVIUS

Aber es ist kein Untergang; es ist Erfüllung.

TANNER

Ja, aber die Erfüllung ihres Zweckes. Und dieser Zweck ist weder ihr Glück noch das deine, sondern ein Naturgesetz. Die Vitalität einer Frau ist ein blindes Wüten der Schöpfung. Sie opfert sich ihr. Und du glaubst, daß sie zögern wird, dich zu opfern.

OCTAVIUS

Aber gerade weil sie selbst opferbereit ist, wird sie nicht die opfern, die sie liebt.

TANNER

Das ist ein ganz grundlegender Irrtum, Tavy. Gerade die opferbereiten Frauen opfern andere ohne Rücksicht. Weil sie selbstlos sind, sind sie in kleinen Dingen gütig. Weil sie einen Daseinszweck haben, der nicht ihr eigener Zweck ist, sondern der des ganzen Universums, ist für sie ein Mann nichts als ein Werkzeug dieses Zwecks.

OCTAVIUS

Sei nicht undankbar, Jack. Sie umhegen uns mit aller Zärtlichkeit.

TANNER

Ja, wie ein Soldat sein Gewehr pflegt oder ein Musiker seine Geige. Aber lassen sie uns ein eigenes Ziel oder Freiheit? Leihen sie uns einem anderen Mann aus? Der stärkste Mann kann nicht entfliehen, wenn sie erst einmal Besitz von ihm ergriffen haben. Sie zittern, wenn wir in Gefahr sind und weinen wenn wir sterben; aber die Tränen gelten uns nicht, sie gelten dem Vater, der seine Funktion nicht mehr erfüllt, dem Sohn, der nicht gezeugt wird. Sie werfen uns vor, wir betrachteten sie als bloßes Mittel zu unserem Vergnügen; aber wie kann eine so schwache und vorübergehende Torheit wie das selbstsüchtige Vergnügen eines Mannes eine Frau so versklaven wie das ganze Naturgesetz, das in der Frau verkörpert ist, einen Mann versklaven kann?

OCTAVIUS

Was macht das schon, wenn wir in dieser Sklaverei glücklich sind?

TANNER

Es macht überhaupt nichts, wenn du kein eigenes Ziel hast. Wenn du, wie die meisten Männer, ein bloßer Brotverdiener bist. Aber du, Tavy, bist ein Künstler: das heißt, dein Ziel fordert alles und macht ebenso skrupellos wie das einer Frau.

OCTAVIUS

Nicht skrupellos.

TANNER

Völlig skrupellos. Der wahre Künstler läßt seine Frau hungern, seine Kinder barfuß gehen, seine Mutter noch mit siebenzig für seinen Lebensunterhalt schuften, ehe er eine andere Arbeit tut als seine künstlerische. Für Frauen ist er halb ein Mann, der Vivisektion betreibt, halb ein Vampir. Er nimmt enge Beziehungen mit ihnen auf, um sie zu studieren, ihnen die Maske der Konvention abzureißen, durch Überraschung ihre innersten Geheimnisse zu erfahren; er weiß, daß sie die Macht haben, seine tiefsten schöpferischen Kräfte zu wecken, ihn vor seinem kalten Verstand zu retten, ihn Visionen sehen und Träume träumen zu lassen, ihn, wie er es nennt, zu inspirieren. Er redet den Frauen ein, sie täten dies, um ihren eigenen Zwecken zu dienen, in Wirklichkeit will er, daß sie es für seine Zwecke tun. Er stiehlt der Mutter die Milch und macht Druckerschwärze daraus, um damit die Mutter zu verhöhnen und eine ideale Frau zu verherrlichen. Er gibt vor, ihr die Schmerzen der Geburt zu ersparen, damit sie die Zärtlichkeit und Pflege, die von rechts wegen ihren Kindern zustehen, ihm zuwendet. Seit es die Ehe gibt, weiß man, daß der große Künstler ein schlechter Gatte ist. Aber er ist etwas Schlimmeres: er ist ein Kinderräuber – ein Blutsauger, ein Heuchler und Betrüger. Die menschliche Rasse mag zugrunde gehen und tausend Frauen verwelken, wenn dieses Opfer ihn nur fähig macht, den Hamlet besser zu spielen, ein schöneres Bild zu malen, ein tieferes Gedicht zu schreiben, ein besseres Stück, eine profunde Philosophie. Denn, hör zu, Tavy, das Werk des Künstlers soll uns zeigen, wie wir wirklich sind; und der, der dieser Kenntnis auch nur ein Jota hinzufügt, schafft so sicher neues Bewußtsein, wie eine Frau neue Menschen schafft. In der Raserei dieser Schöpfung ist er ebenso rücksichtslos wie die Frau, für sie so gefährlich wie sie für ihn und auf ebenso schreckliche Weise faszinierend. Von allen menschlichen Kämpfen ist keiner so trügerisch und unbarmherzig wie der Kampf zwischen dem Mann als Künstler und der Frau als Mutter. Wer wird den anderen verschlingen, das ist die Frage zwischen ihnen. Und dieser Kampf ist umso tödlicher, weil sie, um es in deiner romantischen Sprache auszudrücken, einander lieben.

OCTAVIUS

Selbst wenn es so wäre – ich gebe es aber keinen Augenblick zu – aus den tödlichsten Kämpfen gehen die edelsten Charaktere hervor.

TANNER

Wenn dir das nächste Mal ein Grizzlybär oder ein bengalischer Tiger gegenübertritt, dann denk an dies Wort.

OCTAVIUS

Ich meinte, wenn Liebe dabei ist.

TANNER

Oh, der Tiger wird dich lieben. Es gibt keine redlichere Liebe als die Liebe zur Nahrung. Ich glaube, auf diese Weise liebt Anne dich: sie tätschelte deine Wange, als wäre es ein knuspriges kurz gebratenes Kotelett.

OCTAVIUS

Weißt du Jack, ich sollte vor dir weglaufen, aber ich habe es mir zur festen Regel gemacht, nichts was du sagst, krumm zu nehmen. Manchmal kannst du richtig ekelhafte Sachen sagen.

Ramsden kommt zurück, gefolgt von Ann. Sie kommen schnell herein, Annes vorher ruhige Miene, die würdevolle Trauer zeigte, drückt jetzt echte Bestürzung aus und bei Ramsden Besorgnis. Er tritt zwischen die beiden Männer und will sich an Octavius *wenden, aber als er Tanner gewahr wird, hält er plötzlich inne.*

RAMSDEN

Ich hatte kaum erwartet, Sie immer noch hier zu finden, Mr. Tanner.

TANNER

Bin ich im Wege? Dann guten Morgen, Mitvormund.

Er geht auf die Tür zu.

ANNE

Halt Jack. Großpapa, früher oder später wird er es doch erfahren.

RAMSDEN

Octavius, ich habe dir etwas sehr ernstes mitzuteilen. Es handelt sich um etwas ganz Intimes und Heikles – und, es tut mir leid, es sagen zu müssen, auch um etwas sehr Schmerzliches. Wünschst du, daß Mr. Tanner bei der Mitteilung zugegen ist?

OCTAVIUS *wird blaß*

Ich habe vor Jack keine Geheimnisse.

RAMSDEN

Bevor du es endgültig entscheidest, muß ich dir sagen, daß es sich dabei um deine Schwester handelt, und daß es eine schreckliche Mitteilung ist.

OCTAVIUS

Violet? Was ist geschehen? Ist sie – tot?

RAMSDEN

Ich fürchte, es ist sogar noch schlimmer.

OCTAVIUS

Ist sie schwer verletzt? Hat es einen Unfall gegeben?

RAMSDEN

Nein, nichts dergleichen.

TANNER

Anne, willst du nicht menschlich sein und uns sagen, was los ist.

ANNE *halb flüsternd*

Ich kann nicht. Violet hat etwas Schreckliches getan. Wir müssen sie wegschaffen, irgend wohin.

Sie flattert zum Schreibtisch und setzt sich auf Ramsdens Stuhl und überläßt es den drei Männern, die Sache zwischen sich auszumachen.

OCTAVIUS *dem ein Licht aufgeht*

Das meinen Sie also, Mr. Ramsden?

RAMSDEN

Ja.

Octavius sinkt vernichtet in einen Sessel.

Ich fürchte, es besteht kein Zweifel, daß Violet vor drei Wochen, als wir glaubten, sie besuche die Familie Parry Whitefield, gar nicht nach Eastburne fuhr. Und gestern hat sie, mit einem Ehering am Finger, einen fremden Arzt aufgesucht. Mrs. Parry Whitefield hat sie dort zufällig getroffen, und so ist das Ganze rausgekommen.

OCTAVIUS *erhebt sich mit geballten Fäusten.*

Wer ist der Schurke?

ANNE

Sie will es uns nicht sagen.

OCTAVIUS *fällt wieder in den Sessel zurück.*

Entsetzlich!

TANNER *mit ärgerlichem Sarkasmus*

Schrecklich. Entsetzlich. Schlimmer als der Tod, wie Ramsden sich ausdrückt.

Er tritt zu Octavius

Was würdest du darum geben, Tavy, wenn es ein Eisenbahnunfall gewesen wäre, wenn sie alle Knochen gebrochen hätte, oder sonst was ehrbares und mitleiderregendes?

OCTAVIUS

Du bist brutal, Jack.

TANNER

Brutal! Lieber Himmel, Mann, warum jammerst du denn. Hier ist eine Frau, von der wir alle glaubten, sie mache schlechte Aquarelle, übe Grieg und Brahms auf dem Klavier, flitze zu Konzerten und Parties, vergeude ihr Geld und ihr Leben. Plötzlich hören wir, daß sie diese Dummheiten hat fallenlassen und sich der Erfüllung ihres höchsten Ziels und ihrer wichtigsten Funktion zugewandt hat. – Ihrer Funktion, zu wachsen, sich zu mehren und den Erdkreis zu erfüllen. Und statt ihren Mut zu bewundern und sich über ihren guten Instinkt zu freuen; statt die erfüllte Weiblichkeit zu krönen und den Triumphgesang anzustimmen ›Ein Kind ist uns geboren – ein Sohn ist uns geschenkt‹ steht ihr, die ihr eben in eurer Trauer um die Toten so fröhlich wie die Heimchen gewesen seid, jetzt macht ihr lange Gesichter und seht so beschämt und niedergeschmettert aus, als ob das Mädchen das schmutzigste Verbrechen begangen hätte.

RAMSDEN *brüllt vor Wut*

Ich werde in meinem Hause solche Schändlichkeiten nicht dulden.

Er schlägt mit der Faust auf den Schreibtisch.

TANNER

Nun hören Sie aber mal, wenn Sie mich noch einmal beleidigen, dann nehme ich Sie beim Wort und verlasse Ihr Haus. Ann: Wo ist Violet im Augenblick?

ANNE

Warum? Willst du zu ihr gehen?

TANNER

Natürlich gehe ich zu ihr. Sie braucht Hilfe, sie braucht Geld, sie braucht Respekt und Anerkennung, sie braucht für ihr Kind das beste, das es gibt. Von euch wird sie das alles wahrscheinlich nicht bekommen, – aber von mir! Wo ist sie?

ANNE

Sei nicht so eigensinnig, Jack. Sie ist oben.

TANNER

Wie? Unter Ramsden geheiligtem Dach? Gehen Sie, tun Sie Ihre elende Pflicht, Ramsden. Jagen Sie sie auf die Straße. Reinigen Sie Ihre Schwelle von dieser Befleckung. Stellen Sie die Reinheit Ihres englischen Heims wieder her. Ich hole eine Droschke.

ANNE *Geängstigt*

Oh Großpapa, das darfst du nicht tun.

OCTAVIUS *erhebt sich gebrochen.*

Ich bringe sie weg, Mr. Ramsden. Sie hatte nicht das Recht, in Ihr Haus zu kommen.

RAMSDEN *entrüstet*

Aber ich bin nur zu bereit, ihr zu helfen.

wendet sich an Tanner

Wie können Sie es wagen, Mr. Tanner, mir solche ungeheuerlichen Absichten zu unterstellen. Ich verwahre mich dagegen. Ich bin bereit, meinen letzten Penny herzugeben, damit sie nicht bei Ihnen Schutz suchen muß.

TANNER *beruhigt sich*

Dann ist ja alles in Ordnung. Er wird nicht nach seinen Prinzipien handeln. Wir sind uns also alle einig, Violet beizustchen.

OCTAVIUS Aber wer ist der Mann? Er kann es wieder gutmachen, indem er sie heiratet; und das wird er tun, oder er wird sich vor mir verantworten.

RAMSDEN

Das wird er. Du sprichst wie ein Mann, Octavius.

TANNER

Du hältst ihn also doch nicht für einen Schurken.

OCTAVIUS

Nicht für einen Schurken? Er ist ein herzloser Schurke.

RAMSDEN

Ein verdammter Schurke. Verzeihung, Anne, aber milder kann ich es nicht ausdrücken.

TANNER

Du willst also deine Schwester einem verdammten Schurken zur Frau geben, um sie zu bessern. O mein Gott, ich glaube, ihr seid alle verrückt.

ANNE

Red keinen Unsinn, Jack. Du hast natürlich ganz recht, Tavy. Aber wir wissen nicht, wer es ist. Violet will es uns nicht sagen.

TANNER

Es ist doch völlig gleichgültig, wer es ist. Er hat sein Teil getan, das übrige muß Violet tun.

RAMSDEN *außer sich*

Quatsch! Blödsinn! In unserer Mitte ist ein Schurke, ein Lüstling, ein Verbrecher schlimmer als ein Mörder, und wir sollen nicht erfahren, wer es ist. In unserer Unwissenheit sollen wir ihm die Hand schütteln, ihn in unser Haus einladen, ihn mit unseren Töchtern in Berührung bringen ihn – ihn –

ANNE *schmeichelnd*

Aber, aber, Großpapa, sprich nicht so laut. Es ist einfach schrecklich, das müssen wir alle zugeben, aber wenn Violet uns nichts sagen will, was können wir da machen? Nichts. Überhaupt nichts.

RAMSDEN

Hm. Da bin ich nicht so sicher. Es ist sicher nicht schwer, festzustellen, ob irgendein Mann Violet besondere Aufmerksamkeit geschenkt hat. Wenn sich unter uns ein Mann mit besonders lockeren Anschauungen befindet –

TANNER

Aha!

RAMSDEN *erhebt die Stimme*

Ja, Mr. Tanner, ich wiederhole: wenn sich unter uns ein Mann mit besonders lockeren Anschauungen befindet –

TANNER

Oder ein Mann, von dem bekannt ist, daß es ihm an Selbstbeherrschung fehlt – –

RAMSDEN *fassungslos*

Wollen Sie etwa behaupten, daß ich einer solchen Handlung fähig wäre?

TANNER

Mein lieber Ramsden, dies ist eine Handlung, deren jeder Mann fähig wäre. Das kommt davon, wenn man mit der Natur in Konflikt gerät. Der Verdacht, den Sie eben auf mich gelenkt haben, trifft uns alle. Diese Art Dreck klebt eben so fest an der Richterrobe und am Kardinalspurpur wie an den Lumpen des Landstreichers. Komm Tavy, mach nicht ein so verdutztes Gesicht: ich hätte es sein können, es hätte auch Ramsden sein können ebenso gut wie irgendeiner. Und wenn wir es wären, was könnten wir tun als zu lügen und zu protestieren – so wie Ramsden jetzt protestieren wird.

RAMSDEN *nahe am Ersticken*

Ich – ich – ich –

TANNER

Die Schuld in Person könnte nicht verwirrter stammeln. Und doch weißt du genau, Tavy, daß er unschuldig ist.

RAMSDEN *erschöpft*

Ich bin froh, daß Sie das zugeben, Mr. Tanner. Auch ich gebe zu, daß an dem, was Sie sagen, etwas Wahres ist, wenn Sie es auch grob übertreiben, um sich auf Ihre boshafte Weise lustig über uns zu machen. Ich hoffe, Octavius, daß ein Verdacht gegen mich unvorstellbar für dich ist.

OCTAVIUS

Gegen Sie? Nicht einen Augenblick – –

TANNER *trocken*

Ich glaube, mich verdächtigt er ein ganz klein wenig.

OCTAVIUS

Du könntest nicht – du würdest nicht –

TANNER

Und warum nicht?

OCTAVIUS *entsetzt*

Warum nicht

TANNER

Also gut, ich will dir sagen, warum nicht. Erstens: weil du dich verpflichtet fühlen würdest, mit mir zu brechen. Zweitens: weil Violet mich nicht mag. Drittens: wenn ich die Ehre hätte, der Vater von Violets Kind zu sein, so würde ich mich dessen rühmen, statt es zu leugnen.
Sei also beruhigt: unsere Freundschaft ist nicht in Gefahr.

OCTAVIUS

Wäre dein Gefühl und deine Meinung in diesen Dingen natürlich, hätte ich den Verdacht mit Entsetzen von mir gewiesen. Ich bitte um Verzeihung.

TANNER

Verzeihung? Unsinn! Und jetzt wollen wir uns hinsetzen und einen Familienrat abhalten.

Er setzt sich. Die anderen folgen seinem Beispiel mehr oder weniger unter Protest.

Violet ist im Begriff, dem Staat einen Dienst zu erweisen; folglich muß sie wie eine Verbrecherin ins Ausland verfrachtet werden, bis alles vorüber ist. Was geht oben vor sich?

ANNE

Violet ist im Zimmer der Haushälterin. Natürlich allein.

TANNER

Warum ist sie nicht im Wohnzimmer?

ANNE

Red keinen Unsinn, Jack. Miss Ramsden und meine Mutter sind im Wohnzimmer und beraten, was zu tun ist.

TANNER

Oh, dann dient das Zimmer der Haushälterin wohl als Karzer, und die Gefangene wartet darauf, vor ihre Richter gerufen zu werden. Diese alten Hexen!

ANNE

Oh Jack!

RAMSDEN

Sie sind im Augenblick Gast im Hause einer der alten Hexen, mein Herr. Meine Schwester ist die Herrin dieses Hauses.

TANNER

Sie würde am liebsten auch mich in das Zimmer der Haushälterin sperren, Ramsden. Aber ich ziehe das Wort Hexen zurück. Hexen würden sich vernünftiger benehmen. Anne, als dein Vormund befehle ich dir, sofort zu Violet zu gehen und besonders nett zu ihr zu sein.

ANNE

Ich bin bei ihr gewesen, Jack. Es tut mir leid, aber ich glaube, sie wird sich hartnäckig weigern, ins Ausland zu gehen. Ich glaube, Tavy sollte mit ihr darüber sprechen.

OCTAVIUS

Wie kann ich mit ihr über so etwas sprechen?

er bricht zusammen

ANNE

Laß dich nicht gehen, Tavy. Um unserer aller willen, versuch es zu tragen.

RAMSDEN

Das Leben besteht nicht nur aus Theaterstücken und Gedichten, Octavius. Komm, trag es wie ein Mann.

TANNER *wieder in höhnischem Ton*

Armer lieber Bruder! Arme liebe Freunde der Familie! Ihr armen lieben alten Hexchen! Alle sind arm und lieb außer der Frau, die ihr Leben aufs Spiel setzen wird, um ein neues Leben zu schaffen. Tavy: sei kein selbstsüchtiger Esel. Hau ab und sprich mit Violet, und bring sie mit herunter, wenn sie mag.

Octavius steht auf.

Sag ihr, daß wir auf ihrer Seite sind.

RAMSDEN *steht auf*

Nein, mein Herr.

TANNER *steht ebenfalls auf und unterbricht ihn*

Oh, wir verstehen: es ist gegen Ihr Gewissen; aber trotzdem werden Sie es tun.

OCTAVIUS

Ich gebe euch mein Wort, ich wollte nicht selbstsüchtig sein. Es ist so schwer zu wissen, was man tun soll, wenn man ernstlich wünscht, das Rechte zu tun.

TANNER

Mein lieber Tavy, du hast die fromme englische Gewohnheit, die Welt als moralische Turnhalle zu betrachten, die eigens dazu gebaut worden ist, damit du darin deinen Charakter festigen kannst. Das verführt dich manchmal dazu, über deine eigenen verdammten Prinzipien nachzudenken, wenn du über das nachdenken solltest, was für andere Menschen notwendig ist. Die Notwendigkeit der gegenwärtigen Stunde ist eine glückliche Mutter und ein gesundes Kind. Konzentriere deine Energien darauf, dann wirst du deinen Weg ganz klar vor dir sehen.

Octavius geht ganz verwirrt ab.

RAMSDEN *tritt Tanner mit Würde entgegen.*

Und die Moral, mein Herr? Was wird aus der?

TANNER

Unter Moral verstehen Sie eine weinende Magdalena und ein unschuldiges Kind, das mit deren Schmach gebrandmarkt ist. Danke, das wird es in unserem Kreis nicht geben. Die Moral mag zu ihrem Vater, dem Teufel, gehen.

RAMSDEN

Das hab ich mir gedacht, Mr. Tanner. Die Moral wird zum Teufel geschickt, weil es unseren Freigeistern, männlichen und weiblichen, so gefällt. So soll also die Zukunft Englands aussehen, wie?

TANNER

England wird Ihre Mißbilligung überleben. Aber bis dahin – darf ich annehmen, daß Sie über die praktischen Schritte, die wir unternehmen müssen, mit mir einer Meinung sind.

RAMSDEN

Nicht in Ihrem Geiste, Mr. Tanner. Nicht für Ihre Zwecke.

TANNER

Das können Sie proklamieren, wenn jemand Sie zur Rechenschaft ziehen sollte, hier oder im Jenseits.

Er wendet sich ab und pflanzt sich vor Mr. Herbert Spencer auf, den er düster anstarrt.

ANNE *steht auf und tritt zu Ramsden*

Großpapa: willst du nicht ins Wohnzimmer hinaufgehen und ihnen sagen, was wir vorhaben?

RAMSDEN *blickt scharf zu Tanner hinüber*

Ich lasse dich nicht gern mit diesem Herrn allein. Willst du nicht mitkommen?

ANNE

Miss Ramsden würde in meiner Gegenwart nicht gern über die Sache sprechen, Großpapa. Es ist besser, wenn ich nicht dabei bin.

RAMSDEN

Du hast recht. Daran hätte ich denken sollen. Du bist ein gutes Mädchen, Annie.

Er klopft ihr auf die Schulter. Sie blickt mit strahlenden Augen zu ihm auf, und er geht tief bewegt hinaus. Jetzt, da sie ihn losgeworden ist, sieht Anne sich nach Tanner um. Da er ihr den Rücken zukehrt, wendet sie einen Augenblick daran, ihr Äußeres zurechtzumachen, dann tritt sie leise zu ihm und sagt ihm beinahe ins Ohr:

ANNE

Jack,

er fährt herum

bist du froh, mein Vormund zu sein? Ich hoffe, du bedauerst es nicht, daß du für mich verantwortlich bist.

TANNER

Ich hab dir wohl noch gefehlt in deiner Sammlung von Sündenböcken, was?

ANNE

Oh, dieser dumme alte Witz! Bitte hör damit auf. Warum sagst du Sachen, von denen du weißt, daß sie mir weh tun? Ich tue mein bestes, um es dir recht zu machen, Jack, ich glaube, jetzt, da du mein Vormund bist, darf ich dir das sagen. Du wirst mich sehr unglücklich machen, wenn du dich weigerst, mein Freund zu sein.

TANNER *starrt sie ebenso düster an, wie er vorher die Büste angestarrt hat.*

Du brauchst nicht um meine Freundschaft zu betteln. Wie unrealistisch sind unsere moralischen Urteile! Mir scheint, daß du überhaupt kein Gewissen hast – nichts als Scheinheiligkeit; und man kann sie nicht voneinander unterscheiden – und doch strahlst du eine Art von Faszination aus. Ich beschäftige mich irgendwie immer mit dir. Wenn ich dich verlöre, würde ich dich vermissen.

ANNE *schiebt leise ihren Arm unter seinen und geht mit ihm auf und ab.*

Aber das ist doch ganz natürlich, Jack. Wir kennen uns schon seit unserer Kindheit. Weißt du noch?

TANNER *macht sich abrupt frei*

Still! Ich weiß noch alles.

ANNE

Oh, wir waren natürlich manchmal töricht, aber –

TANNER

Ich will nichts hören, Anne. Ich bin nicht mehr der Schuljunge, und ich bin noch nicht der Tattergreis von neunzig, der ich sein werde, wenn ich lange genug lebe. Es ist vorbei; laß es mich vergessen.

ANNE

Aber es war doch eine glückliche Zeit?

Sie versucht, wieder seinen Arm zu nehmen.

TANNER

Setz dich hin und benimm dich.

Er drückt sie auf einen Stuhl neben dem Schreibtisch.

Ohne Zweifel war es eine glückliche Zeit für dich. Du

warst ein braves Mädchen und hast dir nie eine Blöße gegeben. Und doch hätte das böseste Kind, das je Prügel bezogen hat, sich kaum besser amüsieren können. Ich kann den Erfolg verstehen, mit dem du die anderen Mädchen tyrannisiert hast: deine Tugend hat sie getäuscht. Aber sag mir eins: Hast du jemals einen guten Jungen gekannt?

ANNE

Natürlich. Alle Jungen machen zu Zeiten Dummheiten; aber Tavy war immer ein wirklich guter Junge.

TANNER *überrascht*

Ja, du hast recht. Aus irgendeinem Grund hast du Tavy nie in Versuchung geführt.

ANNE

In Versuchung geführt! Jack!

TANNER

Ja mein liebes Fräulein Mephistopheles, in Versuchung geführt. Deine Neugier zu erfahren, wozu ein Junge fähig wäre, war unersättlich; und mit teuflischer Klugheit wußtest du seine Vorsicht zu täuschen und ihn bei seinen innersten Geheimnissen zu überraschen.

ANNE

Was für ein Unsinn. Nur weil du mir immer lange Geschichten erzählt hast von den bösen Dingen, die du getan hast – von Dummejungenstreichen! Und so etwas nennst du die innersten Geheimnisse! Die Geheimnisse der Jungen sind genau wie die Geheimnisse der Männer; und du kennst sie!

TANNER *eigensinnig*

Nein, ich kenne sie nicht! Worin bestehen sie denn, bitte!

ANNE

Nun, natürlich die Sachen, die sie jedem erzählen.

TANNER

Also, ich schwöre dir, ich habe dir Dinge gesagt, die ich

niemanden sonst erzählt habe. Du hast mich dazu verlockt, einen Pakt mit dir zu schließen, daß keiner von uns vor dem andern ein Geheimnis haben sollte. Wir wollten uns alles sagen. Ich habe gar nicht gemerkt, daß du mir nie etwas gesagt hast.

ANNE

Du wolltest ja auch gar nicht von mir sprechen, du wolltest von dir sprechen, Jack.

TANNER

Ja, das ist wahr, auf eine schreckliche Weise wahr. Aber was für ein teuflisches Kind mußt du gewesen sein, diese Schwäche zu kennen und sie auszunutzen, um deine Neugier zu befriedigen! Ich wollte vor dir prahlen, mich interessant machen. Und ich habe allerhand bösartige Dinge getan, nur um dir etwas erzählen zu können. Ich habe mich mit Jungen geprügelt, gegen die ich gar nichts hatte; ich log in Sachen, in denen ich genausogut die Wahrheit hätte sagen können; ich stahl Dinge, die ich gar nicht wollte; ich küßte kleine Mädchen, die ich gar nicht mochte. Es war alles nur Angeberei: ohne Leidenschaft und darum unwirklich.

ANNE

Ich hab dich nie verpetzt, Jack.

TANNER

Nein; aber wenn du gewollt hättest, daß ich aufhörte, dann hättest du mich verpetzt. Du wolltest, daß ich weitermache.

ANNE *wütend*

Oh, das ist nicht wahr; es ist nicht wahr, Jack. Ich habe nie gewollt, daß du diese langweiligen, enttäuschenden, brutalen, dummen, ordinären Dinge tun solltest. Ich habe immer gehofft, daß es endlich einmal etwas wirklich Heldenhaftes sein würde.

Sie faßt sich

Entschuldige, Jack, aber diese Dinge, die du getan hast, waren nie auch nur ein bißchen so wie ich es von dir erwartete. Sie verursachten mir oft großes Unbehagen, aber ich brachte es nicht über mich, dich zu verpetzen und in Schwierigkeiten zu bringen. Und du warst ja nur ein Junge. Ich wußte, daß es sich auswachsen würde. Vielleicht hatte ich unrecht.

TANNER *sarkastisch*

Du brauchst keine Gewissensbisse zu haben, Anne. Wenigstens neunzehn Zwanzigstel der Unternehmungen, die ich dir gebeichtet habe, waren reine Erfindung. Ich hatte bald heraus, daß die wahren Geschichten dir nicht gefielen.

ANNE

Ich wußte natürlich, daß einige der Dinge nicht passiert sein konnten. Aber –

TANNER

Du willst mich daran erinnern, daß ein paar von der schandbarsten Sorte wirklich passiert sind.

ANNE *zu seinem Schrecken in zärtlichem Ton*

Ich will dich an gar nichts erinnern. Aber ich kannte die Leute, mit denen sie passierten und hörte davon.

TANNER

Ja; aber auch die wahren Geschichten waren für den Bericht aufgemöbelt. Die Niederlagen eines sensiblen Jungen mögen gewöhnlich dickhäutigen Erwachsenen so richtig Spaß machen; für den Jungen selbst sind sie so bitter, so demütigend, daß er sie nicht bekennen – daß er sie nur leidenschaftlich leugnen kann. Aber vielleicht war es ganz gut für mich, daß ich ein bißchen phantasierte; denn das eine Mal, als ich dir die Wahrheit sagte, hast du gedroht, mich zu verraten.

ANNE

Das ist nicht wahr. Nicht ein einziges Mal hab ich das getan.

TANNER

Doch. Du hast es getan. Erinnerst du dich an ein dunkeläugiges Mädchen mit Namen Rachel Rosetree?

Annes Brauen ziehen sich unwillkürlich einen Augenblick zusammen.

Ich hatte mit ihr eine Liebesgeschichte angefangen, und eines Abends gingen wir, die Arme um einander geschlungen, sehr verlegen im Garten herum. Beim Abschied küßten wir uns und kamen uns sehr romantisch vor. Wenn diese Geschichte weitergegangen wäre, hätte sie mich zu Tode gelangweilt, aber sie ging nicht weiter. Als ich sie das nächste Mal sah, schnitt Rachel mich, denn sie hatte erfahren, daß ich es dir erzählt hatte. Wie hatte sie das erfahren? Von dir. Du warst zu ihr gegangen und hattest ihr das sündige Geheimnis vorgehalten, hattest sie in tiefen Schrecken gestürzt und sie gedemütigt, indem du drohtest, sie zu verpetzen.

ANNE

Und das war nur gut für sie. Es war meine Pflicht, ihrem schlechten Benehmen ein Ende zu machen, und heute ist sie mir dafür dankbar.

TANNER

Wirklich?

ANNE

Jedenfalls sollte sie es sein.

TANNER

Und es war wohl nicht deine Pflicht, meinem schlechten Benehmen ein Ende zu machen.

ANNE

Ich habe ihm ein Ende gemacht, indem ich dem ihren ein Ende machte.

TANNER

Bist du so sicher? Du hast nur meinen Erzählungen über meine Abenteuer ein Ende gemacht, aber wie willst du wissen, ob du den Abenteuern ein Ende gemacht hast?

ANNE

Willst du damit sagen, daß du es in der gleichen Weise mit anderen Mädchen getrieben hast?

TANNER

Nein, ich hatte von dieser Art romantischer Narrheit genug.

ANNE *ist nicht überzeugt*

Warum hast du dann mit deinen Bekenntnissen aufgehört und bist mir ganz fremd geworden?

TANNER *geheimnisvoll*

Weil mir damals etwas zufiel, das ich ganz für mich behalten, das ich nicht mit dir teilen wollte.

ANNE

Ich hätte bestimmt nichts davon haben wollen, wenn du es mir nicht hättest geben wollen.

TANNER

Es war keine Schachtel Bonbons, Anne. Es war etwas, das du mir nie gegönnt hättest.

ANNE *ungläubig*

Was denn?

TANNER

Meine Seele.

ANNE

Oh, sei doch vernünftig, Jack. Du weißt genau, daß du Unsinn redest.

TANNER

Es ist mein heiliger Ernst, Anne. Du hast damals nicht bemerkt, daß auch du eine Seele bekamst. Aber es war so. Nicht zufällig stelltest du plötzlich fest, daß du die moralische Pflicht hattest, Rachel zu bestrafen und zu bessern. Bis dahin hattest du einen ganz netten Vorteil daraus gezogen, ein braves Kind zu sein; aber anderen gegenüber hattest du nie Verantwortung gespürt. Nun, auch ich spürte jetzt diese Verantwortung. Bis dahin hatte ich den jungen Räuber gespielt, der nicht mehr Gewissen hat als ein Fuchs im Hühnerhof. Aber jetzt begann ich, Skrupel zu haben, Verantwortung zu spüren, ich fand heraus, daß Wahrhaftigkeit und Ehre nicht nur heuchlerische Worte in den Mündern der Erwachsenen waren, sondern zwingende Prinzipien in mir selbst.

ANNE *leise*

Ja, ich glaube, du hast recht. Du fingst an, ein Mann zu werden, und ich eine Frau.

TANNER

Glaubst du nicht, daß wir anfingen, etwas mehr zu werden? Was meinen die meisten Leute mit: ein Mann werden oder eine Frau werden? Du weißt es: es bedeutet den Anfang der Liebe. Aber für mich fing die Liebe viel früher an. Die Liebe spielte eine Rolle in den frühesten Träumen und Torheiten und Phantasien, an die ich mich erinnern kann – darf ich sagen, in den frühesten Torheiten und Phantasien, an die wir uns erinnern können? – obwohl wir es damals nicht verstanden. Nein, die Veränderung, die in mir vorging, war die Geburt der moralischen Leidenschaft; und ich erkläre, daß nach meiner Erfahrung die moralische Leidenschaft die einzig wirkliche Leidenschaft ist.

ANNE

Alle Leidenschaften sollten moralisch sein, Jack.

TANNER

Sollten! Glaubst du, daß irgendetwas stark genug ist, einer Leidenschaft ein ›sollte‹ aufzuzwingen, es sei denn eine stärkere Leidenschaft?

ANNE

Unser moralischer Sinn beherrscht die Leidenschaft, Jack. Sei doch nicht dumm.

TANNER

Unser moralischer Sinn! Und ist das keine Leidenschaft? Soll der Teufel denn alle Leidenschaften haben ebenso wie alle sanften Töne! Wenn der moralische Sinn keine Leidenschaft wäre – wenn es nicht die stärkste Leidenschaft wäre, so würden die anderen Leidenschaften ihn wegfegen wie der Sturm ein Blatt wegfegt. Es ist die Geburt dieser Leidenschaft, die das Kind zum Mann macht.

ANNE

Es gibt andere Leidenschaften, Jack. Sehr starke.

TANNER

Alle anderen Leidenschaften waren vorher in mir, aber sie waren müßig und ziellos – sie waren nur kindische Gelüste, Grausamkeiten, Wißbegierden und Phantasien, Gewohnheiten und Aberglauben, für die reife Intelligenz grotesk und lächerlich. Als sie plötzlich begannen, wie neu entzündete Flammen zu leuchten, leuchteten sie nicht in ihrem eigenen Licht, sondern im Glanz der aufgehenden moralischen Leidenschaft. Diese Leidenschaft gab ihnen Würde, sie gab ihnen Bewußtheit und Bedeutung, sie fand einen Haufen von Begierden vor und ordnete diese zu einem Heer von Zwecken und Prinzipien. Aus dieser Leidenschaft wurde meine Seele geboren.

ANNE

Ich merkte, daß du mehr Vernunft bekamst, vorher warst du ein schrecklich destruktiver Junge.

TANNER

Destruktiv! Unsinn! Ich war nur mutwillig.

ANNE

Oh Jack, du warst sehr destruktiv. Du hast all die jungen Tannen ruiniert, weil du ihre Spitzen mit dem Holzschwert abgeschlagen hast. Du hast mit deiner Schleuder alle Scheiben des Mistbeets zerbrochen. Du hast die Heide angezündet. Die Polizei hat damals Tavy festgenommen, weil er fortlief, als er dich nicht daran hindern konnte. Du –

TANNER

Pah - pah - pah! Das waren Schlachten, Bombardierungen, Schachzüge, um unsere Skalpe vor den Indianern zu retten. Du hast keine Phantasie, Anne. Ich bin heute zehnmal so destruktiv wie damals. Die moralische Leidenschaft hat sich meiner Zerstörungswut bemächtigt und sie auf moralische Ziele gelenkt. Ich bin ein Reformer geworden, und, wie alle Reformer ein Bilderstürmer. Ich zerschlage keine Mistbeetscheiben mehr und stecke keine Ginsterbüsche in Brand: ich zerschlage Glaubensbekenntnisse und zerstöre Götzenbilder.

ANNE *gelangweilt*

Ich fürchte, ich bin zu sehr Frau, um irgendeinen Sinn in der Zerstörung zu sehen. Zerstörung kann nur zerstören.

TANNER

Ja. Darum ist sie ja so nützlich. Das Konstruktive bedeckt den Boden dicht mit Institutionen, die von den G'schaftlhubern gemacht worden sind.
Die Destruktion schafft wieder Freiheit und Raum zum Atmen.

ANNE

Es hat keinen Sinn, Jack. Keine Frau wird dir darin zustimmen.

TANNER

Das kommt daher, weil ihr Aufbau und Zerstörung mit Schöpfung und Mord verwechselt. Sie sind etwas ganz verschiedenes: ich bete die Schöpfung an und verabscheue den Mord. Ja: ich verehre die Schöpfung im Baum und in der Blume, im Vogel und im Tier, sogar in dir.

Über das zunehmend verwirrte und gelangweilte Gesicht Anns huscht plötzlich ein Strahl von Interesse und Entzücken.

Der schöpferische Instinkt war es, der dich dazu trieb, mich mit Fesseln an dich zu binden, die bis heute ihre Spuren hinterlassen haben. Ja, Anne, der alte kindliche Pakt zwischen uns war ein unbewußter Liebespakt.

ANNE

Jack!

TANNER

Oh, hab keine Angst –

ANNE

Ich hab keine Angst.

TANNER *spöttisch*

Du solltest aber welche haben. Wo bleiben deine Prinzipien?

ANNE

Jack, meinst du das ernst oder nicht?

TANNER

Meinst du das mit der moralischen Leidenschaft?

ANNE

Nein, nein, das andere.

Verwirrt

Oh! Du bist so komisch. Man weiß nie, wie man dich verstehen soll.

TANNER

Du mußt mich ganz ernst nehmen. Ich bin dein Vormund; und es ist meine Pflicht, dich zu belehren.

ANNE

Dann gilt der Liebespakt also nicht mehr, wie? Ich glaube, du bist meiner überdrüssig geworden.

TANNER

Nein, aber die moralische Leidenschaft hat unser kindisches Verhältnis unmöglich gemacht. Ein eifersüchtiges Bewußtsein meiner neuen Individualität ist in mir entstanden –

ANNE

Du konntest es nicht mehr ertragen, wie ein Junge behandelt zu werden. Armer Jack!

TANNER

Ja. Denn wie ein Junge behandelt zu werden, bedeutete, auf der alten Ebene miteinander zu verkehren. Ich war eine neue Person geworden, und die die alte Person gekannt hatten, lachten über mich. Der einzige Mensch, der vernünftig reagierte, war mein Schneider: jedesmal, wenn er mich sah, nahm er mir von neuem Maß, während die anderen bei meinen alten Maßen blieben und erwarteten, daß sie mir paßten.

ANNE

Du wurdest schrecklich befangen.

TANNER

Wenn du in den Himmel kommst, Anne, wirst du etwa ein Jahr lang dir deiner Flügel schrecklich bewußt sein. Wenn du dann deine Verwandten triffst, und sie bestehen darauf, dich zu behandeln, als ob du noch eine Sterbliche wärest, werden sie dir unerträglich sein. Du wirst versuchen, in einem Kreis zu verkehren, wo man dich nur als Engel gekannt hat.

ANNE

Dann war es also nur deine Eitelkeit, die dich von uns weggetrieben hat.

TANNER

Ja, nur meine Eitelkeit, wie du es nennst.

ANNE

Du hättest dich aber deshalb doch nicht von mir fernhalten müssen.

TANNER

Von dir am allermeisten. Du kämpftest heftiger als alle anderen gegen meine Emanzipation.

ANNE *ernst*

Oh, wie sehr du unrecht hast! Ich hätte alles für dich getan.

TANNER

Alles, nur nicht mich freigelassen. Damals schon hattest du instinktiv schon den verfluchten Weibertrick heraus, einem Mann Verpflichtungen aufzuerlegen, dich ihm gänzlich und so hilflos auszuliefern, daß er nicht wagt, einen Schritt zu tun, ohne dich um Erlaubnis zu fragen. Ich kenne einen armen Kerl, dessen einziger Herzenswunsch es ist, von seiner Frau wegzulaufen. Sie hindert ihn daran, indem sie droht, sich vor die Lokomotive des Zuges zu werfen, mit dem er sie verlassen will. So machen es alle Frauen, wenn wir versuchen, dorthin zu gehen, wohin ihr nicht wollt: so gibt es kein Gesetz, das uns hindert; aber wenn wir den ersten Schritt tun, so liegen eure Brüste dort, wo wir den Fuß niedersetzen wollen; eure Körper liegen unter den Rädern wenn wir abfahren wollen. Keine Frau wird mich je in dieser Weise versklaven.

ANNE

Aber Jack, man kann nicht durchs Leben gehen, ohne ein wenig Rücksicht auf die andern zu nehmen.

TANNER

Ja, aber wer sind diese anderen? Es ist diese Rücksicht auf andere Leute – oder vielmehr diese feige Furcht vor ihnen, die wir Rücksicht nennen – die uns zu den sentimentalen Sklaven macht. Rücksicht auf dich zu nehmen, wie du es nennst, heißt, deinen Willen an Stelle des meinen zu setzen. Wenn es nun ein minderwertigerer Wille ist als der meine? Werden Frauen besser unterrichtet als Männer oder schlechter? Werden Wählermassen besser unterrichtet als Politiker, oder schlechter? Natürlich schlechter, in beiden Fällen. Und was soll das für eine Welt werden, wenn sich die führenden Männer nach dem Willen ihrer Wählermassen richten und die gewöhnlichen Männer nach dem Willen ihrer Frauen. Wer ist heute die Kirche und der Staat? Die Frauen und die Steuerzahler.

ANNE *gelassen*

Ich bin so froh, daß du etwas von Politik verstehst, Jack. Es wird dir sehr nützen, wenn du ins Parlament kommst.

Er fällt zusammen wie ein Ballon, den man angestochen hat.

Aber es tut mir leid, daß du meinen Einfluß für schlecht hältst.

TANNER

Ich will nicht sagen, daß dein Einfluß schlecht war. Aber gut oder schlecht, ich wollte mich nicht auf dein Maß zuschneiden lassen. Und ich werde es auch in Zukunft nicht.

ANNE

Das verlangt doch auch keiner von dir, Jack. Ich versichere dir, – wirklich, ich gebe dir mein Wort – deine seltsamen Ansichten machen mir gar nichts aus. Du weißt, wir sind so erzogen, daß wir fortschrittliche Ansichten haben. Warum bestehst du darauf, mich für so beschränkt zu halten?

TANNER

Darin liegt gerade die Gefahr. Ich weiß, daß meine Ansichten dich nicht kümmern, du hast längst heraus, daß es nicht auf sie ankommt. Wenn die Boa Constrictor erst einmal den Bock fest umschlungen hat, so sind ihr seine Meinungen völlig gleichgültig.

ANNE *hat plötzlich begriffen*

O-o-o-o-oh! Jetzt verstehe ich, warum du Tavy vor mir gewarnt hast. Ich wäre eine Boa Constrictor. Großpapa hat mir erzählt.

Sie lacht und schlingt ihm ihre Federboa um den Hals.

Fühlt sie sich nicht schön weich an, Jack?

TANNER *versucht sich loszumachen*

Du schändliches Weib, willst du sogar deine Scheinheiligkeit abwerfen?

ANNE

Dir gegenüber bin ich nie scheinheilig, Jack. Bist du böse?

Sie zieht die Boa weg und wirft sie auf einen Stuhl

Vielleicht hätte ich das nicht tun sollen.

TANNER *verächtlich*

Pah, jetzt bist du prüde. Warum nicht, wenn es dir Spaß macht.

ANNE *scheu*

Nun, weil – weil ich glaube, was du in Wirklichkeit mit der Boa Constrictor gemeint hast, ist dies

Sie legt ihm die Arme um den Hals.

TANNER *starrt sie an*

Was für eine herrliche Frechheit!

sie lacht und tätschelt seine Wangen

Man muß sich nur vorstellen, daß ich diese Episode jemandem erzählte; niemand würde mir glauben außer denen, die mich schneiden würden, weil ich darüber gesprochen habe, und wenn du mich beschuldigtest, so würde niemand meinem Leugnen Glauben schenken!

ANNE *nimmt mit vollkommener Würde die Arme herunter*

Du bist unverbesserlich, Jack. Aber du solltest über unsere Zuneigung zueinander nicht scherzen. Niemand kann sie mißverstehen. Du mißverstehst sie doch auch nicht, wie ich hoffe?

TANNER

Mein Blut erklärt es mir, Anne. Armer Ricky Ticky Tavy!

ANNE *wirft ihm einen schnellen Blick zu, als ob dies ein neuer Einfall wäre.*

Du bist doch wohl nicht so blöd, auf Tavy eifersüchtig zu sein!

TANNER

Eifersüchtig! Warum sollte ich? Aber ich wundere mich nicht darüber, wie fest du ihn in den Klauen hast. Auch wenn du nur mit mir spielst, fühle ich, wie sich die Schlingen fester ziehen.

ANNE

Glaubst du, daß ich Absichten auf Tavy habe?

TANNER

Ich weiß es.

ANNE *ernst*

Nimm dich in acht, Jack. Du könntest Tavy sehr unglücklich machen, wenn du ihm etwas Falsches über mich einflüsterst.

TANNER

Keine Angst, er wird dir nicht entrinnen.

ANNE

Ich zweifle, ob du wirklich ein so kluger Mann bist.

TANNER

Warum diese plötzlichen Zweifel?

ANNE

Du scheinst all das zu verstehen, was ich nicht verstehe, aber in den Dingen, die ich verstehe, bist du der reinste Säugling.

TANNER

Ich verstehe, was Tavy für dich fühlt, Ann, darauf kannst du dich jedenfalls verlassen.

ANNE

Und du glaubst zu wissen, was ich für Tavy fühle, nicht wahr?

TANNER

Ich weiß nur zu gut, was mit dem armen Tavy passieren wird.

ANNE

Ich müßte über dich lachen, Jack, aber weil der arme Papa tot ist, tue ich es nicht. Du wirst sehen, Tavy wird sehr unglücklich sein.

TANNER

Ja, aber er wird es nicht wissen, der arme Teufel. Er ist tausendmal zu gut für dich. Darum wird er, was dich betrifft, den Fehler seines Lebens begehen.

ANNE

Ich glaube, Männer machen eher Fehler, weil sie zu klug, als weil sie zu gut sind.

Sie setzt sich, in der eleganten Haltung ihrer Schultern drückt sich ein wenig Verachtung für das ganze männliche Geschlecht aus.

TANNER

Oh, ich weiß, daß du dir nicht sehr viel aus Tavy machst. Aber es gibt immer einen, der küßt und einen, der sich küssen läßt. Tavy wird küssen, und du wirst nur die Wange hinhalten. Und du wirst ihn abschütteln, sobald jemand besseres auftaucht.

ANNE *beleidigt*

Du hast kein Recht, so etwas zu sagen, Jack. Es ist nicht wahr und es ist nicht zartfühlend. Wenn du und Tavy euch meinetwegen dummes Zeug in den Kopf setzt, so ist das nicht meine Schuld.

TANNER *reuevoll*

Vergib meine Grobheiten, Anne, sie sind an diese böse Welt gerichtet, nicht an dich.

Sie schaut zu ihm auf, erfreut und versöhnt. Er wird sofort wieder vorsichtig

Trotzdem, ich wünschte, Ramsden käme zurück. Ich fühle mich bei dir nie sicher: du hast einen teuflichen Charme, nein, keinen Charme, eine unmerkliche Gewalt

sie lacht

Siehst du: du weißt es und freust dich dessen. Du triumphierst offen und schamlos.

ANNE

Was für ein schrecklicher Schmeichler du bist, Jack!

TANNER

Ein Schmeichler!! Ich!!!

ANNE

Ja, ein Schmeichler. Immer beleidigst und beschimpfst du die Menschen: aber du hast gar nicht die Absicht, sie aus deiner Gewalt zu entlassen.

TANNER

Jetzt werde ich läuten. Diese Unterhaltung ist schon weiter gegangen, als ich beabsichtigte.

Ramsden und Octavius kommen zurück, mit ihnen Miss Ramsden, eine eigensinnige alte Jungfer in einem einfachen braunen Seidenkleid, aber mit so vielen Ringen, Ketten und Broschen, daß es sofort klar ist, die Einfachheit ihres Kleides ist eine Sache des Prinzips, nicht der Armut. Sie betritt das Zimmer mit äußerster Entschlossenheit, die beiden Männer folgen ihr ratlos und verwirrt. Anne steht auf und geht ihr eifrig entgegen. Tanner zieht sich an die Wand zwischen die Büsten zurück und tut so, als studierte er die Bilder. Ramsden geht wie gewöhnlich an seinen Tisch und Octavius hält sich in Tanners Nähe.

MISS RAMSDEN *fegt Anne beinahe beiseite, als sie auf Mrs. Whitefields Stuhl zusteuert und sich dort entschlossen niederläßt*

Ich will mit dieser ganzen Sache nichts zu tun haben.

OCTAVIUS *ganz zerknirscht*

Ich weiß, Sie wünschen, daß ich Violet wegbringe, Miss Ramsden. Ich werde es tun.

Er wendet sich entschlossen zur Tür.

RAMSDEN

Nein, nein –

MISS RAMSDEN

Was hat es für einen Zweck, nein zu sagen, Roebuck. Octavius weiß, daß ich keine Frau von deiner Tür weisen würde, die wahrhaft zerknirscht und reuig ist. Aber wenn eine Frau nicht nur schlecht ist, sondern auch die Absicht hat, schlecht zu bleiben, dann habe ich nichts mehr mit ihr zu tun.

ANNE

Oh, Miss Ramsden, was bedeutet das? Was hat Violet gesagt?

RAMSDEN

Violet ist wirklich sehr eigensinnig. Sie will London nicht verlassen. Ich verstehe sie nicht.

MISS RAMSDEN

Ich verstehe sie. Es ist mir sonnenklar, Roebuck: sie will nicht weg, weil sie sich nicht von diesem Mann trennen will, wer immer das sein mag.

ANNE

Ja, bestimmt, bestimmt. Octavius, hast du mit ihr gesprochen?

OCTAVIUS

Sie will uns nichts sagen. Sie will sich auf nichts einlassen, bevor sie sich nicht mit einer gewissen Person beraten hat. Es kann niemand anderes sein als der Schurke, der sie betrogen hat.

TANNER *zu Octavius*

Nun, so soll sie sich mit ihm beraten. Er wird nur zu froh sein, wenn man sie ins Ausland schickt. Wo ist da die Schwierigkeit?

MISS RAMSDEN *Nimmt Octavius die Antwort aus dem Mund*

Die Schwierigkeit ist folgende, Mr. Jack; indem ich ihr meine Hilfe anbot, habe ich ihr nicht angeboten, die Komplizin ihrer Schlechtigkeit zu werden. Entweder gibt sie ihr Wort, diesen Mann nie wieder zu sehen, oder sie sucht sich neue Freunde, und das je eher desto besser.

Das Zimmermädchen taucht in der Tür auf. Anne setzt sich schnell wieder hin und macht ein möglichst unbeteiligtes Gesicht. Octavius ahmt sie instinktiv nach.

DAS MÄDCHEN

Gnädige Frau, der Wagen ist da.

MISS RAMSDEN

Was für ein Wagen?

DAS MÄDCHEN

Für Miss Robinson.

MISS RAMSDEN *faßt sich*

Oh, schon gut.

Das Mädchen zieht sich zurück.

Sie hat sich eine Taxe bestellt.

TANNER

Ich hatte diese Taxe schon vor einer halben Stunde bestellen wollen.

MISS RAMSDEN

Ich bin froh, daß sie die Lage, in die sie sich hineinmanövriert hat, versteht.

RAMSDEN

Es gefällt mir nicht, daß sie auf diese Weise geht, Susan. Wir sollten nichts Übereiltes tun.

OCTAVIUS

Nein, ich kann Ihnen nur immer wieder danken. Aber Miss Ramsden hat ganz recht. Violet kann nicht erwarten, daß man sie bleiben läßt.

ANNE

Willst du nicht lieber mit ihr fahren, Tavy?

OCTAVIUS

Sie läßt mich nicht.

MISS RAMSDEN

Natürlich nicht. Sie geht geradewegs zu diesem Mann.

TANNER

Eine natürliche Folge der tugendhaften Aufnahme, die sie hier gefunden hat.

RAMSDEN *sehr beunruhigt*

Da hast dus Susan! Hörst du? Und es ist etwas Wahres daran. Ich wünschte, du könntest es mit deinen Prinzipien vereinbaren, ein wenig Geduld mit dem armen Mädchen zu haben. Sie ist noch so jung; und alles hat seine Zeit.

MISS RAMSDEN

Oh, die Männer werden ihr alle Sympathie entgegenbringen, die sie braucht. Ich muß mich über dich wundern, Roebuck.

TANNER

Auch ich, Ramsden, ich bin sehr angenehm überrascht.

Violet erscheint in der Tür. Sie zeigt so wenig Reue und ist so selbstsicher, wie man es sich nur von den wohlerzogensten ihres Geschlechtes wünschen könnte. Sie hat einen kleinen Kopf, Kinn und Mund sind winzig und energisch, ihre Sprache ist von hochmütiger Bestimmtheit, ihre Haltung korrekt, die rücksichtslose Eleganz ihrer Aufmachung, einschließlich eines sehr modischen Hutes mit einem toten Vogel darauf, kennzeichnen eine Person, die ebenso furchterregend wie bildhübsch ist. Sie ist keine Sirene wie Ann, sie erregt Bewunderung, ohne ihr Zutun, ja ohne daran interessiert zu sein. Außerdem hat Anne Humor, diese Frau hat keine Spur davon, vielleicht nicht einmal Erbarmen. Wenn etwas sie im Zaum hält, so ist es Intelligenz und Stolz, nicht Mitgefühl. Als sie sich jetzt bereit macht, mit völliger Ruhe und einigem Abscheu zu sagen, was sie zu sagen hat, könnte ihre Stimme die Stimme einer Lehrerin sein, die zu einer Klasse von Mädchen spricht, die sich schlecht benommen haben.

VIOLET

Ich habe nur hereingeschaut, um Miss Ramsden zu sagen, daß sie ihr Geburtstagsgeschenk für mich, das Filigranarmband, im Zimmer der Haushälterin vorfinden wird.

TANNER

Komm doch herein, Violet, und laß uns vernünftig miteinander reden.

VIOLET

Danke, das Familiengespräch heute morgen hat mir gereicht. Auch deiner Mutter hat es gereicht, Anne. Sie ist weinend nach Hause gegangen. Auf jeden Fall habe ich herausgefunden, was einige meiner sogenannten Freunde wert sind. Lebt wohl!

TANNER

Nein, nein. Einen Augenblick. Ich habe etwas zu sagen und bitte dich, es anzuhören.

Sie blickt ihn ohne eine Spur von Neugierde an, wartet aber, anscheinend ebenso sehr um ihren Handschuh fertig anzuziehen wie um zu hören, was er zu sagen hat.

Ich bin in dieser Sache ganz auf deiner Seite. Ich gratuliere dir mit dem aufrichtigsten Respekt dazu, daß du den Mut gehabt hast, zu tun, was du getan hast. Du bist vollkommen im Recht, und die Familie ist vollkommen im Unrecht.

Alle sind verblüfft. Anne und Miss Ramsden stehen auf und wenden sich den beiden zu. Violet, die überraschter ist als sonst jemand, vergißt ihren Handschuh und tritt, eben so verwirrt wie entrüstet, in die Mitte des Zimmers. Octavius allein rührt sich nicht, hebt nicht einmal den Kopf, er ist überwältigt von Scham.

ANNE *fleht Tanner an, doch vernünftig zu sein*

Jack!

MISS RAMSDEN *entrüstet*

Nun, ich muß schon sagen!

VIOLET *Scharf zu Tanner*

Wer hat es dir gesagt?

TANNER Nun, Ramsden und Tavy natürlich. Warum sollten sie nicht?

VIOLET

Aber sie wissen ja gar nichts.

TANNER Was wissen sie nicht?

VIOLET Ich meine, sie wissen nicht, daß ich im recht bin.

TANNER

Oh, in ihrem Herzen wissen sie es, obwohl sie sich durch ihre dummen, abergläubischen Vorstellungen über Moral und Anstand und so weiter verpflichtet fühlen, dich zu tadeln. Aber ich weiß, und in Wirklichkeit weiß es die ganze Welt, wagt es aber nicht zu äußern, daß du recht hattest, deinem Instinkt zu folgen; daß Lebensmut und Tapferkeit die höchsten Eigenschaften sind, die eine Frau haben kann, daß die Mutterschaft ihre feierliche Initiation in das Frauentum ist, und daß die Tatsache, daß du nicht gesetzlich verheiratet bist, weder deinen eigenen Wert noch unsere wirkliche Hochschätzung für dich im geringsten schmälern kann.

VIOLET *wird rot vor Entrüstung*

Oh! Du hältst mich wie die anderen für eine schlechte Frau. Du glaubst nicht nur, ich hätte mich schamlos benommen, du glaubst auch, ich teilte deine abscheulichen Ansichten. Miss Ramsden, ich habe Ihre harten Worte ertragen, weil ich wußte, daß sie Ihnen leid tun würden, wenn sie die Wahrheit erführen. Aber ich kann die schreckliche Beleidigung nicht ertragen, von Jack als eins der verworfenen Wesen beglückwünscht zu werden, die seine Anerkennung finden. Um meinen Gatten willen habe ich meine Eheschließung geheim gehalten. Aber jetzt nehme ich als verheiratete Frau das Recht in Anspruch, nicht beleidigt zu werden.

OCTAVIUS *hebt in unaussprechlicher Erleichterung den Kopf*

Du bist verheiratet?

VIOLET

Ja, und ich meine, du hättest es dir denken können. Was fiel euch allen ein, ganz selbstverständlich anzunehmen, daß ich meinen Ehering zu unrecht trüge. Nicht einer von euch hat danach gefragt; das werde ich euch nicht vergessen.

TANNER *niedergeschmettert*

Ich bin völlig zerschmettert. Ich habe es gut gemeint. Ich entschuldige mich – ich bereue zutiefst.

VIOLET

Ich hoffe, du wirst in Zukunft vorsichtiger sein mit dem, was du sagst. Natürlich nimmt man dich nicht ernst, aber es war sehr unangenehm und ziemlich geschmacklos, meine ich.

TANNER *beugt sich dem Sturm*

Ich habe keine Entschuldigung; in Zukunft überlege ich es mir zweimal, ehe ich die Partei einer Frau ergreife.

Wir haben uns in deinen Augen alle schlecht benommen, fürchte ich, nur Anne nicht. Sie ist freundlich zu dir gewesen. Um Anns willen – vergib uns.

VIOLET

Ja, Anne ist lieb gewesen; aber Ann wußte es auch.

TANNER *mit einer Geste der Verzweiflung*

Oh!!! Welch abgrundtiefer Betrug! Wir sind doppelt betrogen.

MISS RAMSDEN *steif*

Und wer – bitte – ist der Herr, der seine Gattin verleugnet?

VIOLET *prompt*

Das ist meine Sache, Miss Ramsden, und nicht Ihre. Ich habe meine Gründe, meine Heirat im Moment noch geheim zu halten.

RAMSDEN

Ich kann nur sagen, daß es uns außerordentlich leid tut, Violet. Ich bin entsetzt, wenn ich daran denke, wie wir dich behandelt haben.

OCTAVIUS *verlegen*

Ich bitte dich um Verzeihung, Violet. Mehr kann ich nicht sagen.

MISS RAMSDEN *immer noch nicht bereit, sich zu ergeben*

Was du sagst, wirft natürlich ein ganz anderes Licht auf die Sache. Trotzdem – ich schulde es mir selbst –

VIOLET *fällt ihr ins Wort*

Sie schulden mir eine Entschuldigung, Miss Ramsden, das ist es, was Sie mir und sich selbst schuldig sind. Wenn Sie eine verheiratete Frau wären, so würden Sie gar nicht gern im Zimmer der Haushälterin sitzen und sich von jungen Mädchen und alten Damen, die weder ernsthafte Pflichten noch Verantwortung haben, wie ein unartiges Kind behandeln lassen.

TANNER

Violet, schlag uns nicht mehr. Wir liegen schon am Boden. Es sieht so aus, als hätten wir uns zu Narren gemacht, aber eigentlich hast du uns doch zum Narren gehalten.

VIOLET

Jedenfalls ging dich die Sache nichts an, Jack.

TANNER

Sie ging mich nichts an? Nun, Ramsden hat mich so gut wie beschuldigt, der unbekannte Herr zu sein.

Ramsden außer sich versucht, Einspruch zu erheben, aber Violets kalte Wut hindert ihn daran.

VIOLET

Du? Oh wie gemein! Wie abscheulich! Wie schändlich habt ihr alle über mich gesprochen! Wenn mein Gatte es wüßte, er würde nicht erlauben, daß ich je wieder mit euch spreche.

zu Ramsden

Ich denke, Sie hätten mir wenigstens das ersparen können.

RAMSDEN

Aber ich versichere Dir, ich habe nie – zum mindesten ist es eine monströse Entstellung von etwas, daß ich gesagt habe, das – –

MISS RAMSDEN

Du brauchst dich nicht zu entschuldigen, Roebuck. Sie selbst ist an allem schuld. Sie sollte sich entschuldigen, weil sie uns hintergangen hat.

VIOLET

Eins will ich Ihnen zu gute halten, Miss Ramsden. Sie können nicht verstehen, wie ich in dieser Sache fühle; von Leuten mit mehr Erfahrung würde ich allerdings mehr Takt erwarten. Immerhin verstehe ich, daß ihr euch alle in eine sehr peinliche Lage gebracht habt, aber ich bin rücksichtsvoll, und deshalb gehe ich jetzt sofort, Guten Morgen.

Sie geht. Alle starren hinter ihr her

MISS RAMSDEN

Also, ich muß schon sagen –

RAMSDEN *weinerlich*

Ich glaube, sie ist uns gegenüber nicht ganz fair.

TANNER

Vor dem Ehering müssen Sie sich beugen, wie wir andern auch, Ramsden. Der Becher unserer Schande ist voll.

Zweiter Akt

In einem Park, auf der Auffahrt zu einem Landhaus in der Nähe von Richmond hat ein offenes Cabriolet eine Panne. Es ist vor einer Gruppe von Bäumen stehengeblieben, um die die Zufahrt zum Hause hin eine Biegung macht. Durch diese Bäume hindurch ist ein wenig von dem Haus zu sehen; Tanner, der mit dem Rücken zu uns auf der Auffahrt steht, könnte sogar einen freien Blick auf die Westecke des Hauses zu seiner Linken werfen, aber er ist zu sehr an einem Paar ausgestreckter Beine interessiert, die in einem Drillich-Overall stecken und unter dem Wagen herausragen. Tanner, den Rücken gebeugt und die Hände auf die Knie gestützt, beobachtet diese Beine aufmerksam. Sein Ledermantel und die Schirmmütze lassen darauf schließen, daß er einer der ausgestiegenen Fahrgäste ist.

DIE BEINE

Aha. Ich habs.

TANNER

Alles in Ordnung?

DIE BEINE

Alles klar!

Tanner bückt sich und packt die Beine bei den Fußgelenken und zieht ihren Eigentümer, der wie ein Schubkarren auf den Händen geht, den Hammer im Mund, unter dem Wagen heraus. Es ist ein junger Mann in einem gutsitzenden Anzug von blauem Tuch, sauber rasiert, mit dunklen Augen, kurzen Fingern, mit gut gebürstetem Haar und unregelmäßigen Augenbrauen, die einen skeptischen Schwung nach oben haben. Wenn er am Wagen hantiert, sind seine Bewegungen flink und abrupt, aber aufmerksam und zielbewußt. Sein Beneh-

men Tanner und Tanners Freunden gegenüber ist keineswegs devot, sondern kühl und zurückhaltend. Er hält sie sich mit Erfolg vom Leibe, gibt ihnen aber keinen Grund zur Klage. Trotzdem hält er sie immer aufmerksam, und das auf ziemlich zynische Weise im Auge, wie ein Mann, der die Welt recht gut von ihrer Kehrseite kennt. Er spricht langsam und in leicht sarkastischem Ton, und da er gar nicht versucht, wie ein Gentleman zu sprechen, kann man vermuten, daß seine elegante Kleidung von Selbstachtung zeugt und von Achtung vor der eigenen Klasse, nicht vor der seiner Arbeitgeber.

Er klettert jetzt in den Wagen, um sein Handwerkszeug unterzubringen und sich des Overalls zu entledigen. Tanner zieht den Ledermantel aus und wirft ihn mit einem Seufzer der Erleichterung in den Wagen, froh, ihn los zu sein. Der Chauffeur, der dies bemerkt, wirft verächtlich den Kopf in den Nacken und betrachtet spöttisch seinen Brotherrn.

DER CHAUFFEUR

Wohl die Nase voll, wie?

TANNER

Ich gehe lieber zu Fuß zum Haus, vertrete mir ein bißchen die Beine und lasse meine Nerven sich ein bißchen beruhigen.

Er blickt auf die Uhr

Vermutlich wissen Sie, daß wir den Weg von Hyde Park Corner bis Richmond in fünfundzwanzig Minuten zurückgelegt haben.

DER CHAUFFEUR

Wenn ich freie Fahrt gehabt hätte, hätte ichs unter fünfzehn gemacht.

TANNER

Warum tun Sie das eigentlich? Ist es Liebe zum Sport,

oder haben Sie Spaß daran, Ihren unglücklichen Arbeitgeber in Schrecken zu versetzen?

DER CHAUFFEUR
Wovor haben Sie denn eigentlich Angst?

TANNER
Vor der Polizei und davor, mir den Hals zu brechen.

DER CHAUFFEUR
Na wissen Sie, wenn Sie gern gemütlich fahren, können Sie ja den Bus nehmen. Das ist billiger. Sie bezahlen mich, um Zeit zu sparen und damit sie von dem Geld, das Sie für den Wagen bezahlt haben, was haben.
Er setzt sich ruhig hin.

TANNER
Ich bin der Sklave des Autos und auch Ihr Sklave. Nachts träume ich von dem verdammten Ding.

DER CHAUFFEUR
Das wird sich mit der Zeit schon geben. Wenn Sie jetzt zum Haus gehen, darf ich dann wohl fragen, wie lange Sie bleiben wollen? Wenn Sie nämlich vorhaben, den ganzen Vormittag da drinnen mit den Damen zu plaudern, tu ich den Wagen in die Garage und machs mir hier gemütlich und seh mich um, wo ich hier zu Mittag essen kann. Wenn nicht, dann halt ich den Wagen hier in der Nähe bereit, bis Sie kommen.

TANNER
Warten Sie lieber hier. Es dauert nicht lang. Es kommt noch ein junger Amerikaner, ein Mr. Malone, der Mr. Robinson in seiner neuen amerikanischen Dampfmaschine herfährt.

DER CHAUFFEUR *springt auf, klettert hastig aus dem Wagen und kommt zu Tanner*
Ein amerikanischer Dampfwagen? Was? Kommt hinter uns her von London?

TANNER

Vielleicht sind sie schon hier.

DER CHAUFFEUR

Wenn ich das gewußt hätte!

mit bitterem Vorwurf

Warum haben Sie mir das nicht gesagt, Mr. Tanner?

TANNER

Weil man mir gesagt hat, daß der Wagen 84 Meilen in der Stunde machen kann. Und ich weiß, wozu Sie fähig sind, wenn sich auf der Straße ein Auto befindet, das Sie überholen könnten. Nein, Henry, es gibt Dinge, die man Ihnen besser nicht sagt, und dies war so ein Fall. Aber trösten Sie sich: Sie werden noch auf Ihre Kosten kommen. Der Amerikaner soll Mr. Robinson, dessen Schwester und Miss Whitefield mit zurücknehmen. Wir nehmen Miss Rhoda mit.

DER CHAUFFEUR *ist getröstet und denkt über etwas anderes nach.*

Das ist die Schwester von Miss Whitefield, nicht wahr?

TANNER

Ja.

DER CHAUFFEUR

Und Miss Whitefield selbst fährt in dem anderen Wagen? Nicht mit Ihnen?

TANNER

Warum zum Teufel sollte sie mit mir fahren? Mr. Robinson fährt auch mit dem anderen Wagen.

Der Chauffeur sieht Tanner in kühlem Zweifel an, wendet sich dann dem Wagen zu und pfeift dabei leise eine volkstümliche Melodie. Tanner will, ein bißchen verärgert, weiter über das Thema sprechen, als er Octavius' Fußtritte auf dem Kies hört. Octavius kommt vom Haus her, für eine Autofahrt gekleidet, aber ohne Mantel!

Gott sei Dank, wir haben das Rennen verloren, da kommt Mr. Robinson. Nun, Tavy, ist der Dampfwagen wirklich so toll?

OCTAVIUS

Das will ich meinen. Wir waren von Hyde Park Corner in siebzehn Minuten hier.

Der Chauffeur versetzt mit einem gequälten Stöhnen dem Auto einen Tritt

Wie lange habt ihr gebraucht?

TANNER

Oh, etwa dreiviertel Stunden.

DER CHAUFFEUR *protestiert*

Aber aber, Mr. Tanner, nun hören Sie mal! Wir hättens leicht unter fünfzehn machen können.

TANNER

Übrigens: darf ich vorstellen. Mr. Octavius Robinson: Mr. Enry Straker.

STRAKER

Sehr angenehm. Mr. Tanner nimmt Sie auf den Arm mit Enry Straker. Sagen Sie Henery. Aber im übrigen ists mir auch egal.

TANNER

Du glaubst gewiß, ich bin geschmacklos, daß ich mich über ihn lustig mache. Aber du irrst dich. Dieser Mann gibt sich soviel Mühe, seine Hs abzulegen, wie sein Vater sich Mühe gab, sie aufzulesen. Es ist für ihn ein Klassenmerkmal. Ich habe noch niemanden getroffen, der so von Klassenbewußtsein strotzt wie Enry.

STRAKER

Na, na, ein wenig Mäßigung, Mr. Tanner.

TANNER

Ein wenig Mäßigung, Tavy, hast dus gemerkt. Du würdest zu mir sagen: nimm die Schnauze nicht so voll. Aber dieser Bursche ist gebildet. Und was noch mehr ist:

er weiß, daß wir es nicht sind. Wie hieß noch die städtische Schule, auf die Sie gegangen sind, Straker?

STRAKER

Sherbrooke Road.

TANNER

Sherbrooke Road! Würde einer von uns mit diesem intellektuellen Snobismus Rugby! Harrow! Eton! sagen. Sherbrooke Road ist eine Schule, in der die Jungen etwas lernen; Eton ist eine Jungenzuchtanstalt, in die wir geschickt werden, weil wir zu Hause lästig sind und damit wir im späteren Leben, immer wenn man von einem Herzog spricht, diesen als alten Schulkameraden bezeichnen können.

STRAKER

Davon verstehen Sie überhaupt nichts, Mr. Tanner. Es liegt nicht an der städtischen Schule, es liegt am Polytechnikum.

TANNER

Das ist seine Universität, Octavius. Nicht Oxford, Cambridge, Durham, Dublin oder Glasgow. Nicht einmal eins dieser Sektenlöcher in Wales. Nein Tavy. Regent Street, Chelsea, The Borough! – ich kenne nicht die Hälfte der verdammten Namen; das sind seine Universitäten, nicht einfach Läden, in denen man Klassenschranken verkauft wie die unseren. Sie verachten Oxford, nicht wahr, Enry?

STRAKER

Nein, das tue ich nicht. Ich denke, Oxford ist'n netter Laden für Leute, die so ne Art von Laden mögen. Man bringt Ihnen da bei, ein Gentleman zu sein. Im Polytechnikum bringt man einem bei, ein Mechaniker und sowas zu sein. Verstehen Sie?

TANNER

Tavy, das ist nur Sarkasmus. Oh, wenn du nur in Enrys

Seele blicken könntest: seine abgrundtiefe Verachtung für einen Gentleman, die Arroganz seines Stolzes, ein Ingenieur zu sein, würde dich entsetzen. Er ist richtig glücklich, wenn der Wagen eine Panne hat, weil sich dann meine Gentleman-Hilflosigkeit, und seine handwerkliche Geschicklichkeit und sein Einfallsreichtum offenbaren.

STRAKER

Hören Sie nicht auf ihn, Mr. Robinson. Er redet gern. Wir kennen ihn doch, nicht wahr?

OCTAVIUS *ernst*

Aber es liegt eine tiefe Wahrheit in dem, was er sagt. Ich glaube aufrichtig an die Würde der Arbeit.

STRAKER *ungerührt*

Das kommt daher, weil sie nie gearbeitet haben, Mr. Robinson. Meine Aufgabe ists, Arbeit überflüssig zu machen. Aus mir und einer Maschine kriegen Sie mehr raus als aus zwanzig Arbeitern – und wir brauchen auch nicht so viel zu trinken wie die.

TANNER

Um Himmels willen, Tavy, fang nur nicht mit ihm von Nationalökonomie an. Er kennt sich darin genau aus, wir nicht. Du bist nur ein poetischer Sozialist, Tavy; er ist ein wissenschaftlicher.

STRAKER *ungerührt*

Ja. Nun, diese Konversation ist ja recht bildend, aber ich muß mich um das Auto kümmern, und Sie beide wollen über Ihre Damen sprechen. Ich weiß.

Er tut so, als mache er sich am Auto zu schaffen, macht sich dann aber davon, um sich eine Zigarette zu genehmigen.

TANNER

Das ist ein eindrucksvolles soziales Phänomen.

OCTAVIUS

Was?

TANNER

Straker. Wir Literaten und kultivierten Menschen schreien seit Jahren nach der Neuen Frau, sobald ein altmodisches Frauenzimmer auftaucht, und wir haben die Ankunft des Neuen Mannes darüber gar nicht bemerkt. Straker ist der Neue Mann.

OCTAVIUS

Ich kann an ihm nichts Neues entdecken, außer deiner Art, ihn hochzunehmen. Aber im Augenblick möchte ich gar nicht über ihn sprechen. Ich möchte mit dir über Anne sprechen.

TANNER

Sogar das hat Straker gewußt. Wahrscheinlich hat er das auf dem Politechnikum gelernt. Nun, was ist mit Anne! Hast du ihr einen Antrag gemacht?

OCTAVIUS *reuevoll*

Ich war brutal genug, es gestern abend zu tun.

TANNER

Brutal? Was willst du damit sagen?

OCTAVIUS *pathetisch*

Jack, wir Männer sind alle grobe Klötze, wir werden nie verstehen, wie zart die Gefühle einer Frau sind. Wie konnte ich nur so etwas tun!

TANNER

Was tun, du sentimentaler Esel?

OCTAVIUS

Ja, ich bin ein Esel. Jack, wenn du ihre Stimme gehört hättest! Wenn du ihre Tränen gesehen hättest! Ich hab die ganze Nacht wachgelegen und konnte es nicht vergessen. Wenn sie mir Vorwürfe gemacht hätte – das wäre leichter zu ertragen gewesen.

TANNER

Tränen? Das ist verdächtig. Was hat sie gesagt?

OCTAVIUS

Sie fragte mich, ob sie wohl jetzt an etwas anderes denken könnte, als an ihren lieben Vater. Sie unterdrückte ein Schluchzen –

er bricht zusammen.

TANNER *klopft ihn auf den Rücken*

Trag es wie ein Mann, Tavy, auch wenn du dich wie ein Esel fühlst. Es ist die alte Tour. Es macht ihr immer noch Spaß, mit dir zu spielen.

OCTAVIUS *unschuldig*

Oh, sei kein Narr, Jack. Glaubst du, dein ewiger, oberflächlicher Zynismus kann einer Natur wie der ihren überhaupt gerecht werden.

TANNER

Hm, hat sie sonst noch was gesagt?

OCTAVIUS

Ja; und das ist der Grund, warum ich mich und sie deinem Spott aussetze und dir erzähle, was vorgefallen ist.

TANNER *reuevoll*

Nein, lieber Tavy, kein Spott, mein Ehrenwort! Aber wie auch immer. Erzähl weiter.

OCTAVIUS

Ihr Pflichtgefühl ist so tief, so vollkommen, so –

TANNER

Ja, ich weiß. Und weiter?

OCTAVIUS

Siehst du, nach der neuen Vereinbarung sind Ramsden und du ihre Vormünder, und sie glaubt, daß sie allen Gehorsam, den sie ihrem Vater schuldete, nun euch schuldig ist. Sie sagte, ich hätte zuerst mit euch sprechen sollen. Natürlich hat sie recht; aber irgendwie kommt es mir absurd vor, daß ich zu dir kommen und dich förmlich bitten soll, mich als Anwärter auf die Hand deines Mündels zu betrachten.

TANNER

Ich bin froh, Tavy, daß die Liebe deinen Sinn für Humor nicht gänzlich ausgelöscht hat.

OCTAVIUS

Diese Antwort wird sie nicht zufriedenstellen.

TANNER

Meine offizielle Antwort ist, wie du dir denken kannst: Gott segne euch, Kinder, seid glücklich!

OCTAVIUS

Ich wünschte, du würdest aufhören, dich über diese Sache lustig zu machen. Für dich mag sie nicht ernst sein; sie ist es für mich und für sie.

TANNER

Du weißt sehr wohl, daß sie so frei wählen kann wie du.

OCTAVIUS

Sie ist nicht dieser Meinung.

TANNER

Oh, sie ist nicht dieser Meinung? Aha! Nun, dann sag mir, was ich tun soll.

OCTAVIUS

Ich möchte, daß du ihr ehrlich und im Ernst sagst, was du von mir hältst. Ich möchte, daß du ihr sagst, daß du sie mir anvertrauen kannst – das heißt, wenn du auch dieser Meinung bist.

TANNER

Ich habe keinen Zweifel daran, daß ich sie dir anvertrauen kann. Was mir Kummer macht, ist der Gedanke, dich ihr anzuvertrauen. Hast du Maeterlincks Buch über die Bienen gelesen?

OCTAVIUS *hält mit Mühe seine Entrüstung zurück*

Wir diskutieren im Augenblick nicht über Literatur.

TANNER

Hab nur ein klein wenig Geduld mit mir. Ich rede auch nicht von Literatur. Das Buch über die Bienen ist Naturgeschichte. Es enthält eine schreckliche Lehre für das Menschengeschlecht. Du denkst, daß du um Anne wirbst; daß du der Verfolger und sie die Verfolgte ist, daß es deine Aufgabe ist zu werben, zu überreden, zu siegen, zu überwinden. Du Narr: Du bist es, der verfolgt wird, du bist das ausersehene Jagdtier, du bist zur Beute bestimmt. Du brauchst nicht da zu sitzen und durch das Gitter sehnsüchtig auf den Köder zu starren; die Tür ist offen, und sie wird offen bleiben, bis sie sich für immer hinter dir schließt.

OCTAVIUS

Ich wünschte, ich könnte es glauben, selbst wenn du es so gemein ausdrückst.

TANNER

Nun Mann, was für eine andere Lebensaufgabe hat sie denn, als sich einen Mann zu angeln? Es ist die Aufgabe einer Frau, so bald wie möglich zu heiraten, und die Aufgabe eines Mannes, so lange wie möglich unverheiratet zu bleiben. Du hast deine Gedichte und deine Tragödien; Anne hat nichts.

OCTAVIUS

Ich kann nicht ohne Inspiration schreiben. Und niemand außer Ann kann sie mir geben.

TANNER

Nun, wäre es nicht besser, sich die Inspiration von ihr aus einer sicheren Distanz zu holen? Petrarca sah nicht halb soviel von Laura, noch Dante von Beatrice, wie du jetzt von Anne siehst; und doch schrieben sie erstklassige Gedichte – wenigstens hab ich das gehört. Sie haben ihre Göttinnen nie der Prüfung häuslicher Intimität ausgesetzt, darum blieben sie Göttinnen bis an ihr

Lebensende. Heirate Anne und nach einer Woche wirst du sie nicht inspirierender finden als einen Teller voll Hefegebäck.

OCTAVIUS

Du glaubst, ich könnte ihrer müde werden?

TANNER

Ganz und gar nicht; auch Hefegebäck wird einem nicht über. Aber es ist nicht inspirierend. Und du wirst auch sie nicht mehr inspirierend finden, wenn sie aufhört, der Traum eines Dichters zu sein und zu einer soliden Ehefrau von 140 Pfund wird. Du wirst gezwungen sein, von jemand anderem zu träumen, und dann gibt es Krach.

OCTAVIUS

Dieses Gerede ist ganz zwecklos, Jack. Du verstehst mich nicht. Du bist nie verliebt gewesen.

TANNER

Ich? Ich bin immer verliebt. Ich bin sogar in Anne verliebt. Aber ich lasse mich von der Liebe weder versklaven noch verdummen. Geh zur Biene, du Dichter. Betrachte ihre Wege und werde weise. Beim Himmel, Tavy, wenn die Frauen ohne unsere Arbeit auskämen, wenn wir das Brot ihrer Kinder äßen statt es zu schaffen, dann würden sie uns töten, wie die Spinne ihren Gefährten tötet und wie die Biene die Drohne tötet – Und sie hätten recht, wenn wir zu nichts anderem als zur Liebe taugten.

OCTAVIUS

Ach, taugten wir nur zur Liebe. Nichts ist so wie die Liebe; es gibt nichts außer Liebe; ohne sie wäre die Welt ein schmutziger und schrecklicher Traum.

TANNER

Und das – das ist der Mann, der mich bittet, ihm die Hand meines Mündels zu geben! Tavy, ich glaube, wir sind in der Wiege miteinander vertauscht worden, und der wirkliche Nachkomme des Don Juan bist du.

OCTAVIUS

Ich flehe dich an, nichts dergleichen zu Anne zu sagen.

TANNER

Hab keine Angst. Sie hat dich als ihr Eigentum ausersehen, und nichts wird sie davon abbringen. Dein Schicksal ist entschieden.

Straker kommt mit einer Zeitung zurück.

Da kommt der Neue Mann und läßt sich wie gewöhnlich durch ein Groschenblättchen demoralisieren.

STRAKER

Ob Sie's glauben oder nicht Mr. Robinson, wenn wir mit dem Auto unterwegs sind, kaufen wir immer zwei Zeitungen: Die ›Times‹ für ihn, und den ›Leader‹ oder das ›Echo‹ für mich. Und glauben Sie, ich bekomme meine Zeitung je zu sehen? Nicht oft. Er schnappt sich den ›Leader‹ und ich kann mich mit seiner ›Times‹ vollstopfen.

OCTAVIUS

Sind denn in der Times keine Rennergebnisse?

TANNER

Enry macht sich nix aus Wetten, Tavy. Seine Schwäche sind Motorgeschwindigkeiten. Was gibts denn Neues?

STRAKER

Paris–Biskra mit vierzig Meilen Durchschnittsgeschwindigkeit – das Mittelmeer nicht eingerechnet.

TANNER

Und wie viele umgekommen?

STRAKER

Zwei blöde Schafe. Was macht das schon? Schafe sind nicht so teuer; die waren froh, den Preis für sie zu kriegen, ohne daß sie sie zum Metzger zu bringen brauchten. Trotzdem, Sie werden sehn, da wirds noch Geschrei drum geben; und dann stoppt die französische Regierung die Sache; und wir kriegen keine Chance mehr. Das macht mich ganz verrückt. Mr. Tanner will keine Rekorde fahren – jetzt wär noch Zeit.

TANNER

Tavy, erinnerst du dich an meinen Onkel James?

OCTAVIUS

Ja. Warum?

TANNER

Onkel James hatte eine erstklassige Köchin; sein Magen vertrug nur, was sie gekocht hatte. Also: der arme Mann war menschenscheu und haßte Gesellschaften. Aber die Köchin war stolz auf ihre Kunst und wünschte, Prinzen und Gesandten ihre Diners zu servieren. Damit sie nicht kündigte, mußte der arme alte Mann zweimal im Monat ein großes Essen geben und litt Todesqualen, weil er die Gesellschaft ertragen mußte. Jetzt zu mir und zu diesem Burschen Enry Straker, dem Neuen Mann. Ich hasse Reisen, aber ich mag Enry. Sein einziger Wunsch ist, in Ledermantel und Autobrille, zwei Zoll dick mit Staub bedeckt mit sechzig Meilen in der Stunde dahinzurasen und sein und mein Leben aufs Spiel zu setzen – und wenn er das nicht tut, liegt er auf dem Rücken im Schlamm unter dem Wagen und versucht rauszufinden, wo was kaputt ist. Also, wenn ich ihn nicht wenigstens alle vierzehn Tage tausend Meilen rasen lasse, verliere ich ihn: Er kündigt mir und geht zu irgendeinem amerikanischen Millionär – und ich werde mich mit einem netten, respektvollen Gärtner-Stallknecht-Amateur begnügen müssen, der die Hand an die Mütze legt und weiß, wo er hingehört. Ich bin Henrys Sklave so wie Onkel James der Sklave seiner Köchin war.

STRAKER *ungeduldig*

Quatsch! Ich wünschte, ich hätte einen Wagen, der so schnell läuft, wie Sie reden können, Mr. Tanner. Ich sage nur, Sie verlieren Geld an einem Wagen, den Sie nicht dauernd am Laufen halten können. Wenn Sie nicht das Letzte aus uns rausholen, können Sie sich genauso gut nen Kinderwagen anschaffen und 'n Kindermädchen, das Sie drin rumfährt an Stelle von mir und dem Wagon.

TANNER *beschwichtigend*

Schon gut, Henry, schon gut. Wir machen jetzt sofort ne Fahrt von einer halben Stunde.

STRAKER *angeekelt*

Ne halbe Stunde!

Er geht zum Auto zurück und setzt sich hinein und schlägt auf der Suche nach weiteren Neuigkeiten die Zeitung wieder auf.

OCTAVIUS

Oh, da fällt mir gerade ein! Ich habe einen Zettel für dich von Rhoda.

Er überreicht Tanner einen Zettel.

TANNER *entfaltet ihn*

Ich glaube, es wird bald Krach zwischen Rhoda und Anne geben. Meist gibt es nur eine Person, die ein englisches Mädchen noch mehr haßt als ihre ältere Schwester, und das ist ihre Mutter. Aber Rhoda zieht mit Sicherheit ihre Mutter Anne vor. Sie –

entrüstet

Nein, so was!

OCTAVIUS

Was ist los?

TANNER

Rhoda sollte mit mir eine Autofahrt machen. Sie schreibt, Anne habe ihr verboten, mit mir zu fahren.

Straker beginnt plötzlich mit bemerkenswerter Bestimmtheit seine Lieblingsmelodie zu pfeifen. Überrascht von diesem Ausbruch von Lerchengetriller und von dem spöttischen Unterton in der fröhlichen Melodie getroffen, wenden sich die beiden um und sehen Straker fragend an. Aber er ist mit seiner Zeitung beschäftigt und reagiert nicht auf die Bewegung.

OCTAVIUS *der sich gefaßt hat*

Gibt sie einen Grund an?

TANNER

Einen Grund? Eine Beleidigung ist kein Grund. Anne verbietet ihr, bei welcher Gelegenheit auch immer, mit mir allein zu sein. Sie sagt, ich sei keine geeignete Gesellschaft für junge Mädchen. Was hältst du jetzt von deinem Tugendengel?

OCTAVIUS

Du mußt daran denken, daß sie jetzt, wo ihr Vater tot ist, eine sehr schwere Verantwortung trägt, Mrs. Whitefield ist zu schwach, um mit Rhoda fertig zu werden.

TANNER *starrt ihn an*

Kurz und gut – du gibst Anne recht.

OCTAVIUS

Nein, aber ich glaube, daß ich sie verstehe. Du mußt zugeben, daß deine Ansichten kaum geeignet sind, Geist und Charakter eines jungen Mädchens zu formen.

TANNER

Das gebe ich ganz und gar nicht zu. Ich gebe zu, daß man im allgemeinen Geist und Charakter einer jungen Dame bildet, indem man ihr Lügen erzählt; aber ich wehre mich gegen die spezielle Lüge, daß ich die Gewohnheit habe, das Vertrauen von Mädchen zu mißbrauchen.

OCTAVIUS

Das hat Anne nicht gesagt, Jack.

TANNER

Was meint sie denn sonst?

STRAKER *erblickt Ann, die vom Haus her kommt.*

Miss Whitefield, meine Herren.

Er klettert aus dem Wagen und schlendert die Allee hinunter mit der Miene eines Mannes, der weiß, daß er überflüssig ist.

ANNE *zwischen Octavius und Tanner*

Guten Morgen, Jack. Ich bin gekommen, um dir zu sagen, daß die arme Rhoda wieder ihre Kopfschmerzen hat und heute nicht mit dir ausfahren kann. Es ist eine bittere Enttäuschung für sie. Das arme Kind!

TANNER

Was sagst du dazu, Tavy?

OCTAVIUS

Du wirst sie doch nicht mißverstehen, Jack. Anne beweist dir die zarteste Rücksichtnahme, selbst wenn sie dich dabei täuschen muß.

ANNE

Was soll das heißen?

TANNER

Möchtest du Rhodas Kopfschmerzen gern heilen, Ann?

ANNE

Natürlich.

TANNER

Dann sag ihr, was du gerade uns gesagt hast; und füge hinzu, daß du hier angekommen bist, zwei Minuten, nachdem ich ihren Brief erhalten und gelesen habe.

ANNE

Rhoda hat dir geschrieben?

TANNER

Sie hat mir alles berichtet.

OCTAVIUS

Hör nicht auf ihn, Ann. Du hattest recht, völlig recht.

Anne hat nur ihre Pflicht getan. Ich – und du weißt das genau. Und sie hat es außerdem so zartfühlend wie möglich getan.

ANNE *tritt zu Octavius*

Wie gut du bist, Tavy! Wie hilfreich. Wie gut du mich verstehst!

Octavius strahlt

TANNER

Ja, zieh die Schlingen fester. Du liebst sie Tavy, nicht wahr?

OCTAVIUS

Sie weiß es.

ANNE

Still, schäm dich, Tavy.

TANNER

Oh, ich erlaube es. Ich bin dein Vormund; und für die nächste Stunde vertraue ich dich Tavys Obhut an. Ich mache eine Fahrt im Auto.

ANNE

Nein, Jack. Ich muß mit dir über Rhoda sprechen. Ricky, bitte geh ins Haus und kümmere dich um deinen amerikanischen Freund. So früh am Morgen fällt er Mama ein bißchen lästig. Sie möchte mir ihrer Hausarbeit fertig werden.

OCTAVIUS

Ich fliege, liebste Ann.

Er küßt ihr die Hand.

ANNE *zärtlich*

Ricky Ticky Tavy!

Er sieht sie mit einem ausdrucksvollen Erröten an und läuft davon

TANNER *trocken*

Nun hör mal Ann! Diesmal bist du reingefallen; und wenn Tavy nicht so hoffnungslos in dich verliebt wäre, hätte er jetzt begriffen, was für eine unverbesserliche Lügnerin du bist.

ANNE

Du mißverstehst mich, Jack. Ich habe nicht gewagt, Tavy die Wahrheit zu sagen.

TANNER

Nein, du sagst gewöhnlich lieber das Gegenteil. Was zum Teufel soll das heißen, was du Rhoda gesagt hast, ich wäre eine zu verderbliche Gesellschaft für sie. Wie kann mein Verhältnis zu ihr je wieder menschlich und vernünftig werden, nachdem du ihren Geist auf so abscheuliche Weise vergiftet hast.

ANNE

Ich weiß, du bist unfähig, etwas schlechtes zu tun.

TANNER

Warum hast du sie dann angelogen?

ANNE

Ich mußte es tun.

TANNER

Du mußtest es?

ANNE

Mutter hat mich dazu veranlaßt.

TANNER *seine Augen sprühen*

Ha! Das hätte ich wissen wollen. Die Mutter! Immer die Mutter!

ANNE

Und dein schreckliches Buch? Du weißt, wie ängstlich Mutter ist. Alle ängstlichen Frauen sind konventionell. Wir müssen konventionell sein, Jack, sonst würde man uns auf grausame, schmutzige Weise mißverstehen. Selbst du, der du ein Mann bist, kannst nicht sagen, was du denkst, ohne daß man dich mißversteht und in den Dreck zieht. – Ja, ich gebe es zu, ich mußte dich in den Schmutz ziehen. Möchtest du, daß man Rhoda auf die gleiche Weise mißversteht und in den Schmutz zieht? Wäre es richtig, wenn Mutter zuließe, daß Rhoda sich dem aussetzt, ehe sie alt genug ist, sich selbst ein Urteil zu bilden?

TANNER

Kurz und gut, um nicht mißverstanden zu werden, sollte jeder lügen und verleumden und sich mit allen Mitteln verstellen. Darauf läuft der Gehorsam gegen deine Mutter hinaus.

ANNE

Ich liebe meine Mutter, Jack.

TANNER *steigert sich in eine soziologische Wut*

Ist das ein Grund, deine Seele nicht dein eigen zu nennen? Oh, ich protestiere gegen diese schmähliche Unterwerfung der Jugend unter das Alter! Sieh dir die moderne Gesellschaft an, die du kennst. Was gibt sie vor zu sein? Ein entzückender Tanz von Elfen. Was ist sie? Eine schreckliche Prozession elender Mädchen, jedes in den Klauen einer zynischen, listigen, geizigen, enttäuschten, erfahrenen und doch unwissenden, bösartigen, alten Frau, die sie ihre Mutter nennt, und deren Aufgabe es ist, ihren Geist zu verderben und sie an den Höchstbietenden zu verschachern. Warum heiraten diese unglücklichen Sklavinnen eher den ältesten und lasterhaftesten Mann, als überhaupt nicht zu heiraten? Weil die Heirat die einzige Möglichkeit ist, diesen gebrechlichen Teufelinnen zu entkommen, die unter der Maske mütterlicher Pflichterfüllung und verwandtschaftlicher Zärtlichkeit ihre selbstsüchtigen Ambitionen und den eifersüchtigen Haß auf die jungen Rivalinnen verbergen, die an ihre Stelle getreten sind. So etwas ist abscheulich. Die Stimme der Natur ruft nach der Sorge des Vaters für die Tochter, nach der Sorge der Mutter für den Sohn. Das Gesetz, das zwischen Vater und Sohn und

Mutter und Tochter herrscht, ist nicht das Gesetz der Liebe; es ist das Gesetz der Revolution, der Emanzipation, schließlich die Verdrängung der Alten und Verbrauchten durch die Jungen und Starken. Ich sage dir: eine Unabhängigkeitserklärung ist die erste Pflicht des erwachsenen Mannes und der erwachsenen Frau, denn der Mann, der sich auf die Autorität des Vaters beruft, ist kein Mann, die Frau, die sich auf die Autorität ihrer Mutter beruft, ist unfähig, einem freien Volk freie Bürger zu gebären.

ANNE *betrachtet ihn mit stiller Neugier*

Ich glaube, du wirst eines Tages ganz in die Politik gehen, Jack.

TANNER *aus allen Wolken fallend*

Wie? Was? W –?

rappelt sich zusammen

Was hat das mit dem zu tun, was ich gerade gesagt habe?

ANNE

Du kannst so gut reden.

TANNER

Reden! Für dich bedeutet es nichts als Reden. Gut, geh zu deiner Mutter zurück und hilf ihr, Rhodas Phantasie zu vergiften, wie sie deine vergiftet hat. Es sind die zahmen Elefanten, die sich einen Spaß daraus machen, die wilden zu fangen.

ANNE

Ich mache mich, gestern war ich eine Boa Constrictor. Heute bin ich ein Elefant.

TANNER

Ja, nimm deinen Rüssel und pack dich; ich habe dir nichts mehr zu sagen.

ANNE

Du bist ganz und gar unvernünftig und unpraktisch. Was kann man da machen?

TANNER

Machen? Brich deine Ketten. Geh deinen Weg nach deinem eigenen Gewissen, nicht nach dem deiner Mutter. Reinige deinen Geist und mach ihn stark, und lerne, dich an einer schnellen Autofahrt zu freuen, statt sie zum Anlaß für abscheuliche Intrigen zu nehmen. Fahr mit mir mit sechzig Meilen in der Stunde nach Marseilles, hinüber nach Algerien bis Biskra. Komm mit bis zum Kap, wenn du magst. Das wäre eine Unabhängigkeitserklärung und eine Rache zugleich. Du kannst nachher ein Buch darüber schreiben. Das würde deiner Mutter den Rest geben und aus dir eine Frau machen.

ANNE *in Gedanken*

Ich glaube, da wäre nichts bei, Jack. Du bist mein Vormund, du nimmst die Stelle meines Vaters ein, das war sein eigener Wunsch. Niemand kann ein Wort dagegen sagen, wenn wir zusammen reisen. Es wäre reizend. Ich danke dir tausendmal, Jack. Ich komme mit.

TANNER *Entgeistert*

Du kommst mit?

ANNE

Natürlich.

TANNER

Aber –

er schweigt, völlig fassungslos, dann fährt er mit matter Stimme fort

Nein, sieh mal, Anne, wenn nichts dabei ist, dann hat es keinen Zweck, es zu tun.

ANNE

Du bist absurd. Du willst mich doch nicht kompromittieren, nicht wahr?

TANNER

Doch, das ist der ganze Sinn meines Vorschlages.

ANNE

Du redest den größten Blödsinn; und du weißt es. Du würdest nie etwas tun, um mich zu verletzen.

TANNER

Nun, wenn du nicht kompromittierst werden willst, dann komm nicht mit.

ANNE *mit würdigem Ernst*

Doch, Jack. Da du es wünschst, komme ich mit. Du bist mein Vormund; und ich glaube, wir sollten uns mehr sehen und uns besser kennen lernen.

Dankbar

Es ist sehr aufmerksam und sehr freundlich von dir, Jack, mir so schöne Ferien zu bieten, besonders nach dem, was ich über Rhoda gesagt habe. Du bist wirklich ein guter Mensch – ein viel besserer, als du weißt. Wann fahren wir los?

TANNER

Aber –

Die Unterhaltung wird unterbrochen, weil Mrs. Whitefield aus dem Haus kommt. Sie ist in Begleitung eines amerikanischen Herrn, Ramsden und Octavius folgen ihr.

Hector Malone ist ein Amerikaner aus dem Osten seines Landes, aber er schämt sich seiner Nationalität nicht im geringsten. Die modischen Engländer schätzen ihn deshalb als einen jungen Burschen, der Manns genug ist, einen offensichtlichen Nachteil einzugestehen, ohne den Versuch zu machen, ihn zu verbergen oder zu beschönigen. Sie haben das Gefühl, daß man ihn nicht für etwas leiden lassen darf, an dem er ganz offensichtlich nicht schuld ist, und sind deshalb besonders nett zu ihm. Sein ritterliches Verhalten Frauen gegenüber, seine hohen moralischen Vorstellungen, beides selbstlos und ungewöhnlich – kommen ihnen ein bißchen unglückselig vor;

und obgleich sie seine Ader für leichten Humor ganz amüsant finden, wenn er sie nicht mehr in Ratlosigkeit stürzt (wie es im Anfang geschieht) so haben sie sich doch veranlaßt gesehen, ihn verstehen zu lassen, daß er einfach keine Anekdoten erzählen darf, wenn sie nicht ganz persönlich sind und Klatsch enthalten; und auch, daß Redenhalten eine Kunst ist, die zu einer Kulturstufe gehört, die primitiver ist als die, in die seine Wanderung ihn hineingeführt hat. In diesen Punkten haben sie Hector nicht ganz überzeugt; er glaubt immer noch, daß die Briten die Fähigkeit besitzen, aus ihren Dummheiten Verdienste zu machen und ihre verschiedenen Unfähigkeiten als Ergebnisse einer guten Erziehung hinzustellen. Ihm scheint, daß das Leben in England an einem Mangel an erbaulicher Rhetorik leidet; (er nennt das den moralischen Unterton), daß das Benehmen der Engländer einen Mangel an Respekt für die Frauen zeigt; daß die englische Aussprache vulgäre Mängel aufweist, wenn es sich um Wörter wie girl, bird, world usw. handelt; daß die englische Gesellschaft in einem Maße frisch von der Leber weg spricht, daß es manchmal an unerträgliche Grobheit grenzt, daß die englische Geselligkeit durch Spiele, Geschichtenerzählen und andere Vergnügungen belebt werden müßte; er hat daher gar nicht das Gefühl, daß er sich diese Mängel angewöhnen sollte, nachdem er sich so große Mühe gegeben hat, sich eine erstklassige Bildung anzueignen, ehe er sich über den Atlantik wagte. Er findet, daß sich die Engländer dieser Kultiviertheit gegenüber entweder ganz gleichgültig verhalten, wie sie es weitgehend aller Kultur gegenüber tun, oder daß sie auf höfliche Weise ausweichen. In Wirklichkeit ist Hectors Bildung nichts als ein Zustand von Sättigung mit unseren literarischen Exporten von vor dreißig Jahren, der von ihm wieder importiert worden ist, um bei jeder Gelegenheit sofort ausgepackt und der englischen Literatur, Wissenschaft und Kunst an den Kopf geworfen zu werden. Der Schrecken, den diese Überfälle hervorrufen, bestärkt ihn in dem Glauben, daß er zur Entwicklung Englands beiträgt. Wenn er die Leute harmlos über Anatole France und Nietzsche plaudern hört, überfällt er sie mit Matthew Arnold, mit ›The autocrat of the Breakfast Table‹ und sogar mit Macauley, und da er im Grunde tiefreligiös ist, bringt er die nichtsahnenden Zuhörer durch humoristische Pietätlosigkeit dazu, in der Diskussion über moralische Fragen die volkstümliche Theologie aus dem Spiel zu lassen, und stürzt sie dann in Verwirrung, indem er fragt, ob die Befolgung seiner Verhaltensregeln nicht das Ziel des Allmächtigen Gottes gewesen sein müssen, als er ehrliche Männer und reine Frauen schuf. Die einnehmende Frische seines Wesens und die verblüffende Abgestandenheit seiner Bildung machen es äußerst schwer, zu entscheiden, ob es sich lohnt, ihn kennen zu lernen, denn während man nicht leugnen kann, daß seine Gesellschaft angenehm und anregend ist, hat er doch intellektuell nichts Neues zu bieten, besonders, da er Politik verachtet und sorgfältig vermeidet über Wirtschaft zu sprechen, ein Gebiet, auf dem er seinen englischen Kapitalistenfreunden wahrscheinlich bei weitem überlegen ist. Am besten kommt er mit romantischen Christen der amoristischen Sekte zurecht; daher die Freundschaft, die zwischen ihm und Octavius entstanden ist.

Seinem Äußeren nach ist Hector ein gutgebauter junger Mann von vierundzwanzig, mit kurzem, sorgfältig gepflegtem schwarzen Bart, klaren, gutgeformten Augen und einer Lebhaftigkeit des Ausdrucks, die für ihn einnimmt. Er ist auf modische Weise tadellos gekleidet.

Während er vom Hause her mit Mrs. Whitefield die Auffahrt hinunterkommt, ist er eifrig bemüht, aufmerksam und unterhaltend zu sein; er bürdet ihrem beschränkten Verstand damit eine Last auf, die dieser nicht zu tragen im Stande ist. Ein Engländer würde sie in Ruhe lassen und Langeweile und Gleichgültigkeit als ihr gemeinsames Los hinnehmen; und die arme Dame möchte, daß man sie entweder in Ruhe läßt oder über Dinge plappern läßt, die sie interessieren.

Ramsden tritt an das Auto heran, um es sich anzusehen. Octavius tritt zu Hector.

ANNE *schießt jubelnd auf ihre Mutter los*

Oh, Mama, stell dir vor, Jack nimmt mich in einem Auto mit nach Nizza. Ist das nicht herrlich! Ich bin der glücklichste Mensch in London.

TANNER *verzweifelt*

Mrs. Whitefield ist dagegen. Ich bin sicher, daß sie dagegen ist. Nicht wahr Ramsden?

RAMSDEN

Das will ich wohl meinen.

ANNE

Du hast nichts dagegen, nicht wahr, Mutter?

MRS. WHITEFIELD

Ich was dagegen haben? Warum sollte ich. Ich glaube, es wird dir gut tun, Ann.

Trottet auf Tanner zu

Ich wollte dich bitten, Rhoda gelegentlich auf eine Fahrt mitzunehmen; sie ist zu viel im Haus; aber das hat Zeit, bis du zurück bist.

TANNER

Abgrund auf Abgrund der Falschheit!

ANNE *hastig, um die Aufmerksamkeit von seinem Ausruf abzulenken*

Oh, ich habe ganz vergessen, du kennst Mr. Malone

noch nicht. Mr. Tanner, mein Vormund: Mr. Hector Malone.

HECTOR

Ich freue mich, Sie kennen zu lernen, Mr. Tanner. Ich würde gern eine Erweiterung der Reisegesellschaft nach Nizza vorschlagen. Darf ich?

ANNE

Oh, wir fahren alle zusammen? Das ist doch klar, nicht wahr?

HECTOR

Auch ich bin der bescheidene Besitzer eines Autos. Wenn Miss Robinson mir die Ehre erweisen will, mit mir zu fahren, mein Wagen steht zu ihrer Verfügung.

OCTAVIUS

Violet?

Allgemeine Verlegenheit

ANNE *mild*

Komm Mutter, wir müssen es ihnen überlassen, alles zu arrangieren. Ich muß mich um mein Gepäck kümmern.

Mrs. Whitefield macht ein verwirrtes Gesicht, aber Anne zieht sie diskret weg, und sie verschwinden um die Ecke auf das Haus zu.

HECTOR

Ich glaube, ich darf wagen zu sagen, daß ich mit Miss Robinsons Zustimmung rechnen kann.

Anhaltende Verlegenheit

OCTAVIUS

Ich fürchte, wir müssen Violet hierlassen. Es sind Umstände eingetreten, die es ihr unmöglich machen, an einer solchen Expedition teilzunehmen.

HECTOR *amüsiert und gar nicht überzeugt*

Das ist wohl zu amerikanisch, wie? Muß die junge Dame einen Anstandswauwau haben?

OCTAVIUS

Das ist es nicht, Malone – wenigstens ist das nicht alles.

HECTOR

Tatsächlich? Darf ich dann fragen, welches andere Hindernis entgegensteht?

TANNER *ungeduldig*

Oh, sag es ihm, sag es ihm. Wir werden das Geheimnis erst dann wahren können, wenn alle es kennen. Mr. Malone, wenn Sie mit Violet nach Nizza fahren, so fahren Sie mit der Frau eines anderen Mannes. Sie ist verheiratet.

HECTOR *wie vom Donner gerührt*

Was Sie nicht sagen!

TANNER

Doch, im Vertrauen.

RAMSDEN *mit wichtiger Miene, damit Malone nicht auf den Gedanken kommt, sie hätte eine Mesalliance eingegangen.*

Ihre Heirat ist noch nicht bekannt gemacht worden; sie wünscht, daß man im Augenblick noch nicht davon spricht.

HECTOR

Ich werde den Wunsch der Dame respektieren. Wäre es indiskret zu fragen, wer der Gatte ist, falls sich eine Möglichkeit ergibt, ihn wegen der Reise um seine Zustimmung zu bitten?

TANNER

Wir wissen nicht, wer es ist.

HECTOR *zieht sich betont in sich selbst zurück*

In dem Fall habe ich nichts mehr zu sagen.

Die Verlegenheit wächst immer mehr

OCTAVIUS

Dies muß dir sehr seltsam vorkommen.

HECTOR

Ein wenig ungewöhnlich schon. Verzeihen Sie, daß ich das sage.

RAMSDEN *halb sich entschuldigend, halb hochmütig*

Die junge Dame hat heimlich geheiratet, und ihr Gatte hat ihr offenbar verboten, seinen Namen preiszugeben. Wir sind verpflichtet, Ihnen das zu sagen, da Sie sich für Miss – ehm – Violet interessieren.

OCTAVIUS *mitfühlend*

Ich hoffe, dies ist keine Enttäuschung für dich.

HECTOR *besänftigt, kommt wieder aus sich heraus*

Nun, es ist ein Schlag für mich. Ich kann kaum verstehen, wie ein Mann seine Frau in eine solche Lage bringen kann. Gewiß ist es ungewöhnlich. Es ist nicht männlich – Es ist nicht rücksichtsvoll.

OCTAVIUS

Du kannst dir vorstellen, daß wir das auch empfinden, und ziemlich schmerzlich.

RAMSDEN *gereizt*

Es ist irgendein junger Narr, der nicht genug Erfahrung hat, um zu wissen, wohin diese Art von Mystifikationen führen.

HECTOR *mit starken Anzeichen moralischen Abscheus*

Das hoffe ich. Ein Mensch muß schon sehr jung und ziemlich töricht sein, damit man ein solches Verhalten entschuldigen kann – Sie beurteilen ihn sehr milde, Mr. Ramsden. Zu milde nach meiner Ansicht. Gewiß sollte die Ehe einen Mann veredeln.

TANNER *spöttisch*

Ha!

HECTOR

Soll ich aus diesem Aufschrei schließen, Mr. Tanner, daß Sie nicht meiner Meinung sind?

TANNER *trocken*

Heiraten Sie und probieren Sie's aus. Eine Zeit lang mögen Sie's reizend finden, aber bestimmt nicht veredelnd. Der größte gemeinsame Nenner eines Mannes und einer Frau ist nicht notwendigerweise größer als der Nenner eines Mannes allein.

HECTOR

Nun, wir in Amerika glauben, daß der moralische Wert einer Frau höher ist als der des Mannes, und daß die reinere Natur der Frau den Mann über sich selbst hinaushebt und ihn besser macht als er war.

OCTAVIUS *mit Überzeugung*

So ist es auch.

TANNER

Kein Wunder, daß die Amerikanerinnen lieber in Europa leben! Es ist bequemer, als sein Leben lang auf einem Altar zu stehen und angebetet zu werden. Auf jeden Fall ist Violets Gatte nicht veredelt gewesen. Was soll man da machen?

HECTOR *schüttelt den Kopf*

Ich kann das Verhalten dieses Mannes nicht so leicht nehmen, wie Sie, Mr. Tanner. Ich will indessen nicht mehr sagen. Wer immer es ist, er ist Miss Robinsons Gatte; und um ihretwillen möchte ich gern besser von ihm denken.

OCTAVIUS *gerührt, denn er vermutet einen geheimen Kummer*

Es tut mir sehr leid, Malone. Sehr leid.

HECTOR *dankbar*

Du bist ein guter Kerl, Robinson, ich danke dir.

TANNER Sprecht von etwas anderem. Violet kommt aus dem Haus.

HECTOR

Ich würde es als eine große Gunst zu schätzen wissen,

meine Herren, wenn Sie mir die Gelegenheit gäben, ein paar Worte mit der Dame allein zu wechseln. Ich werde diese Reise absagen müssen, und es ist eine ziemlich heikle Sache –.

RAMSDEN *froh, sich davonmachen zu können*

Sagen Sie nichts mehr. Kommen Sie Tanner. Komm, Tavy.

Er schlendert mit Octavius und Tanner an dem Auto vorbei in den Park hinein.

Violet kommt die Allee hinunter auf Malone zu.

VIOLET

Können sie uns sehen?

HECTOR

Nein.

Sie küßt ihn

VIOLET

Hast du um meinetwillen gelogen?

HECTOR

Gelogen? Lügen ist kaum der richtige Ausdruck. Ich übertreibe es, ich gerate geradezu in eine Ekstase des Lügens. Violet, ich wünschte, du ließest mich die Wahrheit gestehen.

VIOLET *die sofort ernst und entschlossen wird*

Nein, nein, Hector, du hast es mir versprochen.

HECTOR

Ich halte mein Versprechen, bis du mich davon entbindest. Aber ich komme mir gemein vor; ich lüge diese Männer an und verleugne meine Frau. Einfach scheußlich.

VIOLET

Ich wünschte, dein Vater wäre nicht so unvernünftig.

HECTOR

Er ist nicht unvernünftig. Von seinem Standpunkt hat er recht. Er hat ein Vorurteil gegen die englische Mittelklasse.

VIOLET

Es ist zu lächerlich. Du weißt, wie ungern ich dir gegenüber so etwas äußere, Hector. Aber wenn ich – oh, gut, es macht nichts.

HECTOR

Ich weiß. Wenn du den Sohn eines englischen Fabrikanten von Büromöbeln heiraten solltest, so würden deine Freunde dies als eine Mesalliance ansehen. Und dann kommt mein dummer alter Papa, der größte Büromöbelmann in der Welt, und würde mir die Tür weisen, weil ich die vollkommenste Dame in England geheiratet habe, nur weil sie keinen Zacken an ihrem Namen hat. Natürlich ist das lächerlich. Aber ich sage dir, Violet, ich betrüge ihn nicht gern. Ich habe das Gefühl, ihm sein Geld zu stehlen. Warum willst du nicht, daß ich alles offen gestehe?

VIOLET

Weil wir es uns nicht leisten können. Du kannst so romantische Ansichten über die Liebe haben wie du magst, Hector, aber du darfst keine romantischen Ansichten über Geld haben.

HECTOR *hin und her gerissen zwichen seiner übertriebenen Liebe zu seiner Frau und seiner gewohnten Überbewertung moralischer Gefühle*

Das ist sehr englisch.

plötzlich in flehendem Ton

Violet, Papa muß uns eines Tages auf die Schliche kommen.

VIOLET

Oh ja, später wird er das natürlich. Aber laß uns das nicht jedesmal durchkauen, wenn wir uns sehen, Lieber. Du hast mir versprochen –

HECTOR

Schon gut, schon gut, ich –

VIOLET *die sich das Wort nicht nehmen läßt*

Ich leide unter dieser Geheimhaltung, nicht du; und wenn du mir damit kommst, wir sollen den Kampf aufnehmen, und der Armut ins Gesicht sehen, und all das; ich wills einfach nicht. Es wäre zu blöd.

HECTOR

Du sollst es auch nicht. Ich werde das Geld sozusagen von meinem Papa borgen, bis ich auf eigenen Füßen stehe; dann kann ich ihm die Wahrheit sagen und gleichzeitig zurückzahlen.

VIOLET *beunruhigt und gekränkt*

Willst du etwa arbeiten? Willst du unsere Ehe ruinieren?

HECTOR

Nun, ich will jedenfalls nicht, daß die Ehe mir den Charakter verdirbt. Dein Freund Mr. Tanner lacht schon jetzt deshalb ein bißchen über mich, und –

VIOLET

Diese Bestie! Ich hasse Jack Tanner.

HECTOR *großmütig*

Oh, der ist in Ordnung; es braucht nur die Liebe einer guten Frau, um ihn zu veredeln. Übrigens, er hat eine Autoreise nach Nizza vorgeschlagen; und ich nehme dich mit.

VIOLET

Wie reizend!

HECTOR

Ja, aber wie willst du das machen. Siehst du, sie haben mir sozusagen abgeraten, mit dir zu fahren. Sie haben mir im Vertrauen mitgeteilt, daß du verheiratet bist. Das war das umwerfendste Vertrauen, mit dem ich je beehrt worden bin.

Tanner kommt mit Straker zurück, der zum Auto geht

TANNER

Ihr Wagen ist ein großer Erfolg, Mr. Malone. Ihr Mechaniker führt ihn gerade Mr. Ramsden vor.

HECTOR *vergißt sich im Übereifer*

Komm, Vi.

VIOLET *kalt, wirft ihm einen warnenden Blick zu*

Verzeihung, Mr. Malone, ich habe nicht ganz verstanden –

HECTOR *fängt sich*

Ich bat Sie, mir das Vergnügen zu gewähren, Ihnen meine kleine amerikanische Dampfmaschine zu zeigen, Miss Robinson.

VIOLET

Mit größtem Vergnügen.

Sie gehen zusammen die Allee hinunter

TANNER

Was diese Reise betrifft, Straker.

STRAKER *mit dem Auto beschäftigt*

Ja?

TANNER

Miss Whitefield soll mit mir fahren.

STRAKER

Das hatte ich mir gedacht.

TANNER

Mr. Robinson wird auch mitfahren.

STRAKER

Ja.

TANNER

Also, wenn Sie es so einrichten könnten, daß Sie sich viel mit mir beschäftigen und daß Mr. Robinson sich viel mit Miss Whitefield beschäftigt ist, so wäre ich Ihnen zutiefst dankbar.

STRAKER

Sonnenklar.

TANNER

Sonnenklar! Ihr Großvater hätte einfach gezwinkert.

STRAKER

Mein Großvater hätte die Hand an die Mütze gelegt.

TANNER

Und ich hätte Ihrem guten, netten, respektvollen Großvater 20 Shilling gegeben.

STRAKER

Sehr wahrscheinlich nur fünf Shilling –

Er wendet sich vom Wagen ab und kommt auf Tanner zu

Und wie denkt die Dame darüber?

TANNER

Es ist ihr ebenso recht, wenn man sie Mr. Robinson überläßt, wie es Mr. Robinson recht ist, wenn man ihn ihr überläßt.

Straker blickt seinen Arbeitgeber mit kühlem Skeptizismus an; dann wendet er sich dem Auto wieder zu und pfeift dazu seine Lieblingsmelodie.

Hören Sie auf mit diesem lästigen Gepfeife. Was wollen Sie eigentlich damit sagen?

Straker beginnt gelassen wieder mit der Melodie und pfeift sie zu Ende. Tanner hört höflich bis zum Schluß zu, dann wendet er sich wieder an Straker, diesmal mit betontem Ernst.

Enry, ich bin immer ein eifriger Kämpfer für die Verbreitung der Musik unter den Massen gewesen, aber ich wehre mich dagegen, daß Sie die Gesellschaft musikalisch unterhalten, sobald Miss Whitefields Name erwähnt wird. Sie haben es auch heute morgen getan.

STRAKER *eigensinnig*

Es hat überhaupt keinen Sinn, Mr. Robinson gibt am besten gleich auf.

TANNER

Warum?

STRAKER

Quatsch! Sie wissen warum. Natürlich gehts mich nichts an; aber Sie brauchen mir nichts vorzuschwindeln.

TANNER

Ich schwindele Ihnen nichts vor. Ich weiß wirklich nicht, warum.

STRAKER *munter und schmollend zugleich*

Schon gut. 's ist recht. Es geht mich ja nichts an.

TANNER *eindringlich*

Ich bin sicher, Enry, was unser Verhältnis als Arbeitgeber und Mechaniker betrifft, so werde ich immer den richtigen Abstand zu wahren wissen und Ihnen meine privaten Angelegenheiten nicht aufdrängen. Sogar unsere Geschäftsbeziehungen bedürfen der Billigung Ihrer Gewerkschaft. Aber mißbrauchen Sie Ihre Vorteile nicht. Ich möchte Sie an einen Ausspruch Voltaires erinnern: Was zu dumm ist, um es zu sagen, das kann man immer noch singen.

STRAKER

Das war nicht Voltaire. Das war Boo Marschä.

TANNER

Ich lasse mich korrigieren; natürlich Beaumarchais. Also, Sie scheinen zu glauben, das, was zu heikel ist, als daß man es aussprechen könnte – kann man immer noch pfeifen. Unglücklicherweise ist Ihr Pfeifen, obgleich sehr wohltönend, mir unverständlich. Los! Es hört ja niemand zu, weder meine edlen Verwandten noch der Sekretär Ihrer verdammten Gewerkschaft. Von Mann zu Mann, Enry, warum glauben Sie, daß mein Freund keine Chance bei Miss Whitefield hat?

STRAKER

Die is hinterm anderen her.

TANNER

Quatsch! Hinter wem denn?

STRAKER
Hinter Ihnen.

TANNER
Mir!

STRAKER
Wollen Sie damit sagen, Sie wüßtens nicht? Na, Mr. Tanner!

TANNER *in entschlossenem Ernst*
Machen Sie sich lustig oder meinen Sie es ernst?

STRAKER *Mit einem Anflug von Wut*
Ich mach mich nicht lustig.
Etwas kühler
Warum? Es ist so deutlich zu sehen wie die Nase in Ihrem Gesicht. Wenn Sie das nicht gemerkt haben, dann verstehen Sie aber nicht viel von sowas.
Wieder heiter
Entschuldigen Sie, Mr. Tanner, aber Sie haben mich von Mann zu Mann gefragt; und ich habe Ihnen von Mann zu Mann geantwortet.

TANNER *zum Himmel aufschreiend*
Dann bin ich – ich bin die Biene, die Spinne, das gezeichnete Opfer, die ausersehene Beute.

STRAKER
Mit der Biene und der Spinne, das weiß ich nicht, aber das ausersehene Opfer, das sind Sie, da gibts nichts. Und das sind gar keine schlechten Aussichten für Sie, würde ich sagen.

TANNER *Feierlich*
Henry Straker, der große Augenblick Ihres Lebens ist gekommen.

STRAKER
Was heißt das?

TANNER
Dieser Rekord nach Biskra.

STRAKER *eifrig*

Ja?

TANNER

Brechen Sie ihn!

STRAKER *seines Schicksals würdig*

Ist das Ihr ernst?

TANNER

Ja.

STRAKER

Wann?

TANNER

Jetzt. Ist das Auto startbereit?

STRAKER *quengelnd*

Aber Sie können doch nicht –

TANNER *unterbricht ihn, indem er ins Auto klettert.*

Also los! Zuerst zur Bank, Geld holen; dann in meine Wohnung, mein Gepäck holen; dann in Ihre Wohnung, Ihr Gepäck holen; und dann brechen Sie den Rekord nach Dover oder Folkestone; dann über den Kanal und wie die Verrückten nach Marseilles, Gibraltar, Genua – zu irgendeinem Hafen, von dem aus wir in ein mohammedanisches Land gelangen, wo die Männer vor den Frauen geschützt sind.

STRAKER

Quatsch. Sie geben nur an –

TANNER *entschlossen*

Dann bleiben Sie da. Wenn Sie nicht mitwollen, fahre ich allein.

Er wirft den Motor an.

STRAKER *läuft hinter ihm her*

Hier! Sie da! Sekunde mal! Jetzt los!

Er klettert in dem Augenblick in den Wagen, als dieser losschießt.

Dritter Akt

Ein Abend in der Sierra Nevada. Braune Hügelketten, darauf kultivierte Stellen, nicht mit Apfel-, mit Olivenbäumen; auf dem wilden Gelände gelegentliche Inseln von Feigenkaktus, statt von Ginster und Farn. Im Hintergrund hohe Felsgipfel und Abgründe, sehr schön und edel. Keine wilde Natur, sondern eher eine höchst aristokratische Berglandschaft, gemacht von einem übergenauen Schöpfer-Künstler. Kein vulgärer Überfluß in der Pflanzenwelt, die vielen steinigen Stellen erwecken den Eindruck von Unfruchtbarkeit; überall spürbar spanische Größe und spanische Sparsamkeit.

Etwas nördlich von einer Stelle, wo eine Paßstraße über den Tunnel der Eisenbahnstrecke Malaga–Granada führt, liegt eines der felsigen natürlichen Amphitheater der Sierra. Wenn man von der offenen Seite des Hufeisens hineinblickt, so sieht man ein Stück rechts in der Steilwand des Felsens eine romantische Höhle, die in Wirklichkeit ein verlassener Steinbruch ist und links einen kleinen Hügel, von dem aus man die Straße überblickt, die das Amphitheater an der linken Seite streift. Die Straße führt über einen Erddamm, an einigen Stellen über einen gemauerten Bogen. Auf dem Hügel sitzt ein Mann und beobachtet die Straße. Er ist entweder Spanier oder Schotte. Wahrscheinlich ein Spanier, denn er trägt die Kleidung eines spanischen Ziegenhirten und scheint in der Sierra Nevada zuhause zu sein, aber trotzdem erinnert er sehr an einen Schotten. In einer Senke auf dem Hang, vor der Höhle, liegen etwa ein Dutzend Männer behaglich um einen Haufen schwelender weißer Asche von Laub und Strauchwerk. Sie sehen aus, als seien sie sich ihrer malerischen Schurkischkeit bewußt und erwiesen der Sierra Ne-

vada eine Ehre damit, daß sie sie als wirkungsvollen Hintergrund benutzen. Vom künstlerischen Standpunkt aus allerdings sind sie nicht malerisch; und die Berge dulden sie, wie ein Löwe das Ungeziefer duldet. Ein englischer Polizist oder Wohlfahrtspfleger würde in ihnen eine ausgewählte Bande von Landstreichern und arbeitsfähigen, aber – unwilligen Unterstützungsempfängern erkennen. Diese Beschreibung ist nicht ganz verächtlich gemeint. Wer einmal mit Intelligenz Landstreicher beobachtet oder in einem Arbeitshaus die Abteilung der Arbeitsfähigen besucht hat, wird zugeben, daß unsere Asozialen nicht nur aus Trinkern und Schwächlingen bestehen. Einige von ihnen sind Männer, die nicht in die Klasse passen, in die sie hineingeboren wurden. Genau die gleichen Eigenschaften, die aus einem gebildeten Gentleman einen Künstler machen, können aus einem ungebildeten Handarbeiter einen arbeitsfähigen Asozialen machen. Es gibt Männer, die hilflos in einem Arbeitshaus enden, weil sie zu nichts taugen, aber es gibt dort auch Männer, die sich dort befinden, weil sie stark genug sind, die gesellschaftlichen Konventionen zu mißachten (die für den Steuerzahler aber offensichtlich nicht so uninteressant sind) die einem Mann vorschreiben, mit schwerer und schlechtbezahlter Schufterei seinen Lebensunterhalt zu verdienen, wo er doch die Alternative hat, ins Arbeitshaus zu gehen, sich als notleidend zu bezeichnen und die Behörde auf legale Weise zu zwingen, ihn besser zu ernähren, zu bekleiden und unterzubringen, als er sich selber mit der größten Anstrengung ernähren, kleiden und unterbringen könnte. Wenn ein Mann, der zum Dichter geboren ist, den Stuhl im Büro eines Börsenmaklers ablehnt und statt dessen in einer Mansarde Hunger leidet und lieber bei seiner Wirtin, seinen Freunden und Verwandten schmarotzt, als eine Arbeit zu tun, die ihm gegen den Strich geht, oder wenn eine Dame, weil sie eine

Dame ist, lieber alle Demütigungen einer parasitischen Abhängigkeit erduldet, ehe sie eine Stellung als Köchin oder Zimmermädchen annimmt, so haben wir viel Verständnis für sie. Auf ein solches Verständnis haben der arbeitsfähige Asoziale und sein nomadisierender Bruder, der Landstreicher, den gleichen Anspruch.

Weiterhin muß ein Mann mit Phantasie, wenn sein Leben für ihn erträglich sein soll, die Muße haben, sich selbst Geschichten zu erzählen und eine Stellung, die Möglichkeit für phantasievolle Ausschmückung bietet. In den Reihen der ungelernten Arbeiter gibt es keine solchen Stellungen. Wir mißbrauchen unsere Arbeiter auf schreckliche Weise, und wenn ein Mann sich weigert, sich mißbrauchen zu lassen, so haben wir kein Recht zu sagen, er verweigere ehrliche Arbeit. Wir wollen, ehe wir in unserem Stück fortfahren, offen über diese Sache reden, damit wir es ohne Heuchelei genießen können. Wenn wir vernünftige vorausschauende Leute wären, so würden vier Fünftel von uns geradewegs zur Wohlfahrt gehen und Unterstützung verlangen und das ganze gesellschaftliche System in Stücke schlagen, damit ein Wiederaufbau zum Besseren beginnen kann. Der Grund, warum wir das nicht tun, liegt darin, daß wir wie die Bienen oder Ameisen instinktiv und gewohnheitsmäßig arbeiten statt uns Gedanken über unsere Arbeit zu machen. Wenn daher ein Mensch auftaucht, der sich Gedanken macht und vernünftig urteilen kann, und der, indem er sein Verhalten der Kantschen Prüfung unterzieht, wirklich zu uns sagen kann: wenn jedermann so handelte wie ich, so würde die Welt gezwungen sein, ihre Industrie zu reformieren, Sklaverei und Elend abzuschaffen, die nur darum bestehen, weil jeder so handelt wie ihr handelt, so sollte man diesen Mann ehren und ernsthaft darüber nachdenken, ob man nicht seinem Vorbild folgen sollte. Ein solcher Mensch ist der arbeitsfähige, denkfähige

Asoziale. Wäre er ein Gentleman, der sein bestes tut, um eine Pension oder eine Sinekure zu bekommen, statt eine Straßenkreuzung zu fegen, so würde ihn niemand tadeln, weil er findet, daß, solange die Alternative darin liegt, entweder auf Kosten der Allgemeinheit zu leben, oder der Allgemeinheit zu erlauben, daß sie hauptsächlich auf seine Kosten lebt, es töricht wäre, sich für das zu entschließen, was für ihn persönlich das größere der beiden Übel ist.

Wir dürfen also die Landstreicher der Sierra ohne Vorurteil betrachten und fröhlichen Herzens zugeben, daß unser Ziel – um es kurz zu sagen: vermögende, Gentleman zu sein – dem ihren sehr ähnlich ist, und daß der Unterschied in unserer Stellung und unseren Methoden rein zufällig ist. Vielleicht wäre es weiser, den einen oder anderen von ihnen ohne Bosheit und auf eine freundliche und offene Weise umzubringen, denn es gibt Zweibeiner, genau so wie es Vierfüßler gibt, die zu gefährlich sind, als daß man sie ohne Ketten und Maulkorb herumlaufen lassen kann, und diese können nicht erwarten, daß andere Menschen ihr Leben damit verschwenden, sie zu bewachen. Aber da die Gesellschaft nicht den Mut hat, sie zu töten, und wenn sie sie fängt, einfach irgendwelche abergläubischen Sühneriten der Folterung und Erniedrigung an ihnen vollzieht, und sie dann mit verstärkten Voraussetzungen zum Verbrechen wieder losläßt, so ist es nur gut, daß sie sich in der Sierra auf freiem Fuß befinden, unter dem Befehl eines Anführers, der so aussieht, als ob er sie unter Umständen erschießen lassen würde.

Dieser Anführer sitzt in der Mitte der Gruppe auf einem Steinquader aus dem Steinbruch, ein großer, kräftiger Mann mit einer auffallenden Kakadunase, glänzend schwarzem Haar, einem Spitzbart, einem hochgezwirbelten Schnurrbart und einer mephistophelischen Pose, die recht eindrucksvoll ist, vielleicht weil die Szenerie sich besser zum Aufschneiden eignet als Piccadilly, vielleicht auch, weil eine gewisse Sentimentalität dem Mann den Schimmer von Anmut verleiht, die allein eine absichtlich malerische Aufmachung erträglich machen kann. Seine Augen und sein Mund sind keineswegs die eines Schurken; er hat eine schöne Stimme und ist schlagfertig; und ob er nun der stärkste Mann in der Gruppe ist oder nicht – jedenfalls wirkt er so. Auf jeden Fall ist er der am besten ernährte, der am besten gekleidete und der am besten trainierte. Die Tatsache, daß er englisch spricht, ist trotz der spanischen Landschaft nicht überraschend, denn mit Ausnahme eines einzigen Mannes, den man für einen Stierkämpfer halten könnte, den die Trunksucht ruiniert hat, und eines unverkennbaren Franzosen, sind alle Londoner Cockneys oder Amerikaner. Daher tragen sie in einem Land der Umhänge und Sombreros meist schäbige Mäntel, Wollschals, harte halbkugelförmige Hüte und schmutzige braune Handschuhe. Nur ein paar ahmen in der Kleidung ihren Führer nach, dessen breiter Umhang, der bis zu den hohen Stiefeln hinunterreicht, so unenglisch wie nur möglich ist. Keiner der Männer ist bewaffnet, und diejenigen, die keine Handschuhe tragen, haben die Hände in den Taschen vergraben, denn es ist ihr nationaler Glaube, daß es im Freien bei Anbruch der Nacht gefährlich kalt sein muß. (Der Abend ist so warm, wie man sich ihn vernünftigerweise nur wünschen kann.)

Außer dem versoffenen Stierkämpfer gibt es in der Gesellschaft nur einen Mann, der, sagen wir, älter aussieht als dreiunddreißig. Es ist ein kleiner Mann mit rötlichem Schnurrbart, schwachen Augen und dem ängstlichen Ausdruck eines kleinen Ladeninhabers, der in Schwierigkeiten geraten ist. Er trägt als einziger einen Zylinder; dieser leuchtet im Abendschein mit dem klebrigen Glanz eines Six-

pence-Auffrischungsmittels, das oft aufgetragen worden ist und dazu neigt, die ursprüngliche Oberfläche schlimmer zu machen als der verschlissene Zustand war, zu dessen Verbesserung das Mittel angewandt worden ist. Der Mann trägt einen Zelluloidkragen und Zelluloidmanschetten, und sein brauner Chesterfield-Überzieher mit Samtkragen kann sich noch sehen lassen. Es ist deutlich zu sehen, daß er der einzige ehrbare Mann in der Gesellschaft ist, und er ist bestimmt über vierzig, vielleicht über fünfzig. Er sitzt an der Ecke zur Rechten des Anführers, ihm gegenüber zu dessen Linken sitzen drei Männer mit roten Schlipsen. Einer von den dreien ist der Franzose, von den beiden anderen, die beide Engländer sind, ist der eine feierlich, streitsüchtig und hartnäckig, der andere grob und boshaft.

Der Anführer erhebt sich, um das Wort an seine Männer zu richten, dabei wirft er mit einem großartigen Schwung einen Zipfel seines Umhangs über die linke Schulter.

Der Beifall, der ihn begrüßt, zeigt, daß er ein beliebter Redner ist.

DER ANFÜHRER

Freunde und Räubergenossen. Ich habe dieser Versammlung einen Vorschlag zu unterbreiten. Wir haben jetzt drei Abende damit verbracht, die Frage zu diskutieren: Haben Anarchisten oder Sozialdemokraten den größeren persönlichen Mut? Wir haben die Prinzipien des Anarchismus und der Sozialdemokratie mit großer Ausführlichkeit behandelt. Die Sache der Anarchie ist geschickt von unserem einzigen Anarchisten hier vertreten worden, der nicht weiß, was Anarchie bedeutet.

Gelächter

DER ANARCHIST *erhebt sich*

Eine Frage zur Geschäftsordnung.

MENDOZA *energisch*

Zum Teufel, nein. Deine letzte Frage zur Geschäftsordnung hat eine halbe Stunde gedauert. Im übrigen halten Anarchisten nichts von Ordnung.

DER ANARCHIST *milde, höflich aber hartnäckig; er ist in der Tat der ehrbar aussehende ältliche Mann mit dem Zelluloidkragen und den Zelluloidmanschetten*

Das ist ein gemeiner Irrtum. Ich kann beweisen –

MENDOZA

Ruhe, Ruhe!

DIE ANDEREN *Schreien*

Ruhe, Ruhe! Setz dich! Stuhl! Halts Maul!

Der Anarchist wird unterdrückt.

MENDOZA

Auf der anderen Seite haben wir hier drei Sozialdemokraten unter uns. Sie sprechen nicht miteinander und sie haben uns hier drei ganz verschiedene und nicht miteinander vereinbare Aspekte der Sozialdemokratie vorgetragen.

DIE DREI MÄNNER MIT DEN ROTEN SCHLIPSEN

1. Herr Vorsitzender, ich protestiere. Eine persönliche Erklärung!

2. Das ist eine Lüge. Das hab ich nie gesagt. Sei fair, Mendoza.

3. Je demande la parole. C'est absolument faux. C'est faux! faux! faux!!! Assas-s-s-sin!!!!!!

MENDOZA

Ordnung, Ruhe.

DIE ANDEREN

Ordnung, Ruhe, Ordnung! Der Vorsitzende!

Die Sozialdemokraten werden zum Schweigen gebracht.

MENDOZA

Also, hier wird jede Meinung geduldet. Aber schließlich, Kameraden, sind die weitaus meisten von uns weder Anarchisten noch Sozialisten, sondern Gentlemen und Christen.

DIE MEHRHEIT *mit zustimmendem Geschrei*

Hört, hört. Das sind wir. Recht so!

DER WÜSTE SOZIALDEMOKRAT *verbittert, weil er nicht sprechen durfte*

Du bist kein Christ! Du bistn Blender, du!

MENDOZA *mit überwältigendem Großmut*

Mein Freund, ich bin eine Ausnahme von allen Regeln. Es ist wahr, ich habe die Ehre, Jude zu sein, und wenn die Zionisten einen Führer brauchten, um unser Volk auf dem historischen Boden von Palästina zu vereinigen, dann wird Mendoza nicht der letzte Freiwillige sein.

Zustimmender Applaus, hört, hört usw.

Aber ich bin nicht der Sklave eines Aberglaubens. Ich habe alle Formeln geschluckt, sogar die des Sozialismus; indessen, auf irgendeine Weise gilt der Spruch: einmal ein Sozialist, immer ein Sozialist.

DIE SOZIALDEMOKRATEN

Hört, hört!

MENDOZA

Aber ich weiß wohl, daß der gewöhnliche Mensch – sogar der gewöhnliche Räuber, den man kaum einen gewöhnlichen Menschen nennen kann

hört hört

– daß der gewöhnliche Mensch kein Philosoph ist. Für ihn genügt gesunder Menschenverstand; und was unsere Geschäfte anbetrifft, so genügt auch für mich gesunder Menschenverstand. Also, was ist unser Geschäft hier in der Sierra Nevada, die von den Mauren als die schönste Stelle Spaniens bezeichnet wurde? Sind wir hier, um abseitige Fragen der Nationalökonomie zu diskutieren? Nein: wir sind hier, um Autos anzuhalten und für eine gerechtere Verteilung des Reichtums zu sorgen.

DER SCHMOLLENDE SOZIALDEMOKRAT

Der wohlgemerkt durch Arbeit entstanden ist.

MENDOZA *leutselig*

Zweifelsohne. Durch Arbeit entstanden, und um von reichen Vagabunden in den Höhlen des Lasters unterwegs verschwendet zu werden, die die sonnigen Küsten des Mittelmeeres verunstalten. Wir fangen diesen Reichtum ab. Wir bringen ihn wieder in Umlauf in der Klasse, die ihn geschaffen hat und die ihn vor allem braucht: in der arbeitenden Klasse. Wir tun dies, indem wir unser Leben und unsere Freiheit einsetzen, indem wir die Tugenden des Mutes, der Ausdauer, der Voraussicht und der Enthaltsamkeit üben – vor allem die Enthaltsamkeit. Ich selber habe seit drei Tagen nichts gegessen als Kaktusfeigen und gekochtes Kaninchen.

DER SCHMOLLENDE SOZIALDEMOKRAT *hartnäckig*

Wir auch nicht.

MENDOZA *gekränkt*

Habe ich mehr gegessen als meinen Anteil?

DER SCHMOLLENDE SOZIALDEMOKRAT

Warum solltest du auch?

DER ANARCHIST

Warum sollte er nicht. Jedem nach seinen Bedürfnissen; jeder nach seiner Möglichkeit.

DER FRANZOSE *hält dem Anarchisten die Faust vors Gesicht*

Fumiste!

MENDOZA *diplomatisch*

Ihr habt beide recht.

DIE ECHT ENGLISCHEN RÄUBER

Hört, hört! Bravo Mendoza!

MENDOZA

Was ich sagen wollte, ist folgendes: wir wollen einander wie Gentlemen behandeln, und uns nur dann bemühen, einander an persönlichem Mut zu übertreffen, wenn wir im Kampf sind.

DER WÜSTE SOZIALDEMOKRAT *verächtlich*

Shaikspier!

Der Ziegenhirt auf dem Hügel stößt einen Pfiff aus. Er springt auf und deutet aufgeregt nach Norden, die Straße hinauf.

DER ZIEGENHIRT

Auto! Auto!

Er stürzt den Hügel hinunter und kommt zu den anderen, die auf die Füße springen.

MENDOZA *mit klingender Stimme*

Zu den Waffen! Wer hat das Gewehr?

DER SCHMOLLENDE SOZIALDEMOKRAT *Reicht Mendoza ein Gewehr*

Hier.

MENDOZA

Habt ihr die Nägel auf die Straße gestreut?

DER WÜSTE SOZIALDEMOKRAT

Ja, fünfzig Gramm.

MENDOZA

Gut!

Zu dem Franzosen

Du kommst mit mir, Duval. Wenn die Nägel nichts nützen, dann schieß ihnen den Reifen kaputt.

Er gibt Duval das Gewehr, dieser folgt ihm den Hügel hinauf. Mendoza holt ein Opernglas hervor. Die anderen eilen zur Straße und verschwinden in nördlicher Richtung.

MENDOZA *auf dem Hügel. Schaut durch das Glas.*

Nur zwei, ein Kapitalist und sein Chauffeur. Sie sehen wie Engländer aus.

DUVAL

Anglische! Aoh Yess. Cochons!

Er hantiert an dem Gewehr

Faut tirer, n'est-ce-pas?

MENDOZA

Nein, die Nägel habens schon getan. Ihr Reifen ist platt, sie halten.

DUVAL *schreit den andern zu*

Fondez sur eux, nom de Dieux!

MENDOZA *bremst Duvals Aufregung*

Du calme, Duval, bleib auf dem Boden – Sie nehmen es ruhig auf. Laß uns runter gehen und sie empfangen.

Mendoza steigt herunter, geht um das Feuer herum und kommt nach vorn, während Tanner und Straker in Autobrillen, Ledermänteln und Mützen von den Räubern von der Straße her herbeigeführt werden.

TANNER

Ist dies der Herr, den Sie als Ihren Chef bezeichnen? Spricht er Englisch?

DER WÜSTE SOZIALDEMOKRAT

Natürlich spricht er Englisch. Sie mein' doch wohl nich, wir Engländer lassen uns vom verdammten Spanier rumkommandiern, wie?

MENDOZA *mit Würde*

Erlauben Sie, daß ich mich vorstelle: Mendoza, Präsident der Liga der Sierra.

Hochmütig

Ich bin ein Räuber, ich lebe davon, daß ich die Reichen beraube.

TANNER *schlagfertig*

Ich bin ein Gentleman, ich lebe davon, daß ich die Armen beraube. Wir können uns die Hand geben.

DIE ENGLISCHEN SOZIALDEMOKRATEN

Hört, hört!

Allgemeines Gelächter und gute Laune, Tanner und Mendoza schütteln sich die Hand. Die Räuber nehmen ihre vorigen Plätze wieder ein.

STRAKER
He! Und wo bleibe ich?

TANNER *stellt vor*
Mein Freund und Chauffeur.

DER SCHMOLLENDE SOZIALDEMOKRAT *mißtrauisch*
Na, was ist er also? Freund oder Schafför? Das isn Unterschied, wissen Sie.

MENDOZA *erklärt*
Für einen Freund würden wir ein Lösegeld erwarten. Ein Berufschauffeur kann seiner Wege gehen. Er würde sogar einen kleinen Prozentsatz vom Lösegeld für seinen Herrn bekommen, wenn er uns die Ehre antun will, das Geld anzunehmen.

STRAKER
Ich verstehe. Damit ich nächstens wieder diese Strecke fahre. Nun, ich wills mir überlegen.

DUVAL *stürzt impulsiv auf Straker zu*
Mon frère!
Er umarmt ihn begeistert und küßt ihn auf beide Wangen.

STRAKER *angeekelt*
He, laß das, sei kein Esel. Wer bist du eigentlich?

DUVAL
Duval, Social-Democrat.

STRAKER
Oh, du bist ein Sozialdemokrat, so?

DER ANARCHIST
Er will sagen, daß er sich an den parlamentarischen Humbug und die Bourgeoisie verkauft hat. Kompromiß, das ist sein Glaubensbekenntnis.

DUVAL *wütend*
Ich versteh, was er sagt, er sagt Bourgois. Er sagt Compromiss. Jaimais de la vie! Misêrable menteur –

STRAKER

Hörn Sie, Käptn Mendoza, wie lang wolln Sie sich das noch gefallen lassen? Sind wir hier auf nem Ausflug in die Berge oder auf ner Sozialistenversammlung?

DIE MEHRHEIT

Hört, hört! Haltet die Schnauze! Schluß jetzt! Setzt euch hin usw.

Die Sozialdemokraten und der Anarchist werden in den Hintergrund gedrängt. Straker, der diesen Vorgang mit Genugtuung beobachtet, läßt sich zu Mendozas Linken nieder, Tanner sitzt zu dessen Rechten.

MENDOZA

Können wir Ihnen etwas anbieten? Gekochtes Kaninchen und Kaktusfeigen –

TANNER

Nein danke. Wir haben schon gegessen.

MENDOZA *zu seinen Gefolgsleuten*

Meine Herren, die Arbeit ist für heute getan. Sie sind bis zum Morgen frei.

Die Räuber zerstreuen sich langsam in kleine Gruppen. Einige gehen in die Höhle. Andere setzen sich hin oder legen sich im Freien zum Schlafen nieder. Ein paar holen ein Päckchen Karten zum Vorschein und verschwinden auf die Straße zu, denn es stehen nur die Sterne am Himmel, und sie wissen, daß Autos Lampen haben, die man so drehen kann, daß sie beim Kartenspielen leuchten.

STRAKER *ruft hinter ihnen her*

Nicht, daß einer von euch am Wagen rumfummelt, hört ihr?

MENDOZA

Keine Angst, Herr Chauffeur. Das erste Auto, das wir gekapert haben, hat ihnen ne Lehre erteilt.

STRAKER

Was hat es denn gemacht?

MENDOZA

Es trug drei von unseren tapferen Kameraden, die nicht wußten, wie sie's zum Halten kriegen sollten, nach Granada hinein und kippte sie genau vor der Polizeistation auf die Straße. Seitdem rühren wir kein Auto an, ohne den Chauffeur zu holen. Wollen wir uns ein wenig unterhalten.

TANNER

Aber sehr gern.

Tanner, Mendoza und Straker setzen sich am Feuer auf den Rasen nieder. Mendoza läßt zartfühlend seine Präsidentenwürde außer acht, deren äußeres Zeichen das Recht ist, auf dem Steinblock zu sitzen; er setzt sich wie seine Gäste auf den Boden und benutzt den Stein lediglich als Rückenstütze.

MENDOZA

In Spanien ist es Sitte, die Geschäfte immer auf den morgigen Tag zu verschieben. Sie sind tatsächlich nach Büroschluß angekommen. Wenn Sie indessen die Frage des Lösegeldes gleich regeln wollen, so stehe ich Ihnen zur Verfügung.

TANNER

Für mich ist es morgen früh genug. Ich bin so reich, daß ich jede vernünftige Summe bezahlen kann.

MENDOZA *ehrfurchtsvoll, durch diese Offenheit sehr beeindruckt*

Sie sind ein beachtenswerter Mann, mein Herr. Gewöhnlich bezeichnen sich unsere Gäste als völlig verarmt.

TANNER

Pah! Völlig verarmte Leute besitzen kein Auto.

MENDOZA

Das ist genau das, was ich ihnen immer sage.

TANNER
Behandeln Sie uns gut. Wir werden uns nicht undankbar zeigen.

STRAKER
Kein gekochtes Kaninchen mit Kaktusfeigen, wissen Sie. Erzählen Sie uns nur nicht, daß Sie uns nicht was besseres bieten können, wenn Sie wollen.

MENDOZA
Wenn Sie bar bezahlen, können wir Wein, Lammfleisch, Milch, Käse und Brot besorgen.

STRAKER *dankbar*
Jetzt reden Sie vernünftig.

TANNER
Darf ich fragen, ob Sie hier alle Sozialisten sind?

MENDOZA *wehrt sich gegen diese erniedrigende Verdächtigung*
Oh nein, nein, nichts der Art, ich versichere Sie. Natürlich haben wir moderne Anschauungen, was die Ungerechtigkeit der augenblicklichen Verteilung des Reichtums betrifft, sonst würden wir unsere Selbstachtung verlieren. Aber nichts, gegen das Sie Einwände haben könnten – nur zwei oder drei Fanatiker.

TANNER
Ich wollte damit gar nichts Herabsetzendes andeuten. Tatsächlich bin ich selber ein wenig ein Sozialist.

STRAKER
Ich stelle fest, das sind die meisten reichen Leute.

MENDOZA
Genau das. Es ist auch bis zu uns vorgedrungen, das gebe ich zu. Es liegt in der Luft des Jahrhunderts.

STRAKER
Wenn ihre Burschen Geschmack daran finden, müßte der Sozialismus sein Haupt erheben.

MENDOZA

Das ist wahr, mein Herr. Eine Bewegung, die sich auf Philosophen und anständige Leute beschränkt, kann niemals einen wirklichen politischen Einfluß erlangen: es sind zu wenige. Erst wenn eine Bewegung sich fähig erweist, sich unter Räubern zu verbreiten, kann sie auf eine politische Majorität hoffen.

TANNER

Aber seid ihr Räuber weniger anständig als der Durchschnittsbürger?

MENDOZA

Mein Herr, ich will offen zu Ihnen sein. Das Räubertum ist unnormal. Unnormale Berufe ziehen zwei Klassen an: diejenigen, die für ein gewöhnliches bürgerliches Leben nicht gut genug sind und die, die dafür zu gut sind. Wir sind Bodensatz und Sahne, mein Herr: der Bodensatz ist sehr schmutzig, die Sahne sehr wertvoll.

STRAKER

Vorsicht! Der Bodensatz könnte sie hören.

MENDOZA

Das macht nichts. Jeder Räuber glaubt, daß er zur Sahne gehört, und es macht ihm Spaß, wenn man die andern als Bodensatz bezeichnet.

TANNER

Hm, Sie sind ein geistreicher Mann.

Mendoza verneigt sich geschmeichelt

Darf ich eine offene Frage stellen?

MENDOZA

So offen wie Sie wollen.

TANNER

Lohnt es sich denn für einen Mann von Ihrer Begabung, bei gekochtem Kaninchen und Kaktusfeigen eine solche Herde zu hüten? Ich habe weniger fähige Männer gesehen, und ich möchte schwören, weniger ehrliche, die im Savoy Gänseleberpastete mit Champagner speisten.

MENDOZA

Pah! die sind alle mal mit dem gekochten Kaninchen an der Reihe gewesen, genau so wie ich mit dem Savoy an der Reihe sein werde. Ich bin sogar schon damit an der Reihe gewesen – als Kellner.

TANNER

Ein Kellner! Sie setzen mich in Erstaunen!

MENDOZA *nachdenklich*

Ja: Ich, Mendoza von der Sierra war Kellner. Daher stammt wahrscheinlich mein Kosmopolitentum.

Mit plötzlicher Eindringlichkeit

Soll ich Ihnen meine Lebensgeschichte erzählen?

STRAKER *beunruhigt*

Wenn sie nicht zu lang ist, alter Knabe –

TANNER *unterbricht ihn*

Still, Henry, Sie sind ein Philister, Sie haben keine Phantasie im Leib.

zu Mendoza

Ich interessiere mich außerordentlich für Sie, Präsident, kümmern Sie sich nicht um Henry. Er kann ja schlafen.

MENDOZA

Die Frau, die ich liebte –

STRAKER

Oh, das ist dann wohl eine Liebesgeschichte? Gut! Machen Sie weiter. Ich hatte nur Angst, Sie wollten über sich selbst reden.

MENDOZA

Über mich selbst! Ich habe mich selbst um ihretwillen weggeworfen; darum bin ich hier. Ihretwegen ist die Welt für mich verloren. Sie hatte, darauf gebe ich Ihnen mein Wort, das herrlichste Haar, das ich je gesehen habe. Sie hatte Humor, sie hatte Verstand, sie konnte perfekt kochen, und ihr lebhaftes Temperament machte sie ungleichmäßig, unberechenbar, wechselhaft, kapriziös, grausam, in einem Wort: bezaubernd.

STRAKER

Eine Frau aus einem Sechs-Shilling-Roman, alles bis auf das Kochen. Ihr Name war Lady Gladys Plantagenet, nicht wahr?

MENDOZA

Nein, mein Herr. Sie war keines Grafen Tochter. Die Photographie, Reproduktionen im Autotypie-Verfahren hat mich mit der Erscheinung der Töchter des englischen Adels bekannt gemacht; und ich kann ehrlich sagen: ich hätte diese ganze Bande, einschließlich Gesichtern, Aussteuern, Kleidern, Titeln und allem für ein Lächeln dieser Frau gegeben. Und doch war sie eine Frau aus dem Volk, eine Arbeiterin, sonst – lassen Sie mich Ihre Offenheit meinerseits vergelten, hätte ich sie verschmäht.

TANNER

Das ehrt Sie. Und hat sie Ihre Liebe erwidert?

MENDOZA

Wäre ich dann hier? Sie weigerte sich, einen Juden zu heiraten.

TANNER

Aus religiösen Gründen?

MENDOZA

Nein, sie war Freidenkerin. Sie sagte, jeder Jude sei im Innersten davon überzeugt, daß die Engländer schmutzig sind.

TANNER *überrascht*

Schmutzig?

MENDOZA

Es bewies ihre außerordentliche Weltkenntnis, denn es ist zweifellos wahr. Unsere ausgetüftelten Reinlichkeitsvorschriften lassen uns die Nichtjuden ungerechterweise verachten.

TANNER

Haben Sie das jemals gehört, Henry?

STRAKER

Meine Schwester hat das mal gesagt. Sie war mal Köchin bei einer jüdischen Familie.

MENDOZA

Ich konnte es nicht abstreiten. Und ich konnte den Eindruck, den es auf sie gemacht hat, nicht auslöschen. Jeden anderen Einwand hätte ich überwinden können, aber keine Frau verträgt die Verdächtigung, körperlich unsauber zu sein. Alle meine Beteuerungen waren vergeblich; sie gab mir immer zur Antwort, sie sei nicht gut genug für mich, und sie riet mir, eine verdammte Bardame namens Rebecca Lazarus zu heiraten, die ich abscheulich fand. Ich sprach von Selbstmord. Sie bot mir ein Päckchen Insektenpulver an, um mich damit zu vergiften. Ich deutete einen Mord an; sie wurde hysterisch. Und da ich ja offensichtlich noch lebe, fuhr ich nach Amerika, damit sie ruhig schlafen konnte, ohne davon zu träumen, daß ich die Treppe heraufgeschlichen käme, um ihr die Kehle durchzuschneiden. In Amerika ging ich in den Westen und traf dort einen Mann, der wegen eines Eisenbahnüberfalls von der Polizei gesucht wurde. Er war es, der die Idee hatte, im Süden Europas Autos zu überfallen. Diese Idee war mir, einem verzweifelten und enttäuschten Mann, willkommen. Er gab mir ein paar wertvolle Empfehlungsschreiben an Kapitalisten der richtigen Sorte. Ich gründete ein Syndikat; und das Ergebnis ist das augenblickliche Unternehmen. Ich wurde der Anführer, so wie ein Jude wegen seines Verstandes und seiner Fantasie immer Führer wird. Aber bei allem Stolz auf meine Rasse. Ich gäbe alles her, was ich besitze, um ein Engländer zu sein. Ich bin wie ein Junge. Ich schneide ihren Namen in Baumrinden und zeichne ihre Initialen in den Boden. Wenn ich allein bin, lege ich mich nieder, raufe mein elendes Haar und schreie Louisa –

STRAKER *fährt auf*

Louisa?

MENDOZA

Das ist ihr Name – Louisa – Louisa Straker –

TANNER

Straker?

STRAKER *richtet sich empört auf den Knien auf*

Hören Sie mal, Louisa Straker ist meine Schwester. Was soll das heißen, so über sie zu schwafeln. Was hatse mit dir zu schaffen?

MENDOZA

Ein dramatischer Zufall! Sie sind Enry, ihr Lieblingsbruder!

STRAKER

Wen nennste hier Enry? Was bildste dir ein, mein' Namen un ihren inn Mund zu nehmen? Noch ein Wort, un ich hau dir eins rein.

MENDOZA *mit großartiger Ruhe*

Wenn ich Ihnen das erlaube, wollen Sie mir dann versprechen, daß Sie sich nachher damit vor ihr brüsten? Sie wird an ihren Mendoza erinnert werden, das ist alles, was ich mir wünsche.

TANNER

Das ist wahre Ergebenheit, Henry. Du solltest sie respektieren.

STRAKER

Viel wahrscheinlicher ists einfach Angabe.

MENDOZA *springt auf*

Angabe! Junger Mann, ich komme aus einer Familie berühmter Kämpfer, und – das weiß Ihre Schwester ganz

Berge blicken, zu diesem göttlichen Himmel aufsehen, diese köstliche Luft atmen und dabei reden wie ein literarischer Lohnschreiber in einem zweiten Stock in Bloomsbury?

MENDOZA *schüttelt den Kopf*

Wenn das Neue erst einmal da ist, ist die Sierra nicht besser als Bloomsbury. Und übrigens, diese Berge lassen einen von Frauen träumen, von Frauen mit herrlichem Haar.

TANNER

Kurz und gut, von Louisa. Mich werden sie nicht von Frauen träumen lassen, mein Freund; mein Herz ist ungebrochen.

MENDOZA

Prahlen Sie nicht, bevor der Morgen graut, mein Herr. Dies ist ein seltsames Land, was Träume anbetrifft.

TANNER

Nun, wir werden sehen. Gute Nacht.

Er legt sich nieder und rückt sich zum Schlafen zurecht, mit einem Seufzer folgt Mendoza seinem Beispiel; einige Augenblicke lang herrscht Frieden in der Sierra.

Dann setzt sich Mendoza plötzlich auf und sagt flehentlich zu Tanner –

MENDOZA

Erlauben Sie mir doch, Ihnen ein paar Zeilen vorzulesen, ehe Sie einschlafen. Ich würde wirklich gern Ihre Meinung darüber hören.

TANNER *verschlafen*

Also los, ich höre.

MENDOZA

Um Pfingsten sah ich dich zum ersten Mal,
Louisa, Louisa –

TANNER *rappelt sich auf*

Mein lieber Präsident, Louisa ist ein sehr hübscher Name, aber er reimt sich wirklich nicht auf: zum ersten Mal.

MENDOZA

Natürlich nicht. Louisa ist kein Reim, sondern der Refrain.

TANNER *beruhigt sich*

Aha, der Refrain, Verzeihung. Machen Sie weiter.

MENDOZA

Vielleicht machen Sie sich nichts aus diesem Gedicht. Ich glaube, das hier wird Ihnen besser gefallen.

Er rezitiert langsam, in sanftem, warmen Ton

Louisa, ich lieb dich
ich lieb dich, Louisa
Louisa, Louisa, Louisa, ich lieb dich
Ein Name, Ein Satz ist mein Lied, o Louisa
Louisa, Louisa, Louisa, ich lieb dich
Mendoza – er liebt dich
es liebt dich Mendoza
Mendoza verehrt dich, lebt nur für Louisa
Nichts anderes gibts in der Welt für Mendoza
Louisa, Louisa, Mendoza verehrt dich.

Affektiert

Es liegt kein Verdienst darin, um einen solchen Namen herum schöne Verse zu bilden. Louisa ist ein entzükkender Name, nicht wahr?

TANNER *der beinahe eingeschlafen ist, antwortet mit einem leisen Stöhnen*

MENDOZA

O wärst du, Louisa
Das Weib des Mendoza
Mendozas Louisa, Louisa Mendoza
Wie glücklich zu lesen von Louisas Mendoza
Wie schmerzlos sein Sehnen nach der Liebe der Louisa.

Das ist wahre Poesie – aus dem Herzen kommend – aus

dem innersten Herzen. Glauben Sie, daß es sie rühren wird?

Keine Antwort

MENDOZA *resigniert*

Eingeschlafen, wie gewöhnlich. Für mich Himmelsmusik, nur Hundegeheul für alle Welt! Ich Idiot, daß ich immer das Herz auf der Zunge haben muß!

Er legt sich zum Schlafen nieder, murmelt dabei

Louisa, ich lieb dich, ich lieb dich, Louisa; Louisa; Louisa, Louisa, Louisa, ich –

Straker schnarcht, wälzt sich auf die Seite, schläft dann wieder ein. Stille senkt sich auf die Sierra herab, die Dunkelheit wird tiefer. Das Feuer ist unter weißer Asche begraben und glüht nicht mehr. Die Berggipfel heben sich unergründbar und dunkel vom Sternenhimmel ab; dann werden die Sterne matt und verschwinden.

Der Himmel scheint in das Universum hinaus zu entschwinden. An Stelle der Sierra ist nichts mehr, ein allgegenwärtiges Nichts. Kein Himmel, keine Berggipfel, kein Licht, kein Laut, keine Zeit und kein Raum, äußerste Leere. Dann kommt von irgendwoher ein blasses Licht auf und mit diesem Licht ein schwaches, pulsendes Brummen, wie von einem geisterhaften Cello, auf dem der gleiche Ton gezupft wird. Dann fallen ein paar Geisterviolinen ein.

Gleichzeitig wird in dem leeren Raum, in dem blassen Licht, ein Mann sichtbar, ein unkörperlicher aber sichtbarer Mann, der absurderweise auf nichts sitzt. Während die Töne an ihm vorbeiströmen, hebt er einen Augenblick den Kopf. Dann läßt er ihn mit einem schwe-

ren Seufzer wieder sinken. Er scheint völlig niedergeschlagen zu sein, und die Violinen gehen entmutigt auf den Spuren ihrer Melodie zurück und geben schließlich auf. Sie werden vom Wimmern unheimlicher Blasinstrumente ausgelöscht, so:

Es ist alles sehr seltsam. Man erkennt in den Tönen etwas Mozartisches. Durch diese Andeutung und mit Hilfe violetter Funken in dem blassen Licht erkennt man die Tracht des Mannes, es ist die eines spanischen Edelmannes aus dem fünfzehnten bis sechzehnten Jahrhundert. Natürlich ist es Don Juan. Aber wo? warum? wie? Als er übrigens vorhin kurz das Gesicht gehoben hat, das jetzt von der breiten Hutkrempe verborgen ist, erinnerte er seltsamerweise etwas an Tanner. Es ist ein kritischeres, empfindlicheres, hübscheres Gesicht, aber blasser und kälter, ohne Tanners spontane Gutgläubigkeit und seinen Enthusiasmus und ohne einen Hauch seiner modernen plutokratischen Gewöhnlichkeit, und doch gleicht es ihm, es besteht sogar Identität. Dazu kommt der Name: Don Juan Tenorio, John Tanner. Wohin in aller Welt – oder sonstwo – sind wir hingeraten aus dem zwanzigsten Jahrhundert und aus der Sierra!

Ein zweites, blasses Licht taucht in der Leere auf, diesmal nicht violett, sondern von einem unangenehmen rauchigen Gelb. Gleichzeitig ertönt das Flüstern einer geisterhaften Klarinette, die die folgende Melodie in unendlicher Traurigkeit wiederholt:

das gelbliche blasse Licht bewegt sich, durch die Leere wandert eine alte zahnlose gebeugte Vettel, man errät, daß das grobe braune Gewand, das sie trägt, das Habit irgendeines religiösen Ordens ist. Sie geht langsam und ziellos umher, so wie eine Wespe schnell und ziellos umherfliegt, bis sie gegen das taumelt, was sie sucht: Gesellschaft. Das arme alte Wesen klammert sich mit einem Schluchzen der Erleichterung an die Gegenwart des Mannes und spricht ihn mit ihrer trockenen heiseren Stimme an, die immer noch Stolz und Entschlossenheit, aber auch Leiden ausdrücken kann.

DIE ALTE FRAU

Verzeihen Sie, aber ich bin so einsam, und hier ist es so schrecklich.

DON JUAN

Sie sind neu hier?

DIE ALTE FRAU

Ja, ich glaube, ich bin heute morgen gestorben. Ich habe gebeichtet. Ich habe die letzte Ölung bekommen, ich lag im Bett, meine Familie stand um mich herum und ich hatte die Augen auf das Kruzifix geheftet. Dann wurde es dunkel, und als das Licht wiederkam, war es dieses Licht, in dem ich gehe, ohne etwas zu sehen. Ich gehe seit Stunden in dieser schrecklichen Einsamkeit umher.

DON JUAN *seufzt*

Aha, Sie haben das Zeitgefühl noch nicht verloren. Man verliert es bald, in der Ewigkeit.

DIE ALTE FRAU

Wo sind wir?

DON JUAN

In der Hölle.

DIE ALTE FRAU *hochmütig*

In der Hölle? Ich in der Hölle? Wie können Sie es wagen!

DON JUAN *ungerührt*

Und warum nicht Señora?

DIE ALTE FRAU

Sie wissen nicht, mit wem Sie sprechen. Ich bin eine Dame und eine treue Tochter der Kirche.

DON JUAN

Daran zweifle ich nicht.

DIE ALTE FRAU

Aber wie kann ich dann in der Hölle sein? Vielleicht im Fegefeuer. Ich war nicht vollkommen; wer ist das schon? Aber Hölle? Oh, Sie lügen!

DON JUAN

In der Hölle Señora, ich versichere Sie. In der Hölle, da wo sie am besten ist, das heißt, am einsamsten – aber vielleicht hätten Sie gern Gesellschaft?

DIE ALTE FRAU

Aber ich habe ehrlich bereut; ich habe gebeichtet –

DON JUAN

Wieviel?

DIE ALTE FRAU

Ich habe mehr Sünden gebeichtet, als ich begangen habe. Ich beichtete so gern.

DON JUAN

Ach, das ist vielleicht ebenso schlimm wie zu wenig zu beichten. Aber ganz sicher sind Sie Señora – ob nun durch Versehen oder Absicht – genau so verdammt wie ich. Und wir können jetzt nichts mehr tun, als das beste draus zu machen.

DIE ALTE FRAU *indigniert*

Oh, da hätte ich ja viel schlechter sein können! Und alle meine guten Taten umsonst! Das ist ungerecht!

DON JUAN

Nein, Sie sind klar und ausgiebig gewarnt worden. Für Ihre schlechten Taten: Stellvertretende Sühne, Barmherzigkeit statt Gerechtigkeit. Für Ihre guten Taten: Gerechtigkeit ohne Barmherzigkeit. Wir haben hier viele gute Menschen.

DIE ALTE FRAU

Waren Sie ein guter Mensch?

DON JUAN

Ich war ein Mörder.

DIE ALTE FRAU

Ein Mörder! Wie kann man es wagen, mich an einen Ort zu schicken, wo ich mit Mördern zusammen bin. So schlecht war ich doch nicht, ich war eine gute Frau. Es muß ein Versehen vorliegen. Wo kann ich mich beschweren?

DON JUAN

Ich weiß nicht, ob Fehler hier berichtigt werden können. Wahrscheinlich werden sie einen Fehler nicht zugeben, selbst wenn sie ihn begangen haben.

DIE ALTE FRAU

Aber wen kann ich fragen?

DON JUAN

Ich würde den Teufel fragen, Señora; er kennt sich hier aus; was ich von mir nicht sagen kann.

DIE ALTE FRAU

Der Teufel! ich soll mit dem Teufel sprechen?

DON JUAN

In der Hölle, Señora, ist der Teufel die Spitze der besten Gesellschaft.

DIE ALTE FRAU

Ich sage Ihnen, Sie Elender, ich weiß bestimmt, daß ich nicht in der Hölle bin.

DON JUAN

Wie wollen Sie das wissen?

DIE ALTE FRAU

Weil ich keinen Schmerz fühle!

DON JUAN

Oh, dann gibt es keinen Zweifel. Sie sind nicht aus Versehen verdammt.

DIE ALTE FRAU

Warum sagen Sie das?

DON JUAN

Weil die Hölle, Señora, der Ort für die Bösen ist. Die Bösen fühlen sich dort ganz behaglich; der Ort wurde für Sie geschaffen. Sie sagen mir, daß Sie keinen Schmerz fühlen. Daraus schließe ich, daß Sie eine von denen sind, für die die Hölle da ist.

DIE ALTE FRAU

Fühlen Sie auch keinen Schmerz?

DON JUAN

Ich bin keiner von den Bösen, Señora, darum langweilt die Hölle mich, langweilt mich unbeschreiblich, unglaublich.

DIE ALTE FRAU

Sie sind keiner von den Bösen? Sie sagten doch, Sie seien ein Mörder.

DON JUAN

Es war nur ein Duell. Ich rannte mein Schwert in einen alten Mann, der versuchte, sein Schwert in mich zu rennen.

DIE ALTE FRAU

Wenn Sie ein Edelmann waren, so war das kein Mord.

DON JUAN

Der alte Mann nannte es Mord, denn er verteidigte, wie er sagte, die Ehre seiner Tochter. Damit meinte er folgendes: weil ich mich törichterweise in seine Tochter verliebte und es ihr sagte, kreischte sie, und er versuchte, mich zu ermorden, nachdem er mir alle möglichen Beleidigungen an den Kopf geworfen hatte.

DIE ALTE FRAU

Sie waren wie alle Männer. Wüstlinge und Mörder, sie alle, alle, alle!

DON JUAN

Und doch treffen wir uns hier, teure Dame –

DIE ALTE FRAU

Hören Sie. Mein Vater wurde von einem Schurken erschlagen, wie Sie einer sind, in einem ebensolchen Duell, wegen genau der gleichen Sache. Ich kreischte. Das war meine Pflicht. Mein Vater zog das Schwert gegen meinen Angreifer. Seine Ehre erforderte es. Er fiel. Das war der Preis der Ehre. Ich bin hier in der Hölle, wie Sie mir sagen, das ist der Preis der Pflicht. Gibt es denn keine Gerechtigkeit im Himmel?

DON JUAN

Nein, aber es gibt Gerechtigkeit in der Hölle. Der Himmel steht weit über solch eitlen menschlichen Werten. Man wird Sie in der Hölle willkommen heißen, Señora. Die Hölle ist die Heimat von Ehre, Pflicht, Gerechtigkeit und dem Rest der sieben Tod-Tugenden. Alles Böse auf Erden geschieht im Namen dieser Tugenden, wo sonst als in der Hölle sollten sie ihren Lohn finden? Habe ich Ihnen nicht gesagt, daß die wahrhaft Verdammten die sind, die in der Hölle glücklich sind?

DIE ALTE FRAU

Und sind Sie hier glücklich?

DON JUAN *springt auf*

Nein! Und das ist das Rätsel, worüber ich grüble. Warum bin ich hier? Ich, der aller Pflicht abgeschworen hatte, der die Ehre mit Füßen trat und der Gerechtigkeit ins Gesicht lachte!

DIE ALTE FRAU

Oh, was kümmert es mich, warum Sie hier sind? Warum bin ich hier? Ich, die ich alle meine Neigungen weiblicher Tugend und Ehrbarkeit zum Opfer brachte?

DON JUAN

Geduld, meine Dame, Sie werden sich hier vollkommen glücklich und zu Hause fühlen. Wie sagt doch der Dichter? »Die Hölle ist eine Stadt, ganz ähnlich Sevilla.«

DIE ALTE FRAU

Glücklich? Hier? Wo ich ein Nichts bin? Wo ich ein Niemand bin?

DON JUAN

Aber ganz und gar nicht. Sie sind eine Dame; und wo Damen sind, ist die Hölle. Seien Sie nicht überrascht oder erschrocken. Sie werden hier alles finden, was eine Dame nur wünschen kann, einschließlich der Teufel, die Ihnen dienen werden aus reiner Liebe zur Knechtschaft, und die Ihre Bedeutung vergrößern werden, um ihren Dienst ehrenvoller erscheinen zu lassen – die besten Diener.

DIE ALTE FRAU

Meine Diener werden Teufel sein.

DON JUAN

Haben Sie je Diener gehabt, die keine Teufel waren?

DIE ALTE FRAU

Niemals; sie waren Teufel, die reinen Teufel, alle miteinander. Aber das ist nur eine Redensart. Ich dachte, Sie wollten sagen, meine Diener hier würden wirkliche Teufel sein.

DON JUAN

Als Teufel nicht wirklicher Teufel als Sie als Dame wirkliche sind. Nichts hier ist wirklich. Das ist der Schrecken der Verdammnis.

DIE ALTE FRAU

Oh, das alles ist Wahnsinn. Das ist schlimmer als das Feuer und der Wurm.

DON JUAN

Vielleicht gibt es etwas, was Sie trösten kann. Zum Beispiel: wie alt waren Sie, als Sie aus der Zeit in die Ewigkeit hinüberwechselten?

DIE ALTE FRAU

Fragen Sie mich nicht, wie alt ich war – als gehörte ich der Vergangenheit an. Ich bin 77.

DON JUAN

Ein reifes Alter, Señora. Aber in der Hölle duldet man das Alter nicht. Es ist zu wirklich. Hier beten wir die Liebe und die Schönheit an. Da unsere Seelen völlig verdammt sind, kultivieren wir unsere Herzen. Als eine Dame von 77 würden Sie nicht einen Bekannten in der Hölle treffen.

DIE ALTE FRAU

Was kann ich für mein Alter, Mann?

DON JUAN

Sie vergessen, daß Sie Ihr Alter im Bereich der Zeit zurückgelassen haben – Sie sind ebenso wenig 77, wie sie 7 oder 17 oder 27 sind.

DIE ALTE FRAU

Unsinn!

DON JUAN

Bedenken Sie, Señora. War dies nicht sogar wahr, als Sie noch auf der Erde lebten? Als Sie 70 waren, waren Sie da unter Ihren Runzeln und Ihrem grauen Haar wirklich älter als in Ihrem dreißigsten Jahr?

DIE ALTE FRAU

Nein, jünger. Mit dreißig war ich eine Närrin. Aber was nutzt es, sich jünger zu fühlen, wenn man älter aussieht?

DON JUAN

Sehen Sie, Señora, das Aussehen war nur eine Illusion. Ihre Runzeln logen genauso wie die glatte, weiche Haut manchen dummen Mädchens von siebzehn über deren Alter lügt, wenn sie schwermütig ist und veraltete Ideen hat. Nun, hier haben wir keinen Körper. Wir sehen einander nur darum körperlich, weil wir im Leben gelernt haben, einander auf diese Weise zu sehen, und da wir keine andere Denkweise kennen, denken wir immer noch so. Aber wir können einander in jedem beliebigen Alter erscheinen. Sie brauchen sich nur das Aussehen zu irgend einer Zeit Ihres Lebens wünschen, dann kommt es zurück.

DIE ALTE FRAU

Das kann nicht wahr sein!

DON JUAN

Versuchen Sie es.

DIE ALTE FRAU

Siebzehn!

DON JUAN

Einen Augenblick! Bevor Sie sich entscheiden, sollte ich Ihnen sagen, daß diese Dinge der Mode unterliegen. Manchmal ist siebzehn die Mode, aber das dauert nie lange. Im Augenblick ist das modische Alter vierzig oder sagen wir siebenunddreißig; aber es gibt schon Anzeichen für einen Wechsel. Wenn Sie mit siebenundzwanzig gut ausgesehen haben, so würde ich vorschlagen, das zu versuchen und damit eine neue Mode zu kreieren.

DIE ALTE FRAU

Ich glaube kein Wort von dem, was Sie sagen. Also – meinetwegen siebenundzwanzig.

Im Nu wird aus der alten Frau eine junge, prächtig gekleidete und so hübsch, daß man sie in dem strahlen-

den Licht, in das der dumpfe gelbe Schimmer sich plötzlich verwandelt hat, fast mit Ann Whitefield verwechseln könnte.

DON JUAN

Doña Aña de Ulloa.

AÑA

Wie? Sie kennen mich?

DON JUAN

Und Sie haben mich vergessen!

AÑA

Ich kann Ihr Gesicht nicht sehen.

Er nimmt den Hut ab

Don Juan Tenorio! Sie Ungeheuer! Sie, der meinen Vater erschlagen hat! Sogar bis hierher verfolgen Sie mich!

DON JUAN

Ich protestiere. Ich verfolge Sie nicht. Erlauben Sie, daß ich mich zurückziehe.

er geht

AÑA *ergreift ihn am Arm*

Sie dürfen mich an diesem schrecklichen Ort nicht allein lassen.

DON JUAN

Unter der Bedingung, daß mein Bleiben nicht als Verfolgen ausgelegt wird.

AÑA *Läßt ihn los*

Sie sollten sich wirklich darüber wundern, daß ich Ihre Gegenwart ertragen kann. Mein lieber, lieber Vater!

DON JUAN

Möchten Sie ihn sehen?

AÑA

Mein Vater? Hier!

DON JUAN

Nein, er ist im Himmel.

AÑA

Ich wußte es. Mein edler Vater! Er sieht jetzt auf uns hernieder. Was muß er fühlen, wenn er seine Tochter an diesem Ort erblickt und dazu in Konversation mit seinem Mörder.

DON JUAN

Übrigens, wenn Sie ihn treffen sollten –

AÑA

Wie kann ich ihn denn treffen? Er ist im Himmel.

DON JUAN

Er läßt sich herab, von Zeit zu Zeit hier bei uns hereinzuschauen. Der Himmel langweilt ihn. Also, ich muß Sie warnen. Er wäre tödlich beleidigt, wenn Sie von mir als von seinem Mörder sprächen. Er besteht darauf, daß er ein viel besserer Fechter war als ich, und daß er, wenn er nicht ausgerutscht wäre, mich getötet hätte. Ohne Zweifel hat er recht, ich war kein guter Fechter. Ich versuche nie, das zu bestreiten, daher sind wir ausgezeichnete Freunde.

AÑA

Für einen Krieger ist es nicht unehrenhaft, auf seine Geschicklichkeit im Waffengebrauch stolz zu sein.

DON JUAN

Wahrscheinlich würden Sie es vorziehen, ihn nicht zu sehen.

AÑA

Wie können Sie es wagen, so etwas zu sagen!

DON JUAN

Oh, man hat hier allgemein dieses Gefühl. Vielleicht erinnern Sie sich noch, daß wir – auch wenn wir es natürlich nie zugaben – beim Tod eines Menschen den wir kannten, sogar bei denen, die uns die liebsten waren, immer auch eine gewisse Befriedigung fühlten, ihn endgültig los zu sein.

AÑA

Sie Ungeheuer! Niemals, niemals!

DON JUAN *gleichmütig*

Ich sehe, Sie erkennen das Gefühl. Ja, ein Begräbnis war immer ein Fest in Schwarz, besonders das Begräbnis eines Verwandten. Übrigens werden Familienbande kaum anerkannt. Ihr Vater ist daran gewöhnt; er würde von Ihnen keine Ergebenheit erwarten.

AÑA

Ich habe mein Leben lang Trauer um ihn getragen.

DON JUAN

Ja, Schwarz stand Ihnen. Aber ein Leben der Trauer ist eine Sache, eine Ewigkeit der Trauer eine andere. Übrigens sind Sie hier genau so tot wie er. Kann es etwas Lächerlicheres geben, als wenn ein Toter einen anderen betrauert. Machen Sie kein so entsetztes Gesicht, meine liebe Aña, und regen Sie sich nicht auf, es gibt Schwindel genug in der Hölle (es gibt in Wirklichkeit kaum etwas anderes hier) aber den Schwindel über Tod und Alter und Veränderung läßt man fallen, weil wir hier alle tot und ewig sind. Sie werden sich bald an unsere Sitten gewöhnen.

AÑA

Und werden alle Männer mich ihre liebe Aña nennen?

DON JUAN

Nein. Das war ein Versprecher. Ich bitte um Verzeihung.

AÑA *fast zärtlich*

Juan: hast du mich wirklich geliebt, als du dich mir gegenüber so abscheulich benahmst?

DON JUAN *ungeduldig*

Oh, ich bitte Sie, nicht von Liebe anzufangen. Hier reden sie von nichts anderem als von Liebe. Sie ist Schönheit, Heiligkeit, Geistigkeit, der Teufel weiß was sonst noch – entschuldigen Sie mich, aber es langweilt mich so schrecklich! Sie wissen nicht, wovon sie reden; ich weiß es. Sie glauben, daß sie die vollkommene Liebe erreicht haben, weil sie keinen Köper mehr haben. Reine Ausschweifung der Phantasie! Pfui!

AÑA

Hat nicht einmal der Tod Ihre Seele veredeln können, Juan? Hat das schreckliche Urteil, dessen Vollstrecker die Statue meines Vaters war, Sie nicht Ehrfurcht gelehrt?

DON JUAN

Wie geht es übrigens dieser sehr schmeichelhaften Statue? Kommt sie immer noch zum Abendessen unartiger Leute und wirft sie in den bodenlosen Abgrund?

AÑA

Sie hat mir große Unkosten verursacht. Die Jungen in der Klosterschule konnten sie nicht in Ruhe lassen, die unartigen beschädigten sie und die fleißigen schrieben ihre Namen darauf. In zwei Jahren drei neue Nasen, und endlose Reparaturen an den Fingern. Ich mußte sie schließlich ihrem Schicksal überlassen; und ich fürchte, sie ist jetzt schrecklich verstümmelt. Mein armer Vater!

DON JUAN

Hören Sie!

Zwei großartige Akkorde rollen in Synkopen auf Tonwellen und brechen dann durch. Es ist d-Moll und die Dominante, ein Klang schrecklicher Freude für alle Musiker

Ha! Mozarts Statuen-Musik. Es ist Ihr Vater. Verschwinden Sie lieber, bis ich ihn vorbereitet habe.

Sie verschwindet.

Aus dem Leeren kommt eine lebende Statue aus weißem Marmor, die einen majestätischen alten Mann darstellen soll, aber er überspielt seine Erhabenheit mit un-

endlicher Anmut, geht mit federleichtem Schritt und läßt jede Falte seines im Kampf verwitterten Gesichts von Ferienfröhlichkeit sprühen. Er verdankt dem Bildhauer eine durchtrainierte Figur, die er aufrecht und elastisch hält; die Enden seines Schnurrbarts sind nach oben gezwirbelt, elastisch wie Uhrfedern; sie geben ihm ein Aussehen, das man, wäre nicht seine spanische Würde, flott nennen würde. Seine Beziehungen zu Don Juan sind äußerst freundlich. Seine Stimme gleicht, wenn man von dem viel distinguierteren Tonfall absieht, so sehr der Stimme von Roebuck Ramsden, daß man darauf aufmerksam wird, daß sich die beiden trotz der ganz-anderen Manier, sich zu rasieren, nicht unähnlich sind.

DON JUAN

Ah, da sind Sie ja, mein Freund. Warum lernen Sie nicht, die herrliche Musik zu singen, die Mozart für Sie geschrieben hat?

DIE STATUE

Unglücklicherweise hat er sie für eine Baßstimme geschrieben. Ich habe ein Falsett. Nun, haben Sie schon bereut?

DON JUAN

Es wäre rücksichtslos gegen Sie, Don Gonzale. Wenn ich es täte, hätten Sie keinen Grund mehr vom Himmel herunterzukommen, um mit mir zu streiten.

DIE STATUE

Das ist wahr. Bleiben Sie verstockt, mein Junge. Ich wünschte, ich hätte Sie getötet, wie es auch geschehen wäre ohne diesen Unfall, dann wären Sie jetzt eine Statue und ständen im Ruf der Frömmigkeit und müßten ihn aufrechterhalten. Irgendwelche Neuigkeiten?

DON JUAN

Ja. Ihre Tochter ist gestorben.

DIE STATUE *verwirrt*

Meine Tochter?

erinnert sich

Oh, die, in die Sie verliebt waren. Lassen Sie mich sehen; wie war noch ihr Name?

DON JUAN

Aña

DIE STATUE

Natürlich, Aña. Ein hübsches Mädchen, wenn ich mich recht erinnere. Haben Sie den Wieheißternoch gewarnt? Ihren Mann.

DON JUAN

Meinen Freund Ottavio? Nein, ich habe ihn seit Aña hier ist, noch nicht gesehen.

Aña tritt zornig in Erscheinung

AÑA

Was soll das bedeuten? Ottavio ist hier und er ist Ihr Freund? Und du, Vater, hast meinen Namen vergessen, Du bist wirklich zu Stein geworden.

DIE STATUE

Mein liebes Kind, ich wurde in Marmor so viel mehr bewundert als in Fleisch und Blut, daß ich die Form, die der Bildhauer mir gab, beibehalten habe. Er war einer der besten Bildhauer seiner Zeit, das mußt du anerkennen.

AÑA

Vater! Eitelkeit! Persönliche Eitelkeit bei dir?

DIE STATUE

Ach, du hast diese Schwäche überlebt, meine Tochter, du mußt inzwischen beinahe achtzig sein. Ich wurde (durch einen Zufall) in meinem vierundsechzigsten Jahr dahingemäht und bin infolgedessen viel jünger als du. Übrigens mein Kind, an diesem Ort läßt man das, was dein liederlicher Freund die Farce elterlicher Weisheit nennen würde, fallen. Ich bitte dich, betrachte mich als Mitmenschen, nicht als Vater.

AÑA

Du sprichst so, wie dieser Schurke spricht.

DIE STATUE

Juan ist ein klarer Denker, Aña. Ein schlechter Fechter, aber ein klarer Denker.

AÑA *Schrecken überkommt sie*

Ich beginne zu verstehen. Dies sind Teufel, die mich narren. Ich sollte beten.

DIE STATUE *tröstet sie*

Nein, nein, nein, mein Kind, bete nicht. Wenn du es tust, wirfst du den größten Vorteil, den dieser Ort bietet, von dir. Über dem Tor hier stehen die Worte: »Die ihr hier eintretet, laßt alle Hoffnung fahren.« Denk doch, was für eine Erleichterung das ist. Denn was ist Hoffnung? Eine Form moralischer Verantwortlichkeit. Hier gibt es keine Hoffnung, und infolgedessen keine Pflicht, keine Arbeit, nichts, das man durch Gebet erreichen könnte, nichts das man verlieren könnte, indem man tut, was einem beliebt. Die Hölle, kurz gesagt, ist der Ort, wo du nichts zu tun brauchst als dich zu amüsieren.

Don Juan seufzt tief

Sie seufzen, Freund Juan, aber wenn Sie im Himmel wohnten wie ich, würden Sie den Vorteil feststellen.

DON JUAN

Sie sind heute gut gelaunt, Komtur. Sie sind einfach geistreich. Was ist denn los?

DIE STATUE

Ich habe eine wichtige Entscheidung getroffen, mein Junge. Zunächst: Wo ist unser Freund, der Teufel? Ich muß ihn in dieser Sache um Rat fragen. Und ohne Zweifel möchte Aña seine Bekanntschaft machen.

AÑA

Du bereitest irgendeine Folter für mich vor.

DON JUAN

Das ist nur Aberglaube, Aña. Beruhigen Sie sich. Denken Sie daran, der Teufel ist nicht so schwarz, wie er gemalt wird.

DIE STATUE

Ich will ihn rufen.

Auf einen Wink der Statue beginnen die Akkorde wieder zu dröhnen, aber diesmal vermischt sich die Mozartsche Musik auf groteske Weise mit der Gounods. Ein scharlachroter Lichtkreis glüht auf, darin erhebt sich der Teufel, sehr mephistophelisch; er ist Mendoza nicht unähnlich, wenn auch nicht so interessant. Er sieht älter aus, hat vorzeitig eine Glatze bekommen und ist trotz übertriebener Gutmütigkeit und Freundlichkeit gekränkt und empfindlich, wenn sein Entgegenkommen nicht erwidert wird. Man hat kein großes Zutrauen zu seiner Arbeitskraft und Ausdauer, im Ganzen gesehen sieht er unangenehm haltlos aus; aber er ist klug und einnehmend, wenn auch viel weniger wohlerzogen als die beiden anderen Männer, und außerordentlich viel weniger vital als die Frau.

DER TEUFEL *herzlich*

Habe ich wieder einmal das Vergnügen, den Besuch des berühmten Komturs von Calatrava zu empfangen?

kalt

Ihr Diener, Don Juan.

höflich

Und eine fremde Dame? Meine Hochachtung, Señora.

DOÑA AÑA

Sind Sie –

DER TEUFEL *verneigt sich*

Luzifer, zu Ihren Diensten.

AÑA

Ich werde wahnsinnig.

DER TEUFEL *galant*

Aber Señora. Haben Sie doch keine Angst. Sie kommen von der Erde zu uns und sind voll von den Vorurteilen und Ängsten dieses Ortes, der unter Priesterherrschaft steht. Dort wird schlecht über mich geredet. Glauben Sie mir, ich habe dort auch Heerscharen von Freunden.

AÑA

Ja, Sie herrschen in ihren Herzen.

DER TEUFEL *schüttelt den Kopf*

Sie schmeicheln mir, Señora; aber Sie irren sich. Es ist wahr, daß die Welt nicht ohne mich fertig werden kann, aber sie will es nicht wahr haben, denn in ihrem Herzen mißtraut sie mir und haßt mich. Die Sympathien der Welt gelten dem Elend, der Armut, der Not des Leibes und des Herzens. Ich rufe sie dazu auf, mit der Freude zu sympathisieren, mit der Liebe, dem Glück und der Schönheit –

DON JUAN *dem übel wird*

Entschuldigen Sie mich, ich gehe. Sie wissen, daß ich das nicht hören kann.

DER TEUFEL *ärgerlich*

Ja, ich weiß, Sie sind nicht mein Freund.

DIE STATUE

Was tut er Ihnen denn, Juan? Mir schien, er sprach sehr vernünftig, als Sie ihn unterbrochen haben.

DER TEUFEL *tätschelt herzlich die Hand der Statue*

Ich danke Ihnen, mein Freund, ich danke Ihnen. Sie haben mich immer verstanden; er hat mich immer herabgesetzt und gemieden.

DON JUAN

Ich habe Sie mit vollkommener Höflichkeit behandelt.

DER TEUFEL

Höflichkeit? Was ist Höflichkeit? Ich gebe nichts um reine Höflichkeit. Ich will Herzenswärme, aufrichtige Zuneigung, Pfänder der Sympathie mit Liebe und Freude –

DON JUAN

Mir wird übel –

DER TEUFEL

Da haben wirs.

Wendet sich an die Statue

Sie hören es, mein Herr. Oh, was für eine Ironie des Schicksals, daß dieser kalte, selbstsüchtige Egoist in mein Reich geschickt wurde, während man Sie in die eisigen Himmelsburgen aufnahm!

DIE STATUE

Ich kann mich nicht beklagen. Ich war ein Heuchler; und es geschah mir recht, in den Himmel geschickt zu werden.

DER TEUFEL

Nein Herr, warum kommen Sie nicht zu uns und verlassen eine Sphäre, für die Ihr Temperament zu mitfühlend, Ihr Herz zu warm, Ihre Fähigkeit, sich zu freuen, zu reich ist?

DIE STATUE

Ich habe mich heute dazu entschlossen. In der Zukunft, strahlender Sohn der Morgenröte, bin ich der Ihre. Ich habe den Himmel für immer verlassen.

DER TEUFEL *berührt wieder die Marmorhand*

Oh, welche Ehre! Welch ein Triumph für unsere Sache! Danke, danke! Und nun, mein Freund – so darf ich Sie endlich nennen – könnten Sie nicht ihn überreden, den Platz im Himmel einzunehmen, den Sie verlassen haben?

DIE STATUE *schüttelt den Kopf*

Ich kann nicht mit gutem Gewissen jemanden, mit dem

ich befreundet bin, dazu raten, sich freiwillig an einen Ort zu begeben, wo er sich gelangweilt und unbehaglich fühlen würde.

DER TEUFEL

Natürlich nicht, aber sind Sie so sicher, daß er sich dort unbehaglich fühlen würde? Natürlich müssen Sie es wissen. Sie haben ihn ja ursprünglich hierher gebracht; und wir hatten so große Hoffnungen auf ihn gesetzt. Seine Gefühle entsprachen dem Geschmack unserer besten Leute. Wissen Sie noch, wie er sang?

Er beginnt mit einem nasalen Opernbariton, der von einer Ewigkeit des Mißbrauchs in der französischen Manier zittrig geworden ist

Vivan le Femmine
Viva il buon vino!

DIE STATUE *nimmt in ihrer Altstimme die Melodie eine Oktave höher auf*

Sostegno e gloria
D'umanità.

DER TEUFEL

Genau so. Aber jetzt singt er uns nie mehr vor.

DON JUAN

Warum beklagen Sie sich darüber? Die Hölle ist voll von Musikamateuren; Musik ist der Branntwein der Verdammten. Kann man nicht einer einzigen verlorenen Seele erlauben, Abstinenz zu halten?

DER TEUFEL

Sie wagen es, die erhabenste der Künste zu lästern?

DON JUAN *mit kalter Verachtung*

Sie reden wie eine hysterische Frau, die einem Fiedler schmeicheln will.

DER TEUFEL

Ich bin Ihnen nicht böse. Sie tun mir nur leid. Sie haben keine Seele; und Sie sind sich gar nicht bewußt, was Ihnen alles verloren geht. Aber Sie, Señor Komtur, sind der geborene Musikant. Wie gut Sie singen! Mozart wäre entzückt, befände er sich noch hier. Aber er wurde schwermütig und ging in den Himmel. Seltsam, diese klugen Leute, von denen man hätte annehmen sollen, sie wären dazu geschaffen, sich hier Freunde zu machen, haben sich als gesellschaftliche Nieten erwiesen. So zum Beispiel auch Don Juan.

DON JUAN

Es tut mir wirklich sehr leid, daß ich gesellschaftlich eine Niete bin.

DER TEUFEL

Glauben Sie nicht, daß wir Ihren Intellekt nicht zu schätzen wissen. Wir schätzen ihn. Aber ich sehe die Sache von meinem eigenen Standpunkt. Sie mögen uns nicht. Es gefällt Ihnen hier nicht. Die Wahrheit ist, Sie haben – ich will nicht sagen, Sie haben kein Herz, denn wir wissen, daß Sie unter all Ihrem vorgespielten Zynismus ein warmes Herz haben –

DON JUAN *krümmt sich*

Oh, bitte nicht –

DER TEUFEL *verärgert*

Nun, Sie haben nicht die Fähigkeit, sich zu freuen. Sind Sie mit dieser Formulierung zufrieden?

DON JUAN

Es ist eine etwas weniger unerträgliche Form von Geschwätz als das andere. Aber wenn Sie gestatten, so nehme ich jetzt, wie gewöhnlich, meine Zuflucht zum Alleinsein.

DER TEUFEL

Warum suchen Sie nicht Zuflucht im Himmel? Das ist der richtige Ort für Sie.

zu Aña

Kommen Sie Señora! Könnten Sie ihn nicht überreden,

es zu seinem eigenen Besten mit einer Luftveränderung zu versuchen?

AÑA

Aber kann er denn in den Himmel gehen, wann er will?

DER TEUFEL

Wer soll ihn daran hindern?

AÑA

Kann jeder – kann ich in den Himmel gehen, wenn ich will?

DER TEUFEL *ziemlich verachtlich*

Natürlich, wenn Sie Sehnsucht danach haben.

AÑA

Aber warum geht dann nicht jeder in den Himmel?

DIE STATUE *kichert*

Das kann ich dir sagen, meine Liebe. Weil der Himmel der engelhafteste aller langweiligen Orte der Schöpfung ist, darum.

DER TEUFEL

Seine Excellenz der Herr Komtur spricht es mit militärischer Schlichtheit aus; aber das Leben im Himmel ist wirklich unerträglich anstrengend. Man nimmt an, ich bin da hinausgeschmissen worden, aber in Wirklichkeit hätte mich nichts dazu bewegen können, dort zu bleiben. Ich ging einmal weg und gründete diesen Laden hier.

DIE STATUE

Das wundert mich nicht. Niemand kann eine Ewigkeit im Himmel aushalten.

DER TEUFEL

O, manchen Leuten paßt es. Wir wollen gerecht sein, Komtur. Es ist eine Frage des Temperaments. Ich bewundere das himmlische Temperament nicht. Ich verstehe es nicht. Ich glaube, es liegt mir auch gar nichts daran, es zu verstehen, aber zu einem Universum gehören eben die unterschiedlichsten Dinge. Über den Geschmack läßt sich nicht streiten; es gibt Leute, denen es im Himmel gefällt. Ich glaube, Don Juan würde es gefallen.

DON JUAN

Aber – verzeihen Sie meine Offenheit – könnten auch Sie wirklich dorthin zurück, wenn Sie wollten, oder sind die Trauben sauer?

DER TEUFEL

Dorthin zurückgehen? Aber ich gehe oft dorthin zurück. Haben Sie nie das Buch Hiob gelesen? Können Sie eine kanonische Autorität dafür angeben, daß es eine Schranke zwischen unserem Kreis und dem anderen gibt.

AÑA

Aber gewiß, es besteht doch ein tiefer Abgrund.

DER TEUFEL

Meine liebe Dame, ein Gleichnis darf nicht wörtlich genommen werden. Der Abgrund ist der Unterschied zwischen dem himmlischen und dem höllischen Temperament. Kann es einen Abgrund geben, der weniger überbrückbar wäre? Erinnern Sie sich daran, was Sie auf Erden gesehen haben. Es gibt keinen sichtbaren Abgrund zwischen dem Hörsaal des Philosophen und der Stierkampfarena, aber trotzdem gehen die Stierkämpfer nicht in den Hörsaal. Sind Sie je in dem Land gewesen, in dem ich die größte Gefolgschaft habe, in England? Dort gibt es große Pferderennbahnen und auch Konzerthallen, in denen die klassischen Kompositionen von Mozart, dem Freund seiner Excellenz gespielt werden. Diejenigen, die zu den Pferderennen gehen, könnten, wenn sie wollten, statt dessen zu den klassischen Konzerten gehen. Es gibt kein Gesetz, das das verbietet, denn die Engländer sind keine Sklaven und werden es nie sein, sie haben die Freiheit zu tun, was die Regierung und die öffentliche Meinung ihnen zu tun erlauben. Und es wird zugegeben, daß ein klassisches Konzert etwas Höheres, Kultivierteres, Poetischeres, Intellektuelleres ist und etwas, das den Menschen mehr veredelt als ein Pferderennen. Aber geben die Rennliebhaber etwa ihren Sport auf und drängen sich in den Konzertsälen? Keineswegs. Sie würden dort ebenso an Überdruß leiden, wie der Komtur im Himmel. Das ist der tiefe Abgrund zwischen den beiden Orten von dem das Gleichnis spricht. Einen rein äußeren Abgrund könnte man überbrücken, oder wenigstens konnte ich ihn für die Leute überbrücken (die Erde ist voll von Teufelsbrükken). Aber der Abgrund der Abneigung ist unüberbrückbar und ewig. Und das ist der einzige Abgrund, der meine Freunde hier von denen trennt, die man neiderfüllt die Seligen nennt.

AÑA

Ich werde sofort in den Himmel gehen.

DIE STATUE

Mein liebes Kind, ich muß dich warnen. Ich muß das Gleichnis meines Freundes Luzifer vom klassischen Konzert vervollständigen. In jedem dieser Konzerte in England findest du ganze Stuhlreihen von erschöpften Leuten, die nicht dort sind, weil sie klassische Musik wirklich lieben, sondern weil sie glauben, sie müßten klassische Musik lieben. Nun, im Himmel ist es das gleiche. Eine Anzahl von Leuten sitzen dort in der Glorie, nicht weil sie darin glücklich sind, sondern weil sie glauben, es ihrer Stellung schuldig zu sein. Die meisten davon sind Engländer.

DER TEUFEL

Ja, die Südländer geben es auf und kommen zu mir, genau wie Sie. Aber die Engländer scheinen es gar nicht zu merken, wenn sie durch und durch unglücklich sind. Wenn ein Engländer sich unbehaglich fühlt, so glaubt er, er sei moralisch.

DIE STATUE

Kurz und gut, meine Tochter, wenn du in den Himmel gehst, ohne von Natur dafür geeignet zu sein, wird es dir da nicht gefallen.

AÑA

Und wer wagt zu sagen, daß ich nicht von Natur dafür geeignet bin? Die höchsten Kirchenfürsten haben das nie in Frage gestellt. Ich bin es mir schuldig, diesen Ort hier sofort zu verlassen.

DER TEUFEL *gekränkt*

Wie Sie wünschen, Señora. Ich hätte von Ihnen einen besseren Geschmack erwartet.

AÑA

Vater, ich erwarte, daß du mit mir kommst. Du kannst hier nicht bleiben. Was werden die Leute sagen?

DIE STATUE

Die Leute! Nun, hier sind die besten Leute – Kirchenfürsten und so. In den Himmel gehen so wenige und hierher kommen so viele, daß die Seligen, die einst die himmlischen Heerscharen genannt wurden, eine ständig kleiner werdende Minderheit darstellen. Die Heiligen, die Väter, die Auserwählten früheren Zeiten sind heute die Querulanten, die Fanatiker, die Außenseiter.

DER TEUFEL

Das ist wahr. Von Beginn meiner Karriere an wußte ich, daß ich trotz des langen Feldzugs falscher Darstellung und Verleumdungen auf lange Sicht allein durch das Gewicht der öffentlichen Meinungen gewinnen würde, im Grunde genommen ist das Universum konstitutionell und mit einer solchen Mehrheit, wie ich sie im Rücken habe, kann man nicht ewig aus der Regierung herausgehalten werden.

DON JUAN

Ich glaube, Aña, Sie bleiben besser hier.

AÑA *eifersüchtig*

Sie wollen nicht, daß ich mit Ihnen gehe.

DON JUAN

Sie wollen doch gewiß nicht mit einem Verworfenen wie mir in den Himmel einziehen?

AÑA

Alle Seelen sind gleich kostbar. Sie bereuen doch, nicht wahr?

DON JUAN

Meine liebe Aña, Sie sind dumm. Glauben Sie, im Himmel ist es wie auf der Erde, wo die Leute sich einreden, daß das, was getan ist, durch Reue ungeschehen gemacht werden kann; daß was gesprochen ist, ungesprochen gemacht werden kann, indem man es zurücknimmt; daß was wahr ist, unwahr werden kann, indem man allgemein überein kommt, es als Lüge zu bezeichnen? Nein, der Himmel ist die Heimat der Herren und Meister der Wirklichkeit; darum gehe ich dorthin.

AÑA

Ich danke Ihnen; ich gehe in den Himmel, um dort glücklich zu sein. Von Wirklichkeit habe ich auf der Erde genug gehabt.

DON JUAN

Dann müssen Sie hier bleiben; denn die Hölle ist die Heimat des Unwirklichen und der Glückssucher. Es ist die einzige Zuflucht vor dem Himmel, welcher, wie ich Ihnen schon gesagt habe, die Heimat der Herren und Meister der Wirklichkeit ist, und vor der Erde, die die Heimat der Sklaven der Wirklichkeit ist. Die Erde ist eine Kinderstube, wo Männer und Frauen Helden und Heldinnen spielen, wo sie Heilige und Sünder spielen; aber sie werden von ihrem Körper aus ihrem Narrenparadies gezerrt; Hunger, Kälte und Durst, Alter, Verfall und Krankheit und vor allem der Tod machen sie zu Sklaven der Wirklichkeit; dreimal täglich muß eine Mahlzeit gegessen und verdaut werden; dreimal im Jahrhundert muß eine neue Generation hervorgebracht werden; Jahrhunderte von Glauben, Träumen und Wissenschaft enden schließlich bei einem einzigen Gebet »Mach mich zu einem gesunden Tier«. Aber hier entkommt man dieser Tyrannei des Fleisches; denn hier ist man überhaupt kein Tier mehr, hier ist man ein Geist, eine Erscheinung, eine Illusion, eine Konvention, unsterblich, alterslos, in einem Wort, körperlos. Hier gibt es keine sozialen Fragen, keine politischen Fragen, keine religiösen Fragen, und was vielleicht das beste ist: keine gesundheitlichen Fragen. Hier nennt man seine Erscheinung Schönheit, sein Gefühl Liebe, seinen Anspruch Heldentum, sein Ziel Tugend, genau wie man es auf der Erde getan hat; aber hier gibt es keine harten Fakten, die einem widersprechen, keinen ironischen Widerspruch zwischen Bedürfnissen und Ansprüchen, keine menschliche Komödie, nichts als eine ewige Romanze, ein allgemeines Melodrama. Wie unser deutscher Freund es in seinem Gedicht ausdrückt: »das dichterische unsinnige ergibt hier einen Sinn, »und das ewig Weibliche zieht uns hinan« ohne uns einen Schritt weiter zu bringen. Und doch wollen Sie dies Paradies verlassen?

AÑA

Aber wenn die Hölle so schön ist, wie herrlich muß dann erst der Himmel sein.

Der Teufel, die Statue und Don Juan brechen alle gleichzeitig in heftigen Protest aus; dann schweigen sie niedergeschlagen.

DON JUAN

Verzeihen Sie.

DER TEUFEL

Aber warum denn? Ich habe Sie unterbrochen.

DIE STATUE

Sie wollten etwas sagen!

DON JUAN

Nach Ihnen, meine Herren.

DER TEUFEL *zu Don Juan*

Sie haben mit solcher Beredsamkeit über die Vorteile meines Reiches gesprochen, daß ich es Ihnen überlasse, den Mängeln der alternativen Einrichtung die gleiche Gerechtigkeit widerfahren zu lassen.

DON JUAN

Im Himmel, so stelle ich es mir vor, teure Dame, lebt und arbeitet man statt zu spielen und so zu tun, als ob. Man sieht den Dingen ins Gesicht, so wie sie sind; Sie entgehen lediglich dem Blendwerk, und Ihre Beständigkeit und Ihre Verantwortung sind Ihr Ruhm. Und wenn hier und auf der Erde das Spiel weitergeht, und die ganze Welt eine Bühne ist, so liegt der Himmel endlich hinter den Kulissen. Aber der Himmel kann nicht mit Vergleichen umschrieben werden. Ich werde jetzt sofort dorthin gehen, weil ich hoffe, endlich den Lügen und der langweiligen, ordinären Jagd nach dem Glück zu entgehen, meine Ewigkeit in Kontemplation zu verbringen.

DIE STATUE

Uff!

DON JUAN

Señor Komtur, ich tadle Sie nicht wegen Ihres Abscheus. Ein Bildergalerie ist für einen Blinden ein langweiliger Ort. Aber wie Sie die Betrachtung so romantischer Vorspiegelungen wie Schönheit und Vergnügen erfreut, so würde mich die Betrachtung dessen erfreuen, was mich vor allen Dingen interessiert, nämlich des Lebens, der Macht, die unentwegt danach strebt, größere Kraft zu erlangen, sich selbst zu betrachten. Wozu, glauben Sie, wurde mein Gehirn geschaffen? Nicht um die Glieder zu bewegen; denn eine Ratte, die nur die Hälfte meines Gehirns besitzt, bewegt sie ebenso gut. Nicht die Notwendigkeit zu tun, schuf mein Gehirn, sondern die Notwendigkeit zu wissen, was ich tue, damit ich in meinem blinden Drang zu leben nicht mich selbst umbringe.

DIE STATUE

Wäre mir nicht der Fuß ausgeglitten, mein Freund, so hätten Sie sich in Ihrem blinden Drang zu fechten, umgebracht.

DON JUAN

Frecher Lüstling, dein Gelächter wird sich noch vor dem Morgen in häßliche Langeweile verkehrt haben.

DIE STATUE

Ha, ha! Erinnern Sie sich, wie ich Sie erschreckte, als ich etwas Ähnliches von meinem Piedestal in Sevilla zu Ihnen sagte? Ohne meine Trompeten hört es sich ziemlich flau an.

DON JUAN

Man hat mir gesagt, Komtur, daß es sich gewöhnlich auch mit den Trompeten flau anhört.

AÑA

Oh, unterbrechen Sie ihn nicht mit solchen Frivolitäten, Vater. Gibt es im Himmel nur Betrachtung, Juan?

DON JUAN

In dem Himmel, den ich suche, gibt es keine andere Freude. Aber es gibt dort Arbeit, dem Leben bei seinem Kampf nach oben zu helfen. Denken Sie daran, wie es sich vergeudet und verzettelt, wie es sich selbst Hindernisse in den Weg legt, sich selbst in seiner Unwissenheit und Blindheit zerstört. Diese unwiderstehliche Kraft brennt im Gehirn. Damit Sie sich nicht in Ihrer Unwissenheit selbst im Wege ist. Was für ein Stück Arbeit ist der Mensch, sagt der Dichter. Ja, aber was für ein

Stümper ist er auch! Hier ist das höchste Wunder an Organisation, das das Leben bis jetzt erreicht hat, das lebendigste Wesen, das existiert, der bewußteste aller Organismen; und doch, wie elend ist sein Gehirn! Dummheit, die schmutzig und grausam geworden ist durch die Realitäten, die Mühe und Armut sie gelehrt haben; Einbildungskraft, entschlossen, eher zu verhungern, als diesen Realitäten ins Gesicht zu sehen; die Illusionen auftürmt, um sie zu verbergen und sich selbst Klugheit und Genius nennt. Und eines wirft dem andern seinen eigenen Fehler vor. Die Dummheit wirft der Einbildungskraft vor, töricht zu sein, die Einbildungskraft wirft der Dummheit vor, unwissend zu sein; während, ach, die Dummheit alles Wissen, die Einbildungskraft alle Intelligenz besitzt.

DER TEUFEL

Und einen schönen Schlamassel bringen die beiden zusammen hervor. Als ich damals diese Sache mit Faust arrangierte, sagte ich da nicht, alles, was die Vernunft des Menschen für diesen getan habe, wäre, ihn tierischer zu machen als jedes Tier? Ein strahlender Körper ist soviel wert, wie die Gehirne von hundert Philosophen mit schlechter Verdauung und Blähungen.

DON JUAN

Sie vergessen, daß man es mit herrlichen Körpern ohne Gehirn schon versucht hat. Geschöpfe, die in jeder Hinsicht – ihr Gehirn ausgenommen – unmeßbar größer waren, als der Mensch, haben existiert und sind untergegangen. Das Megatherion, der Ichthyosaurus sind mit Siebenmeilenschritten über die Erde gegangen und haben die Sonne hinter den Wolken ihrer riesigen Schwingen verborgen. Wo sind sie jetzt? Fossile in den Museen, und dazu so wenige und so unvollständig, daß ein Gelenkknochen oder ein Zahn dieser Tiere höher geschätzt wird als das Leben von tausend Soldaten. Diese Geschöpfe lebten und wollten leben; aber aus Mangel an Gehirn wußten sie nicht, wie sie ihren Plan ausführen sollten, und so zerstörten sie sich selbst.

DER TEUFEL

Und ist der Mensch nicht ebenso dabei, sich selbst zu zerstören – trotz seines vielgepriesenen Gehirns? Sind Sie kürzlich auf der Erde gewesen? Ich war es, und ich habe die wunderbaren Erfindungen des Menschen in Augenschein genommen. Und ich sage Ihnen, daß der Mensch in der Kunst des Lebens gar nichts erfindet, aber in der Kunst des Todes übertrifft er die Natur selbst. Mit Chemie und Maschinen schlachtet er so viele hin wie einst Pocken, Pest und Hungersnot. Der Bauer, den ich heute versuche, ißt und trinkt, was vor zehntausend Jahren von den Bauern gegessen und getrunken wurde; und das Haus, in dem er wohnt, hat sich in tausend Jahrhunderten nicht soviel verändert wie die Mode der Damenhüte in zwanzig Wochen. Aber wenn er ausgeht, um zu morden, dann trägt er einen wunderbaren Mechanismus, der auf einen Fingerdruck all die verborgenen molekularen Energien freisetzt, und der den Speer, den Pfeil, das Blasrohr seiner Väter weit hinter sich läßt. In den Künsten des Friedens ist der Mensch ein Stümper. Ich habe seine Baumwollspinnereien und ähnliches gesehen, mit Maschinen, die ein hungriger Hund hätte erfinden können, der statt Fressen Geld hätte haben wollen. Ich kenne seine ungefügen Schreibmaschinen, seine stümperhaften Lokomotiven und seine ermüdenden Fahrräder, sie sind Spielzeug verglichen mit dem Maxim-Gewehr und dem Torpedo-Unterseeboot. In der industriellen Maschinerie des Menschen steckt nichts als seine Gier und seine Trägheit, sein Herz ist in seinen Waffen. Die wunderbare Lebenskraft, derer ihr euch so rühmt, ist eine Todeskraft. Der Mensch mißt seine Stärke an seiner Kraft zu zerstören. Was ist eine Religion? Eine Entschuldigung, um mich zu hassen. Was sein Gesetz? Eine Entschuldigung, euch aufzuhängen. Was ist seine Moral? Herrentum, eine Entschuldigung zu konsumieren ohne zu produzieren. Was seine Kunst? Eine Entschuldigung, sich an Schlachtenbildern zu ergötzen. Was seine Politik? Entweder betet er einen Despoten an, weil ein Despot töten kann, oder den parlamentarischen Hahnenkampf. Ich verbrachte neulich einen Abend in einer gewissen berühmten gesetzgebenden Versammlung und hörte, wie der Topf den Kessel schmähte, weil der schwarz war, und Minister beantworteten die Fragen. Als ich ging, schrieb ich mit Kreide den alten Kinderreim an die Tür »Stelle keine Fragen, dann bekommst du keine Lügen zur Antwort.« Ich kaufte ein Familienmagazin für Sixpence: es war voll von Bildern junger Männer, die einander erschossen und erstachen. Ich sah einen Mann sterben: es war ein Londoner Maurer mit sieben Kindern. Er hinterließ siebzehn Pfund Versicherungsgeld, seine Frau gab sie für das Begräbnis aus und ging am nächsten Tag mit ihren Kindern ins Arbeitshaus. Sie würde keine Sixpence für die Schulbildung ihrer Kinder ausgegeben haben, das Gesetz mußte sie zwingen, damit sie es zuließ, daß sie umsonst unterrichtet wurden, aber für den Tod gab sie alles aus, was sie hatte. Diese Menschen: ihre Phantasie glüht, ihre Energien erwachen beim Gedanken an den Tod; sie lieben ihn, und je schrecklicher er ist, desto mehr genießen sie ihn. Die Hölle ist ein Ort, der weit über ihrer Einbildungskraft liegt, ihre Vorstellung davon beziehen sie von den beiden größten Narren, die je gelebt haben, einem Italiener und einem Engländer. Der Italiener beschreibt die Hölle als einen Ort voller Morast, Frost,

Schmutz, Feuer und giftiger Schlangen: voller Qualen. Wenn dieser Esel nicht gerade Lügen über mich verbreitete, so jammerte er irgendeiner Frau nach, die er ein einziges Mal auf der Straße gesehen hatte. Der Engländer schrieb, ich wäre mit Kanonen und Schießpulver aus dem Himmel vertrieben worden; und bis zum heutigen Tag glaubt jeder Brite, diese dumme Geschichte stände in der Bibel. Was er sonst noch schreibt, weiß ich nicht; denn es steht alles in einem langen Gedicht, durch das weder ich noch sonst jemand sich bis zum Ende hindurchgeschleppt hat. Überall ist es das gleiche. Die höchste Form der Literatur ist die Tragödie, ein Spiel, in dem am Schluß alle ermordet sind. In alten Chroniken ließt man von Erdbeben und Seuchen, und es wird einem gesagt, darin zeige sich die Macht und Herrlichkeit Gottes und die Kleinheit des Menschen. Heutzutage beschreiben die Chroniken Schlachten. In einer Schlacht schießen zwei Gruppen von Männern mit Kugeln und Explosivkörpern aufeinander, bis eine der Gruppen wegläuft, während die anderen hinter den Flüchtigen hinterherreiten und sie im Laufen in Stücke hauen. Und dies, so schließt die Chronik, zeigt die Größe und Herrlichkeit der Weltreiche und die Kleinheit der Besiegten. Wegen solcher Schlachten laufen die Menschen auf die Straße und schreien vor Entzücken und feuern ihre Regierungen an, Hunderte von Millionen für die Schlachterei auszugeben, während die mächtigsten Minister es nicht wagen, einen Penny vom Pfund im Kampf gegen die Armut und die Krankheit auszugeben, durch die sie selber täglich waten. Ich könnte euch tausend Beispiele geben, aber sie laufen alle auf das gleiche heraus: die Macht, die die Erde beherrscht, ist nicht die Macht des Lebens, sondern die des Todes. Und die innere Notwendigkeit, die das Leben dazu getrieben hat, sich im menschlichen Wesen zu organisieren, ist nicht die Notwendigkeit für ein höheres Leben, sondern für eine brauchbarere Maschine der Zerstörung. Die Pest, der Hunger, das Erdbeben, der Sturm waren zu zufällig in ihrem Auftreten; der Tiger und das Krokodil waren zu schnell gesättigt und nicht grausam genug; es wurde etwas gebraucht, das beständiger, rücksichtsloser, bedenkenloser, das von genialerer Zerstörungskraft war, und dieses Etwas war der Mensch, der Erfinder der Folter, des Scheiterhaufens, des Galgens, des elektrischen Stuhls, des Schwertes, des Gewehrs und des Giftgases; vor allem der Erfinder der Gerechtigkeit, der Pflicht, des Patriotismus und all der anderen ismen, durch die diejenigen, die klug genug sind, humanere Gefühle zu haben, dazu gebracht werden, die zerstörerischsten aller Zerstörer zu sein.

DON JUAN

Pah! Das ist alles schon alt. Ihre schwache Seite, mein diabolischer Freund, ist, daß Sie immer ein Dummkopf gewesen sind. Sie beurteilen den Menschen nach seiner eigenen Einschätzung. Nichts würde ihm mehr schmeicheln, als Ihre Meinung über ihn. Er hält sich gern für kühn und böse. Es ist keins von beidem. Er ist nur ein Feigling. Nennen Sie ihn einen Tyrannen, einen Mörder, einen Piraten, einen Raufbold; er wird Sie anbeten und mit sich wichtig machen in dem Bewußtsein, das Blut der alten Seehelden rinne durch seine Adern. Nennen Sie ihn einen Lügner und einen Dieb; er wird Sie wegen Verleumdung verklagen, aber nennen Sie ihn einen Feigling, er wird vor Wut platzen, er wird dem Tod entgegentreten, um diese schmerzliche Wahrheit Lügen zu strafen. Der Mensch führt jeden Grund für sein Verhalten an außer einem, jede Entschuldigung für seine Verbrechen außer einem, jeden Vorwand für seine Sicherheit außer einem, und dieser Eine ist seine Feigheit. Und doch beruht seine ganze Zivilisation auf seiner Feigheit, auf seiner schändlichen Zahmheit, die er Ehrbarkeit nennt. Es gibt Grenzen für das, was ein Esel oder ein Maultier sich bieten lassen, aber der Mensch läßt sich erniedrigen, bis seine Schmach seinen Unterdrückern so unerträglich wird, daß sie gezwungen sind, sie selbst aufzuheben.

DER TEUFEL

Und in diesen Kreaturen entdecken Sie das, was sie die Lebenskraft nennen!

DON JUAN

Ja; denn jetzt kommt das überraschendste an der ganzen Geschichte.

DIE STATUE

Und was ist das?

DON JUAN

Nun, man kann jeden dieser Feiglinge zu einem tapferen Mann machen, indem man eine Idee in seinen Kopf setzt.

DIE STATUE

Unsinn! Als alter Soldat gebe ich die Feigheit zu; sie ist so allgemein wie Seekrankheit, und hat ebensowenig zu bedeuten. Aber das mit der Idee in den Kopf setzen, ist Quatsch und Unsinn. Was man in der Schlacht braucht, um zu kämpfen, ist ein wenig heißes Blut und das Wissen, daß es gefährlicher ist, zu verlieren, als zu gewinnen –

DON JUAN

Vielleicht ist das der Grund, warum Schlachten so zwecklos sind. Aber die Menschen verlieren die Furcht erst dann ganz, wenn sie sich einbilden, sie kämpften für einen allgemeinen Zweck, für eine Idee, wie Sie es nennen. Warum war der Kreuzritter tapferer als der Pirat?

Weil er nicht für sich kämpfte, sondern für das Kreuz. Was für eine Kraft war es, die sich ihm entgegenstellte mit einer Tapferkeit, die so bedenkenlos war wie seine eigene? Die Kraft von Menschen, die nicht für sich selbst kämpften, sondern für den Islam. Sie nahmen uns Spanien, obwohl wir für unseren Herd und unser Heim kämpften, aber als auch wir für eine mächtige Idee kämpften, für die katholische Kirche, da fegten wir sie zurück nach Afrika.

DER TEUFEL *ironisch*

Wie? Sie sind ein Katholik, Señor Don Juan? Ein Frommer! Ich gratuliere!

DIE STATUE *ernst*

Hören Sie, als Soldat kann ich nicht dulden, daß man etwas gegen die Kirche sagt.

DON JUAN

Haben Sie keine Angst, Komtur, die Idee einer katholischen Kirche wird den Islam überleben, sie wird das Kreuz überleben, sie wird sogar die vulgäre Zurschaustellung unwissender Schuljungen-Gladiatoren überleben, die Sie die Armee nennen.

DIE STATUE

Juan, Sie treiben es noch so weit, daß ich von Ihnen Genugtuung verlangen muß.

DON JUAN

Es wäre zwecklos. Ich kann nicht fechten. Jede Idee, für die der Mensch stirbt, wird eine katholische Idee sein. Wenn der Spanier endlich lernt, daß er nicht besser ist als der Sarazene, daß sein Prophet nicht besser ist als Mohammed, dann wird er sich, katholischer denn je, erheben und auf der Barrikade, die den schmutzigen Slum, in dem er lebt, absperrt, für allgemeine Gleichheit und Freiheit sterben.

DIE STATUE

Unsinn!

DON JUAN

Was Sie Unsinn nennen, ist das einzige, wofür der Mensch zu sterben wagt. In späteren Zeiten wird die Freiheit nicht mehr katholisch genug sein: die Menschen werden für die Vervollkommnung des Menschen sterben, und dieser Vollkommenheit werden Sie ihre Freiheit frohen Herzens opfern.

DER TEUFEL

Ja, sie werden nie um eine Ausrede, einander zu töten, verlegen sein.

DON JUAN

Was macht das? Nicht der Tod hat Bedeutung, sondern die Angst vor dem Tod. Nicht Töten und Sterben erniedrigt uns, sondern ein niedriges Leben, die Tatsache, daß wir den Lohn und die Vorteile der Erniedrigung annehmen. Besser zehn Tote als ein lebender Sklave oder sein Sklavenhalter. Die Menschen werden sich erheben, der Vater gegen den Sohn, der Bruder gegen den Bruder, und einander für die große katholische Idee, die Abschaffung der Sklaverei, töten.

DER TEUFEL

Ja, wenn die Freiheit und die Gleichheit, von der Sie schwätzen, es fertiggebracht haben, daß auf dem Arbeitsmarkt die weißen Christen billiger sind, als die schwarzen Heidensklaven, die man gefesselt versteigert.

DON JUAN

Keine Angst! Auch der weiße Arbeiter wird an die Reihe kommen. Aber ich verteidige jetzt nicht die illusionären Formen, die die großen Ideen annehmen. Ich gebe Ihnen Beispiele, daß das Geschöpf Mensch, feige bis ins Mark, wenn es sich um seine eigenen selbstsüchtigen Angelegenheiten handelt, wie ein Held für eine Idee kämpft.

Als Bürger mag der Mensch verachtenswert sein, als Fanatiker ist er gefährlich. Er kann nur dann versklavt werden, wenn er geistig schwach genug ist, auf Vernunftgründe zu hören. Ich sage Ihnen, meine Herren, wenn Sie einem Mann etwas von dem zeigen können, was er heute Gottes Auftrag nennt, und was er später mit vielen neuen Namen benennen wird, dann können Sie erreichen, daß er auf die Konsequenzen, die dadurch für ihn persönlich entstehen, nicht im geringsten achtet.

AÑA

Ja, er drückt sich vor allen Verpflichtungen und überläßt es seiner Frau, mit ihnen fertig zu werden.

DIE STATUE

Gut gesagt, meine Tochter. Laß dir von ihm nicht deinen gesunden Menschenverstand ausreden.

DER TEUFEL

Ach, Herr Komtur, jetzt da wir auf die Frauen zu sprechen gekommen sind, wird er mehr denn je reden. Allerdings muß ich gestehen, daß die Frauen für mich das eine große interessante Thema sind.

DON JUAN

Für eine Frau, Señora, beginnen und enden die Pflichten und Verantwortungen eines Mannes mit der Aufgabe, Brot für ihre Kinder zu schaffen. Für sie ist der Mann nur ein Mittel, Kinder zu bekommen und sie aufzuziehen.

AÑA

Ist das Ihre Meinung vom Geist einer Frau? Das nenne ich zynisch und widerwärtigen Animalismus.

DON JUAN

Entschuldigen Sie, Aña, ich habe nichts über das gesamte Bewußtsein einer Frau gesagt. Ich sprach nur über ihre Ansicht vom Mann als vom anderen Geschlecht. Diese Ansicht ist nicht zynischer als das Bild, das sie von sich selbst hat, sie sieht sich vor allem anderen als Mutter. Sexuell gesehen, ist die Frau von der Natur erfunden, um ihrem höchsten Produkt Dauer zu verleihen. Sexuell gesehen, ist der Mann die Erfindung der Frau, um das Geheiß der Natur auf die ökonomischste Weise zu erfüllen. Sie weiß instinktiv, daß sie in einer früheren Stufe des Entwicklungsprozesses, den Mann erfunden hat, ihn differenziert hat, ihn geschaffen hat, um etwas besseres hervorbringen zu können, als in einem eingeschlechtlichen Prozeß hervorgebracht werden kann. Solange er den Zweck erfüllt, für den sie ihn geschaffen hat, gönnt sie ihm seine Träume, seine Ideale, seinen Heroismus, vorausgesetzt, daß deren Angelpunkt die Anbetung der Frau ist, die Verehrung der Mutterschaft, der Familie, des Herdes. Aber war es nicht unbesonnen und gefährlich, ein gesondertes Geschöpf zu erfinden, dessen einziger Zweck ihre Befruchtung ist? Denn, hören Sie, was geschehen ist. Der erste Mann hat sich in ihren Händen vermehrt, bis es ebenso viele Männer wie Frauen gab, so hat sie, indem sie ihm die erschöpfende Arbeit der Schwangerschaft und Geburt ersparte, für ihre Zwecke nur einen Bruchteil der ungeheuren Energien verbrauchen können, die sie zu seiner Verfügung gelassen hat. Diese überflüssige Energie ist in sein Gehirn und in seine Muskeln geflossen. Er ist zu stark geworden, um von ihr körperlich in Schranken gehalten zu werden, und zu einfallsreich und geistig zu stark, um sich mit reiner Reproduktion seiner selbst zufrieden zu geben. Er hat, ohne die Frau zu Rate zu ziehen, die Kultur geschaffen und hat die häusliche Arbeit, die die Grundlage der Kultur ist, selbstverständlich ihr überlassen.

AÑA

Das ist wahr.

DER TEUFEL

Ja. Und seine Kultur? Was ist das schon?

DON JUAN

Jedenfalls ein ausgezeichneter Haken, an den sie ihre Gemeinplätze aufhängen können; aber vor allem ist sie der Versuch von seiten des Mannes, aus sich selbst mehr zu machen als ein bloßes Werkzeug für den Zweck der Frau. Bis dahin ist, das Ergebnis der ununterbrochenen Anstrengungen des Lebens, sich nicht nur selbst zu erhalten, sondern sich immer höher zu organisieren und ein immer vollständigeres Bewußtsein seiner selbst zu erlangen, bestenfalls ein zweifelhafter Kampf zwischen seinen Kräften gewesen und denen von Tod und Verfall. Die Schlachten in diesem Kampf sind stümperhaft geführt, meist werden sie, wie es auch in wirklichen militärischen Schlachten geschieht, trotz ihrer Führer gewonnen.

DIE STATUE

Das ist ein Hieb gegen mich. Trotzdem, reden Sie weiter, reden sie nur weiter!

DON JUAN

Es ist ein Hieb gegen eine weit höhere Macht, als Sie es sind, Komtur, dennoch müssen Sie in Ihrem Beruf bemerkt haben, daß sogar ein dummer General eine Schlacht gewinnen kann, wenn der General des Gegners ein wenig dümmer ist.

DIE STATUE *sehr ernst*

Sehr wahr, Juan, sehr wahr. Manche Esel haben ein erstaunliches Glück.

DON JUAN

Die Macht des Lebens ist dumm, aber sie ist nicht so dumm wie die Mächte des Todes und des Verfalls. Außerdem stehen diese immer im Sold des Lebens. Und so muß das Leben irgendwie gewinnen. Wir besitzen schon, was die bloße Fülle der Fruchtbarkeit hervorbringen und die bloße Gier erhalten kann. Das Überleben der Kultur ist gesichert, die das beste Gewehr und den am besten ernährten Schützen hervorbringen kann.

DER TEUFEL

Genau! Es überdauern nicht die wirksamsten Mittel zu leben, sondern die wirksamsten Mittel zu töten! Trotzdem Sie sich winden und ausweichen, trotz Ihrer Sophistereien, ganz zu schweigen von der unerträglichen Länge Ihrer Reden, kommen Sie immer wieder auf meine Behauptung zurück.

DON JUAN

Nun hören Sie mal! Wer hat denn mit den langen Reden angefangen? Wenn ich Ihren Intellekt überlaste, können Sie uns ja verlassen und sich in die Gesellschaft von Liebe, Schönheit und dem Rest ihrer geliebten Fadheiten begeben.

DER TEUFEL *tief beleidigt*

Sie sind nicht fair, Don Juan, und nicht höflich. Ich gehöre auch zu den Intellektuellen. Niemand schätzt den Intellekt mehr als ich. Ich habe fair mit Ihnen argumentiert und Sie, wie ich glaube, erfolgreich widerlegt. Lassen Sie uns noch eine Stunde weitermachen, wenn Sie wollen.

DON JUAN

Gut, machen wir weiter.

DIE STATUE

Nicht, daß ich eine Aussicht sähe, Sie kämen je zu einem Schluß, Juan. Da wir hier jedoch nicht nur Zeit totschlagen müssen, sondern die Ewigkeit, so machen Sie nur weiter.

DON JUAN *etwas ungeduldig*

Mein Schluß, Sie marmorköpfiges altes Meisterwerk, liegt nur einen Schritt vor Ihnen. Sind wir uns darin einig, daß das Leben eine Macht ist, die unzählige Experimente durchgeführt hat, sich zu organisieren; daß das Mammut und der Mensch, die Maus und das Megatherion, die Fliege, die Flöhe und die Väter alle mehr oder weniger gelungene Versuche sind, die rohe Kraft in immer höhere Individuen zu differenzieren, wobei das ideale Individuum allmächtig wäre, allwissend, unfehlbar und zugleich völlig und ohne Irrtum sich seiner selbst bewußt, kurz gesagt: Gott?

DER TEUFEL

Ich stimme zu, um des Streites willen.

DIE STATUE

Ich stimme zu, damit Streit vermieden wird.

AÑA

Ich bin ganz entschieden dagegen, was die Kirchenväter anbetrifft; und ich muß Sie bitten, sie aus dem Streit herauszulassen.

DON JUAN

Ich habe sie nur der Alliteration wegen hereingenommen, Aña; und ich werde fürderhin nicht mehr auf sie anspielen. Und nun, da wir mit dieser Ausnahme, soweit einer Meinung sind, wollen Sie mir nicht auch zustimmen, daß das Leben bei seinen Versuchen, die Gottheit zu erreichen, den Erfolg dieser Versuche nicht an der Schönheit oder körperlichen Vollkommenheit der Ergebnisse gemessen hat, da in beiden Punkten die Vögel, wie schon vor langem unser Freund Aristophanes dargetan hat, so außerordentlich überlegen sind, mit ihrer Fähigkeit zu fliegen und ihrem lieblichen Gefieder, und, wenn ich dies noch hinzufügen darf, mit der rührenden Poesie ihres Liebeslebens und Nestbaus, so daß es unvorstellbar ist, daß das Leben, nachdem es sie hervorgebracht hatte, wäre Liebe und Schönheit wirklich sein Ziel, mit einer anderen Linie begonnen hat, und sich mit dem plumpen Elefanten abmühte und dem häßlichen Affen, dessen Enkel wir sind.

AÑA

Aristophanes war ein Heide; und Sie, Juan, sind, fürchte ich, nicht viel besser.

DER TEUFEL

Sie schließen also, daß das Leben auf Plumpheit und Häßlichkeit hinzielte?

DON JUAN

Nein, du perverser Teufel, tausendmal nein! Das Leben zielte auf das Gehirn hin – auf seinen Lieblingsgegenstand; ein Organ, durch das es nicht nur Bewußtsein seiner selbst erlangen kann, sondern auch Selbstverständnis.

DIE STATUE

Das ist Metaphysik, Don Juan. Warum zum Teufel sollte –

zum Teufel

Entschuldigen Sie.

DER TEUFEL

Bitte, das macht nichts. Ich habe immer den Gebrauch meines Namens, um einen zusätzlichen Nachdruck zu erzielen, als ein großes Kompliment für mich betrachtet. Bitte bedienen Sie sich seiner, Komtur.

DIE STATUE

Vielen Dank, das ist sehr nett von Ihnen. Sogar im Himmel habe ich meine militärischen Sprachgewohnheiten nicht ganz ablegen können. Was ich Juan fragen wollte: warum sollte sich das Leben die Mühe machen, ein Gehirn zu entwickeln? Warum sollte es den Wunsch haben, sich selbst zu verstehen? Warum sollte es nicht zufrieden sein, zu genießen?

DON JUAN

Ohne Gehirn, Komtur, würden Sie genießen, ohne es zu wissen, und der Spaß wäre umsonst.

DIE STATUE

Wie wahr, wie sehr wahr. Aber ich bin ganz zufrieden, wenn ich soviel Gehirn habe, daß ich weiß, daß ich genieße. Ich will gar nicht verstehen, warum. Tatsächlich ziehe ich vor, es gar nicht zu wissen. Ich habe die Erfahrung gemacht, daß meine Vergnügungen es nicht vertragen, wenn man über sie nachdenkt.

DON JUAN

Das ist der Grund, warum Intellekt so unpopulär ist. Aber für das Leben, die Macht, die hinter dem Menschen steht, ist der Intellekt eine Notwendigkeit, denn ohne ihn stolpert es in den Tod. Genau wie das Leben nach langen Kämpfen dieses wunderbare körperliche Organ, das Auge entwickelt hat, so daß der lebende Organismus sehen kann, wohin er geht, und was ihm entgegenkommt, um ihm zu helfen oder es zu bedrohen, und so die tausend Gefahren vermeiden kann, denen er zuvor zum Opfer fiel; so entwickelt es heute ein geistiges Auge, das nicht die physische Welt sehen soll, sondern den Zweck des Lebens, und das das Individuum befähigen soll, für diesen Zweck zu wirken, statt ihn zu verhindern und zu verfehlen, indem es kurzsichtigen persönlichen Zielen nachgeht, wie im Augenblick noch. Sogar im augenblicklichen Zustand ist immer nur eine Art von Menschen glücklich gewesen, ist zwischen all den Konflikten von Interessen und Illusionen allgemein geachtet gewesen.

DIE STATUE

Sie meinen den Soldaten.

DON JUAN

Nein, Komtur, den Soldaten meine ich nicht. Wenn der Soldat kommt, schließt alle Welt die Silberlöffel weg und sperrt die Frauenzimmer ein. Nein, ich preise nicht Waffen und Helden, sondern den Philosophen; den Menschen, der versucht, in der Betrachtung den inneren Willen der Welt zu erkennen, der in der Erfindung versucht, die Mittel zu entdecken, diesen Willen zu erfüllen, und in der Tat, diesen Willen mit den so gefundenen Mitteln auszuführen. Ich erkläre, daß ich aller anderen Arten von Menschen überdrüssig bin. Sie sind Fehlschläge, die mich langweilen. Als ich auf der Erde war, stocherten alle möglichen Professoren an mir herum, um einen wunden Punkt an mir zu finden, an dem sie sich festklammern konnten. Die Doktoren der Medizin baten mich, zu bedenken, was ich tun müßte, um meinen Leib zu retten und boten mir wertlose Heilmittel für eingebildete Krankheiten an. Ich sagte ihnen, ich sei kein Hypochonder; sie nannten mich einen Ignoramus und gingen ihrer Wege. Die Doktoren der Theologie baten mich zu bedenken, was ich tun müßte, um meine Seele zu retten; aber ich war ebensowenig ein seelischer Hypochonder wie ein leiblicher, und wollte mich auch damit nicht belasten; da nannten sie mich einen Atheisten und gingen ihre Wege. Nach ihnen kam der Politiker, er sagte, der einzige Zweck der Natur sei, ihn ins Parlament zu bringen. Ich sagte ihm, ich könnte mir nicht darüber den Kopf zerbrechen, ob er ins Parlament käme oder nicht, er nannte mich einen Wichtigtuer und ging seiner Wege. Dann kam der romantische Mensch, der Künstler, mit seinen Liebesliedern und seinen Bildern und Gedichten, mit ihm hatte ich viele Jahre lang große Freude und ich lernte etwas von ihm, denn um seinetwillen bildete ich meine Sinne, und seine Lieder lehrten mich, besser zu hören, seine Bilder, besser zu sehen, seine Gedichte, tiefer zu fühlen. Aber er führte mich zuletzt zur Anbetung der Frau.

AÑA

Juan!

DON JUAN

Ja, ich fing an zu glauben, daß in ihrer Stimme die ganze Musik des Liedes läge, in ihrem Gesicht die Schönheit des Bildes und in ihrer Seele alles Gefühl des Gedichtes.

AÑA

Und, wie ich vermute, waren sie enttäuscht. Aber war es die Schuld der Frau, daß Sie ihr all diese Vollkommenheiten zuschrieben?

DON JUAN

Ja, zum Teil. Denn mit einer wunderbaren instinktiven Schlauheit schwieg sie und ließ es zu, daß ich sie verherrlichte, daß ich meine eigenen Visionen, Gedanken und Gefühle irrtümlicherweise für die ihren hielt. Nun war mein Freund, der romantische Mensch oft zu arm oder zu schüchtern, um sich jenen Frauen zu nähern, die so schön oder so kultiviert waren, daß sie anscheinend sein Ideal verwirklichten; so glaubte er an seinen Traum bis zum Grabe. Aber ich war von der Natur und den Umständen mehr begünstigt. Ich war reich und von edler Geburt; und wenn meine Person nicht gefiel, so schmeichelte meine Konversation, meist fand ich sogar, daß beides gefiel.

DIE STATUE

Angeber!

DON JUAN

Ja, aber sogar meine Angeberei gefiel. Ich fand folgendes heraus: wenn ich die Phantasie einer Frau berührt hatte, so erlaubte sie mir, mir selbst einzureden, daß sie mich liebe. Aber wenn mein Flehen erhört wurde, so sagte sie nie: »Ich bin glücklich; meine Liebe ist befriedigt«. Sie sagte immer als erstes: »Endlich sind die Schranken gefallen«, und als zweites: »Wann kommst du wieder?«

AÑA

Das ist genau das, was die Männer sagen.

DON JUAN

Ich protestiere; ich habe es nie gesagt. Aber alle Frauen sagen es. Nun, diese beiden Sätze haben mich immer erschreckt, denn der erste bedeutete, daß der Wunsch der Dame einzig der gewesen war, meine Festung zu brechen und meine Burg zu erobern; und der zweite sprach ganz offen aus, daß sie mich von da an als ihr Eigentum betrachtete und darauf rechnete, daß meine Zeit ihr gänzlich zur Verfügung stände.

DER TEUFEL

In diesem Punkt zeigte sich Ihr Mangel an Herz.

DIE STATUE *schüttelt den Kopf*

Man sollte nie weitersagen, was eine Frau gesagt hat, Juan.

AÑA *streng*

Es sollte Ihnen heilig sein.

DIE STATUE

Und doch – die Frauen sagen es, das ist mal sicher. Das mit den Schranken hat mir nichts ausgemacht, aber der andere Satz hat mir auch immer einen leichten Schock versetzt, wenn ich nicht gerade sehr verliebt war.

DON JUAN

Danach wurde die Dame, die bis dahin müßig und zufrieden gewesen war, unruhig, immer mit mir beschäftigt, sie intriguierte, konspirierte, verfolgte, beobachtete, wartete, nur darauf bedacht, sich ihrer Beute zu versichern. Die Beute war ich, müssen Sie wissen. Das war nicht ausgemacht gewesen. Wahrscheinlich war es sehr geziemend und sehr natürlich; aber es war nicht Musik, Malerei, Dichtung und Freude, die sich in einer schönen Frau personifizierten. Ich floh. Ich floh sehr oft; ich wurde sogar berühmt, weil ich so oft davor floh.

AÑA

Berüchtigt, wollen Sie sagen.

DON JUAN

Vor Ihnen bin ich nicht geflohen. Tadeln Sie mich, weil ich vor den andern floh?

AÑA

Unsinn! Mann, Sie sprechen heute zu einer Frau von 77. Wenn Sie die Möglichkeit gehabt hätten, wären Sie auch vor mir geflohen – wenn ich es zugelassen hätte. Sie würden es bei mir nicht so leicht gefunden haben wie bei manchen anderen. Wenn die Männer ihrem Haus und ihren Pflichten nicht treu sein wollen, so muß man sie dazu zwingen. Ich vermute, Ihr alle wollt liebliche Inkarnationen von Musik und Malerei und Dichtung heiraten. Nun, Ihr könnt sie nicht haben, weil sie nicht existieren. Wenn Fleisch und Blut euch nicht gut genug sind, so müßt ihr eben ganz ohne Frauen bleiben. Die Frauen müssen sich mit Gatten aus Fleisch und Blut zufrieden geben – und manchmal mit recht wenig Fleisch und Blut; und Ihr werdet euch mit Frauen aus Fleisch und Blut zufrieden geben müssen.

Der Teufel macht ein zweifelndes Gesicht, die Statue macht ein schiefes Gesicht.

Ich sehe, das gefällt keinem von euch; aber es ist trotzdem wahr; wenn es euch auch nicht gefällt, ihr müßt es eben schlucken.

DON JUAN

Meine teure Dame, Sie haben meine ganze Klage gegen die Romantik in ein paar Sätzen gefaßt. Das sind genau die Gründe, warum ich dem romantischen Menschen mit der Künstlernatur, wie er seine Neigung nannte, den Rücken gekehrt habe. Ich dankte ihm dafür, daß er mich gelehrt hat, meine Augen und Ohren zu gebrauchen; aber ich sagte ihm, daß seine Anbetung der Schönheit, seine Jagd nach dem Glück und seine Idealisierung der Frau als Lebensphilosophie einen Dreck wert seien; da nannte er mich einen Philister und ging seiner Wege.

AÑA

Es scheint, daß auch die Frau Sie etwas gelehrt hat, trotz all ihrer Mängel.

DON JUAN

Sie tat mehr, sie erklärte mir alle anderen Lehren. Ach meine Freunde, wenn die Schranken zum erstenmal fielen, welch eine erstaunliche Erleuchtung! Ich hatte eine Verzauberung erwartet, einen Rausch, alle Illusionen des jungen Liebestraumes; und was geschah? Nie war meine Wahrnehmung klarer, meine Kritikfähigkeit schärfer. Die eifersüchtigste Rivalin meiner Geliebten hätte nicht mit mehr Scharfblick als ich jeden Makel an ihr entdeckt. Ich war nicht benommen, ich nahm sie ohne Chloroform.

AÑA

Aber Sie nahmen sie.

DON JUAN

Das war die Erleuchtung. Bis zu diesem Augenblick hatte ich nie das Gefühl verloren, Herr meiner selbst zu sein. Nie hatte ich mit Bewußtsein einen Schritt getan, ohne das mein Verstand ihn zuerst geprüft und für gut befunden hätte. Ich hatte mir eingebildet, ein rein rationales Wesen zu sein: ein Denker! Mit dem törichten Philosophen hatte ich gesagt: »Ich denke, darum bin ich.« Es war die Frau, die mich lehrte zu sagen: »Ich bin, darum denke ich.« Und auch: »Ich möchte mehr denken, darum muß ich mehr sein.«

DIE STATUE

Das ist äußerst abstrakt und metaphysisch, Juan. Wenn Sie sich an das Konkrete halten wollten, und Ihre Entdeckungen in die Form unterhaltender Anekdoten über

Ihre Abenteuer mit Frauen kleiden wollten, so würde man Ihren Worten leichter folgen können.

DON JUAN

Bah! Was soll ich noch hinzufügen? Verstehen Sie nicht: Als ich der Frau gegenüberstand, riet mir jede Faser meines klaren, kritischen Gehirns, daß ich sie verschonen und mich retten solle. Meine Moral sagte Nein! Mein Gewissen sagte Nein. Meine Rittterlichkeit und das Mitleid mit ihr sagten nein. Die vernünftige Rücksicht auf mich selbst sagte nein. Mein Ohr, das an tausend Liedern und Symphonien geschult war, meine Augen, die sich an tausend Gemälden gebildet hatten, rissen ihre Stimme, ihre Züge, ihre Farben in Fetzen. Ich sah all jene verräterischen Ähnlichkeiten mit ihrem Vater und ihrer Mutter, die mir sagten, wie sie in dreißig Jahren aussehen würde. In ihrem lachenden Mund sah ich das Gold eines toten Zahnes aufblitzen; ich machte interessante Beobachtungen über die seltsamen Gerüche, die durch die Einwirkung der Nerven auf die Chemie der Drüsen hervorgerufen werden. Die Visionen meiner romantischen Träumereien, in denen ich mit einem unsterblichen, alterslosen Geschöpf aus Korallen und Elfenbein über die Ebenen des Himmels geschritten war, verließen mich in jener äußersten Stunde. Ich dachte an sie und versuchte verzweifelt, die Illusion wieder herzustellen; aber sie kamen mir jetzt wie leere Erfindungen vor; mein Urteil ließ sich nicht täuschen; mein Gehirn sagte immer noch nein auf alle Fragen. Und während ich nach einer Ausrede suchte, mich bei der Dame zu entschuldigen, ergriff mich das Leben und warf mich in ihre Arme, wie ein Seemann ein Stück Fisch einer Möve in den Schnabel wirft.

DIE STATUE

Sie hätten allem seinen Lauf lassen können, ohne erst

soviel darüber nachzudenken, Juan. Sie sind wie alle klugen Leute; Sie haben mehr Gehirn, als gut für sie ist.

DER TEUFEL

Und waren Sie nach dieser Erfahrung nicht glücklicher, Señor Don Juan?

DON JUAN

Glücklicher ja, aber nicht weiser. Dieser Augenblick zeigte mir zum erstenmal mich selbst, und durch mich selbst die Welt. Ich sah damals, wie nutzlos es ist, der unwiderstehlichen Kraft des Lebens Bedingungen zu stellen; Vorsicht, sorgfältige Auswahl, Tugend, Ehre, Keuschheit zu predigen.

AÑA

Don Juan, jedes Wort gegen die Keuschheit ist eine Beleidigung für mich.

DON JUAN

Nichts gegen Ihre Keuschheit, Señora, da sie sich in einen Gatten und zwölf Kinder verwandelt hat. Hätten Sie mehr tun können, wenn Sie die verworfenste aller Frauen gewesen wären?

AÑA

Ich hätte zwölf Männer und kein Kind haben können, das hätte ich gekonnt, Juan. Und das hätte für die Erde, die ich bevölkert habe, einen großen Unterschied gemacht.

DIE STATUE

Bravo, Aña, Sie liegen am Boden, Sie sind zerschmettert, vernichtet!

DON JUAN

Nein, obwohl der Unterschied der einzig wirkliche Unterschied ist – Doña Aña ist, das gebe ich zu – unbeirrt auf den richtigen Punkt losgegangen – aber es ist nicht der Unterschied von Liebe und Keuschheit oder gar Treue; denn zwölf Kinder von zwölf verschiedenen Gatten würden die Welt vielleicht noch wirksamer bevölkert haben. Nehmen wir an, mein Freund Ottavio wäre mit dreißig gestorben; Sie wären niemals Witwe geblieben, Sie waren zu schön. Nehmen wir an, der Nachfolger Ottavios wäre gestorben, als Sie vierzig waren, da wären Sie immer noch unwiderstehlich gewesen. Und eine Frau, die zweimal heiratet, heiratet auch dreimal, wenn Sie die Gelegenheit dazu hat. Zwölf eheliche Kinder, die von einer hochachtbaren Frau drei verschiedenen Vätern geboren werden, das ist weder unmöglich noch wird es von der öffentlichen Meinung verdammt. Daß eine solche Dame gesetzestreuer ist als das arme Mädchen, das wir in die Gosse stießen, weil sie ein uneheliches Kind geboren hat, ist ohne Zweifel wahr, aber wagen Sie zu behaupten, daß die Dame weniger zügellos ist?

AÑA

Sie ist tugendhafter; das ist mir genug.

DON JUAN

In diesem Falle ist die Tugend nichts anderes als der Gewerkschaftsgeist der Verheirateten. Wir wollen den Tatsachen ins Gesicht sehen, liebe Aña. Die Kraft des Lebens respektiert die Ehe nur, weil die Ehe ihre eigene Erfindung ist, um die größte Zahl von Kindern und deren beste Pflege zu sichern. Um Ehre, Keuschheit und all eure anderen moralischen Fiktionen, schert es sich keinen Deut. Die Ehe ist die liederlichste der menschlichen Einrichtungen.

AÑA

Juan!

DIE STATUE *protestiert*

Aber hören Sie –!

DON JUAN *entschlossen*

Ich sagte: die liederlichste der menschlichen Einrichtungen, das ist das Geheimnis ihrer Beliebtheit. Und wenn eine Frau einen Mann sucht, ist sie das skrupelloseste Raubtier. Die Verquickung von Ehe mit Moral hat mehr dazu beigetragen, das Gewissen der menschlichen Rasse zu zerstören, als irgend ein anderer Irrtum. Kommen Sie Aña! Machen Sie nicht so ein schockiertes Gesicht. Sie wissen besser als sonst einer von uns, daß die Ehe eine Männerfalle ist, in der vorgetäuschte Vorteile und täuschende Idealisierungen als Köder ausgelegt sind. Als Ihre heiligmäßige Mutter Sie mit Schelten und Strafen zwang, ein halbes Dutzend Stücke auf dem Spinett zu lernen – das sie genau so haßte wie Sie – hatte sie da irgend ein anderes Ziel, als Ihren Freiern die Vorstellung vorzuschwindeln, Ihr Gatte würde in seinem Haus einen Engel haben, der es mit Musik erfüllte, oder der ihn wenigstens nach dem Essen in Schlaf spielen würde? Sie heirateten meinen Freund Ottavio: nun, haben Sie, nachdem die Kirche Sie ihm verbunden hatte, je wieder das Spinett geöffnet?

AÑA

Sie sind ein Narr, Juan. Eine jungverheiratete Frau hat anderes zu tun, als ohne Rückenstütze am Spinett zu sitzen; und dann gewöhnt sie sich das Spielen ab.

DON JUAN

Nicht, wenn sie die Musik liebt. Nein, glauben Sie mir, sie wirft nur den Köder weg, sobald der Vogel im Netz ist.

AÑA *bitter*

Und vermutlich werfen die Männer nie die Maske ab, wenn ihr Vogel im Netz ist. Ein Gatte wird nie nachlässig, selbstsüchtig, brutal – oh, niemals!

DON JUAN

Was beweisen diese Anschuldigungen, Aña? Nur, daß der Held eine grobe Täuschung ist, genau wie die Heldin.

AÑA

Das ist alles Unsinn; die meisten Ehen sind vollkommen angenehm.

DON JUAN

»Vollkommen« ist ein starker Ausdruck, Aña. Sie wollen nur sagen, daß vernünftige Menschen das beste aus einander machen. Schicken Sie mich auf die Galeere und ketten Sie mich an den Verbrecher, der zufällig die Nummer hat, die vor meiner kommt; ich werde mich in das Unvermeidliche fügen und aus dieser Kameradschaft das beste machen. Viele solcher Kameradschaften, so habe ich mir sagen lassen, sind von einer rührenden Herzlichkeit; die meisten sind wenigstens erträglich. Aber das macht eine Kette nicht zu einem begehrenswerten Schmuckstück, noch die Galeere zu einem Ort der Seligkeit. Jene, die am meisten von den Segnungen der Ehe reden und von der Beständigkeit der Treue, sind die gleichen Leute, die erklären, daß, würden die Ketten zerbrochen und die Gefangenen freigelassen, die ganze soziale Ordnung in die Brüche ginge. Sie können nicht in beiden recht haben. Wenn der Gefangene glücklich ist, warum sperrt man ihn dann ein? Wenn er es nicht ist, warum tut man so, als wäre er es?

AÑA

Gestatten Sie mir, daß ich mir noch einmal die Freiheit einer alten Frau nehme und Ihnen platt heraus sage, daß die Ehe die Welt bevölkert, die Ausschweifung nicht.

DON JUAN

Wenn nun eine Zeit kommen sollte, wo dies nicht mehr der Fall ist? Kennen Sie nicht das Wort: wo ein Wille ist, da ist auch ein Weg? Wissen Sie nicht, daß der Mensch, wenn er etwas wirklich will, er auch einen Weg finden wird, es zu tun? Nun, Ihr habt Euer bestes getan. Ihr tugendsamen Damen, Ihr und die anderen, die so denken wir Ihr, den Willen des Menschen ganz auf die ehrbare Liebe als auf das höchste Gut zu richten, und ihm einzureden, daß unter ehrbarer Liebe Romantik und Schönheit und Glück im Besitz einer schönen, kultivierten, zarten und zärtlichen Frau zu verstehen ist. Ihr habt die Frauen gelehrt, ihre eigene Jugend, Gesundheit, Schönheit und Verfeinerung über alles zu schätzen. Nun, wo haben schreiende Säuglinge und Haushaltmühsal ihren Platz in diesem Paradies erlesener Gefühle und Genüsse? Ist es nicht unausweichlich, daß der menschliche Wille zum menschlichen Gehirn sagen wird: Finde mir ein Mittel, womit ich mir Liebe, Schönheit, Romantik, Gefühl, Leidenschaft verschaffen kann, ohne ihre elende Kehrseite, die Kosten, die Sorgen, die Prüfungen, die Krankheiten und Ängste, die Todesgefahr und den Schwanz von Dienerschaft und Ammen und Ärzten und Schulmeistern.

DER TEUFEL

All, das, Señor Don Juan, ist hier in meinem Reich verwirklicht.

DON JUAN

Ja, aber es kostet den Tod. Zu dem Preis wird der Mensch es nicht nehmen; er verlangt nach den romantischen Freuden Ihrer Hölle während er noch auf der Erde ist. Nun, das Mittel wird gefunden werden. Wenn der Wille ernst ist, wird das Gehirn nicht versagen. Es wird der Tag kommen, wo große Nationen ihre Zahl von einer Volkszählung zur andern schwinden sehen; wenn die Villa von sechs Zimmern teurer sein wird als der Familiensitz; wo die sträflich leichtsinnigen Armen und die dumm-frommen Reichen die Auslöschung der Menschheit nur dadurch verzögern, daß sie die Rasse verschlechtern, während die wagemutigen Klugen, die

Sparsamen, Selbstsüchtigen und Ehrgeizigen, die Phantasievollen und die Dichter, die Liebhaber von Geld und solidem Behagen, die Anbeter des Erfolgs, der Kunst und der Liebe, der Kraft des Lebens mit dem Wahlspruch der Unfruchtbarkeit entgegentreten werden.

DIE STATUE

Sie sind sehr beredt, mein junger Freund, aber wenn Sie so alt geworden wären wie Aña, oder auch nur so alt wie ich, dann hätten Sie erfahren, daß die Leute, die sich von der Furcht vor Armut und Kindern und all den anderen Familiensorgen freimachen und sich nur ihren Vergnügen widmen, ihren Geist nur freigemacht haben, damit die Furcht vor dem Alter und der Häßlichkeit, der Impotenz und dem Tod Platz findet. Den kinderlosen Arbeiter quälen der Müßiggang seiner Frau, ihr ständiges Verlangen nach Vergnügen und Ablenkung mehr, als zwanzig Kinder ihn hätten quälen können; und seine Frau ist schlimmer dran als er. Ich habe meinen Teil an der Eitelkeit gehabt, denn als junger Mann wurde ich von den Frauen bewundert, und als Statue wurde ich von den Kunstkritikern gelobt. Aber ich gestehe, hätte ich in der Welt nichts anderes zu tun gehabt, als mich in diesem Vergnügen zu aalen, so hätte ich mir die Kehle durchgeschnitten. Als ich Añas Mutter heiratete – oder, um ganz korrekt zu sein – als ich schließlich nachgab und Añas Mutter erlaubte, mich zu heiraten – da wußte ich, daß ich mir Dornen und Kissen pflanzte, und daß die Ehe für mich, einen prahlerischen jungen, bis dahin unbesiegten Offizier, Niederlage und Gefangenschaft bedeutete.

AÑA *entsetzt*

Vater!

DIE STATUE

Es tut mir leid, dich zu verletzen, meine Liebe; aber da

Juan jeden Fetzen von Anstand von diesem Gespräch gezerrt hat, so kann ich wohl auch die nackte Wahrheit sagen.

AÑA

Hm, wahrscheinlich war ich eine der Dornen.

DIE STATUE

Aber ganz und gar nicht; oft warst du eine Rose. Weißt du, die meiste Mühe, die du verursachtest, hatte deine Mutter.

DON JUAN

Darf ich dann fragen, Komtur, warum Sie den Himmel verlassen haben und hierher gekommen sind, um, wie Sie es ausdrücken, in sentimentalen Seligkeiten zu schwelgen, die Sie, wie Sie eben bekannt haben, einst dazu getrieben hätten, sich die Kehle durchzuschneiden?

DIE STATUE *getroffen*

Mein Gott, das ist wahr.

DER TEUFEL *beunruhigt*

Was? Sie nehmen Ihr Wort zurück?

zu Don Juan

Und all Ihre Philosophiererei ist nur eine Maske gewesen, hinter der Sie Proselyten machen!

zur Statue

Haben Sie schon die scheußliche Langeweile vergessen, vor der ich Ihnen hier eine Zuflucht biete?

zu Don Juan

Und führt Ihre Darlegung über die kommende Unfruchtbarkeit und Auslöschung des Menschengeschlechts zu etwas besserem, als daß man das beste aus den Vergnügungen der Kunst und der Liebe machen wird, von denen Sie zugeben, daß sie Sie verfeinert, emporgeführt und entwickelt haben?

DON JUAN

Ich habe niemals beweisen wollen, daß die Menschheit

zugrunde gehen wird. Das Leben kann weder in seinem blinden, amorphen Zustand noch in irgend einer anderen Form, zu der es sich organisiert hat, seinen eigenen Untergang wollen – Ich war noch nicht zu Ende, als Seine Excellenz mich unterbrach.

DIE STATUE

Ich beginne zu zweifeln, ob Sie je ein Ende finden werden, mein Freund. Sie hören sich allzu gern reden.

DON JUAN

Das ist wahr; aber da Sie schon soviel ertragen haben, können Sie ebensogut noch den Schluß hören. Lange bevor diese Unfruchtbarwerdung, die ich beschrieben habe, mehr als eine klar vorauszusehende Möglichkeit ist, wird die Reaktion beginnen; das große, zentrale Ziel, die Rasse zu züchten; ja, sie zu einer Höhe zu züchten, die jetzt für übermenschlich gehalten wird, dieser Zweck, der jetzt in der vergifteten Wolke von Liebe und Romantik und Prüderie und Kleinlichkeit verborgen ist, wird ins klare Sonnenlicht treten als ein Ziel, das nicht länger mit der Befriedigung persönlicher Wünsche verwechselt werden darf, mit der unmöglichen Verwirklichung der Jungen- und Mädchenträume von Glückseligkeit oder dem Verlangen älterer Menschen nach Gesellschaft oder Geld. Die deutlichen Trauungstexte der Kirchen werden nicht mehr verkürzt und halb unterdrückt werden, weil sie gegen das Zartgefühl verstoßen. Die nüchterne Anständigkeit, der Ernst und die Autorität ihrer Erklärung des wahren Zwecks der Ehe wird geehrt und angenommen werden, während die romantischen Schwüre und Gelöbnisse und das Bis-der-Tod-uns-scheidet und Ähnliches als unerträgliche Frivolitäten ausgemerzt werden. Seien Sie gerecht gegen mein Geschlecht, Señora, und geben Sie zu, daß wir immer erkannt haben, daß die Beziehung der Geschlechter zu einander weder eine persönliche noch eine freundliche ist.

AÑA

Keine persönliche und keine freundliche Beziehung? Welche Beziehung ist persönlicher? Heiliger?

DON JUAN

Heilig und unverletzlich, wenn Sie wünschen, Aña, aber nicht persönlich und freundlich. Ihre Beziehung zu Gott ist heilig und geheiligt; wagen Sie, sie persönlich und freundlich zu nennen? In der Geschlechtsbeziehung überwältigt die universale schöpferische Kraft, deren hilflose Werkzeuge beide Partner sind, aller persönlichen Rücksichten und fegt sie hinweg, und macht alle persönlichen Beziehungen ungültig. Die beiden können einander völlig fremd sein, sie können verschiedene Sprachen sprechen, verschieden sein in Rasse und Hautfarbe, in Alter und Neigungen, mit keiner anderen Gemeinsamkeit als der möglichen Fruchtbarkeit, um derentwillen die Macht des Lebens sie einander auf einen Blick hin in die Arme treibt. Erkennen wir diese Tatsache nicht an, wenn wir erlauben, daß Ehen von den Eltern vereinbart werden, ohne daß man die Frau fragt? Haben Sie nicht oft Ihren Abscheu über die Unmoral der englischen Nation ausgesprochen, wo Frauen und Männer von edler Geburt sich kennenlernen und umeinander werben wie Bauern. Und wieviel weiß der Bauer von seiner Braut oder sie von ihm, bevor sie sich binden? Nun, sie würden keinen Mann zu Ihrem Anwalt oder Familienarzt wählen auf eine so flüchtige Bekanntschaft hin, wie sie ausreichend scheint, sich zu verlieben und zu heiraten.

AÑA

Ja, Juan; wir kennen diese Lüstlingsphilosophie. Die Folgen für die Frau werden außer Betracht gelassen.

DON JUAN

Die Folgen, ja, sie rechtfertigen, daß sie sich wild an den Mann klammert. Aber diese Anhänglichkeit werden Sie doch sicher nicht als eine Gefühlsbindung bezeichnen. Ebenso gut könnte man die Anhänglichkeit eines Polizisten an seinen Gefangenen eine Liebesbeziehung nennen.

AÑA

Sehen Sie, Sie müssen zugeben, daß die Ehe notwendig ist, wenn auch, Ihnen zufolge, die Liebe die unbedeutendste der menschlichen Beziehungen ist.

DON JUAN

Wie wollen Sie wissen, ob sie nicht die größte aller menschlichen Beziehungen ist, zu groß, um eine persönliche Angelegenheit zu sein? Hätte Ihr Vater seinem Land dienen können, wenn er sich geweigert hätte, einen Feind Spaniens zu töten, den er nicht persönlich haßte? Kann eine Frau ihrem Land dienen, wenn sie sich weigert, einen Mann zu heiraten, den sie nicht persönlich liebt? Sie wissen, daß es nicht so ist. Die Frau von edler Geburt heiratet den Mann von edler Geburt, wie der Mann von edler Geburt kämpft; aus politischen und Familiengründen, nicht aus persönlichen.

DIE STATUE *beeindruckt*

Das ist ein kluges Argument, Juan; ich muß darüber nachdenken, Sie sind wirklich voll von Ideen. Wie sind Sie darauf gekommen?

DON JUAN

Durch Erfahrung. Als ich auf der Erde weilte und jenen Damen, die obwohl sie allgemein verdammt wurden, mich doch zu einem so interessanten Helden der Legende gemacht haben, als ich jenen Damen meine Anträge machte, ist es mir nicht selten folgendermaßen ergangen: Die Dame sagte, sie wolle meine Werbung in Betracht ziehen, vorausgesetzt, daß sie ehrenhaft sei. Auf meine Erkundigungen, was dieser Vorbehalt bedeute, stellte sich folgendes heraus: Ich sollte ihr Eigentum in Besitz nehmen, falls sie etwas besaß, oder lebenslänglich für ihren Unterhalt sorgen, falls sie nichts besaß; ich sollte beteuern, daß ich ihre ständige Gesellschaft, ihren Rat und ihre Unterhaltung bis ans Ende meines Lebens begehre, ich sollte einen feierlichen Eid schwören, daß diese Dinge mich immer entzücken würden, vor allem, daß ich bis ans Ende meines Lebens um ihretwillen allen anderen Frauen den Rücken kehren würde. Ich lehnte diese Bedingungen nicht ab, weil sie übertrieben und unmenschlich waren, es war ihre völlige Undurchführbarkeit, die mich umwarf. Ich antwortete jedes Mal, mit äußerster Offenheit, daß mir keiner dieser Punkte je in den Kopf gekommen wäre; wenn der Charakter und Verstand der Dame dem meinen nicht gleichkämen oder ihn überträfen, so müßte die Unterhaltung mit ihr mich entehren und ihr Rat mich irreführen; ich könnte auch nicht wissen, ob ihre ständige Gesellschaft mir nicht auf die Dauer unerträglich langweilig würde, für meine Gefühle könne ich nicht eine Woche im Voraus einstehen, geschweige denn bis zum Ende meines Lebens; wenn ich mich bereiterklärte, mich von jedem natürlichen und eingeschränkten Verkehr mit der Hälfte meiner Mitmenschen abschneiden zu lassen, so würde mich das beengen und verdreht machen, und wenn dies nicht der Fall wäre, müßte ich den Fluch der Heimlichkeit auf mich laden. Zum Schluß sagte ich, mein Antrag hätte mit all diesen Dingen nichts zu tun und wäre die Folge eines einfachen Drängens meiner Männlichkeit zu ihrer Weiblichkeit.

AÑA

Sie wollen sagen, daß es ein unmoralischer Drang war.

DON JUAN

Die Natur ist, meine liebe Dame, wie Sie es nennen würden, unmoralisch. Das macht mich erröten, aber ich kann es nicht ändern. Die Natur ist eine Kupplerin, die Zeit eine Zerstörerin, der Tod ein Mörder. Ich habe es immer vorgezogen, diesen Tatsachen ins Gesicht zu sehen, und ich bin dafür, Institutionen auf dieser Erkenntnis aufzubauen. Sie ziehen es vor, diese drei Teufel zu versöhnen, indem Sie sie keusch, haushälterisch und liebevoll nennen und auf diesen Schmeicheleien Ihre Institutionen aufbauen. Ist es da ein Wunder, wenn mit diesen Institutionen nicht alles glatt geht?

DIE STATUE

Und was pflegten die Damen zu sagen, Juan?

DON JUAN

Aber hören Sie, Vertrauen gegen Vertrauen. Sagen Sie mir zuerst, was Sie zu den Damen sagten.

DIE STATUE

Ich? Oh, ich schwor, daß ich bis zum Tod treu sein würde; daß ich sterben würde, wenn sie mich abwies; daß keine Frau je für mich das sein könnte, was sie war.

AÑA

Sie? Wer?

DIE STATUE

Wer immer es gerade war, meine Liebe. Bestimmte Dinge sagte ich immer. Eins davon war, daß, selbst wenn ich achtzig wäre, mich ein weißes Haar der Frau, die ich liebte, mehr beben machen würde als die dickste goldene Flechte auf dem schönsten jungen Kopf. Ein anderes war, ich könne den Gedanken nicht ertragen, daß eine andere Frau die Mutter meiner Kinder würde.

DON JUAN *angeekelt*

Sie alter Schurke!

DIE STATUE *bestimmt*

Aber nein, denn im Augenblick glaubte ich es wirklich aus ganzer Seele. Ich hatte ein Herz; anders als Sie. Und diese Ehrlichkeit war es, die mich erfolgreich machte.

DON JUAN

Ehrlichkeit! Wie kann man so dumm sein, eine so plumpe, stinkende, hinkende Lüge zu glauben: das nennen Sie Ehrlichkeit! So gierig nach einer Frau zu sein, daß Sie in Ihrem Eifer sie zu täuschen sich selbst täuschen; das nennen Sie Ehrlichkeit!

DIE STATUE

Oh, Sie mit Ihren verdammten Sophistereien! Ich war ein verliebter Mann, kein Rechtsgelehrter. Und darum liebten mich die Frauen, Gott segne sie.

DON JUAN

Sie machten sie das glauben. Was werden Sie sagen, wenn ich Ihnen erzähle, daß sie auch mich das glauben machten, obgleich ich so kaltherzig den Rechtsgelehrten spielte. Auch ich hatte meine Augenblicke der Verzauberung, in denen ich Unsinn schwatzte und ihn glaubte. Der Wunsch, mit schönen Worten Vergnügen zu bereiten, stieg manchmal auf der Woge des Gefühls in mir auf, so daß ich sie bedenkenlos sagte. Zu anderen Zeiten stritt ich gegen mich selbst mit einer teuflischen Kälte, die Tränen hervorrief. Aber ob ich grausam war oder freundlich, ich fand es gleich schwer, zu entkommen. Wenn der Instinkt der Dame sich auf mich gerichtet hatte, dann gab es nichts als lebenslange Knechtschaft oder Flucht.

AÑA

Sie wagen es, sich vor mir und meinem Vater zu rühmen, daß jede Frau Sie unwiderstehlich fand?

DON JUAN

Ich mich rühmen? Ich finde, daß ich eine recht bemitleidenswerte Figur abgebe. Außerdem habe ich gesagt: »Wenn der Instinkt der Dame sich auf mich gerichtet hatte«. Das war nicht immer so. Und dann: beim Himmel, welches Überschwang an tugendhafter Entrüstung! Welcher überwältigende Widerstand gegen den schurkischen Verführer, welche Szenen von Imogen und Iachimo!

AÑA

Ich habe keine Szenen gemacht. Ich rief einfach meinen Vater.

DON JUAN

Und er kam, das Schwert in der Hand, um die gekränkte Ehre und Moral zu rächen, indem er mich ermordete.

DIE STATUE

Ermordete! Was wollen Sie damit sagen? Habe ich Sie getötet oder haben Sie mich getötet?

DON JUAN

Wer von uns beiden war der bessere Fechter?

DIE STATUE

Ich!

DON JUAN

Natürlich, Sie. Und doch hatten Sie, der Held der schmählichen Abenteuer, von denen Sie uns eben berichtet haben, Sie hatten die Stirn, den Rächer der beleidigten Moral zu spielen und mich zum Tode zu verurteilen! Sie hätten mich erschlagen, hätte der Zufall es nicht verhindert.

DIE STATUE

Es war meine Pflicht, Juan. So sind die Dinge auf Erden eingerichtet. Ich war kein Sozialreformer; ich habe immer getan, was die Sitte von einem Edelmann verlangte.

DON JUAN

Das mag erklären, warum Sie mich angegriffen haben,

aber es entschuldigt nicht die ekelhafte Heuchelei Ihres späteren Vorgehens als Statue.

DIE STATUE

Das kam davon, daß ich im Himmel war.

DER TEUFEL

Ich sehe immer noch nicht ein, Señor Don Juan, wieso diese Episoden in Ihrer irdischen Laufbahn und in der des Herrn Komturs meinen Lebensanschauungen im geringsten widersprechen. Hier, das wiederhole ich, haben Sie alles, was Sie suchten ohne das, vor dem Sie zurückschreckten.

DON JUAN

Im Gegenteil, hier habe ich alles, was mich enttäuschte ohne irgendetwas, daß ich nicht schon versucht und unzulänglich gefunden hätte. Ich sage Ihnen, solange ich mir etwas vorstellen kann, das besser ist als ich, finde ich keine Ruhe, wenn ich mich nicht mühe, es ins Dasein zu rufen oder ihm den Weg zu bereiten. Das ist das Gesetz meines Lebens. So wirkt in mir der unaufhörliche Drang des Lebens nach höherer Organisation nach breiterem, tieferem, intensiverem Bewußtsein seiner selbst, mit klarerem Verständnis seiner selbst. Der Vorrang dieses Zieles hat für mich die Liebe auf das bloße Vergnügen eines Augenblicks reduziert, die Kunst zur bloßen Schulung meiner Fähigkeiten, die Religion zu einer bloßen Entschuldigung der Trägheit, da sie einen Gott verkündet, der auf die Welt blickte und sah, daß sie gut war; der Instinkt dagegen, der durch meine Augen auf die Welt blickte, sah, daß sie verbessert werden konnte. Ich sage Ihnen: in der Verfolgung meines eigenen Vergnügens, im Streben nach meiner eigenen Gesundheit, meinem eigenen Glück habe ich nie Zufriedenheit gefunden. Es war nicht die Liebe zur Frau, die mich ihr in die Hände spielte, es war Müdigkeit und Erschöpfung. Wenn ich mich als Kind an einem Stein stieß, lief ich zur nächsten Frau und weinte meinen Schmerz in ihre Schürze aus. Als ich erwachsen wurde und meine Seele an den Brutalitäten und Dummheiten stieß, mit denen ich zu kämpfen hatte, tat ich genau das, was ich als Kind getan hatte. Ich habe dieses Ausruhen auch genossen, dieses Sich-erholen, die Atempausen, die Erschöpfung nach dem Kampf; aber ich möchte lieber durch alle Kreise des dummen italienischen Infernos geschleift werden, als durch die Vergnügungen Europas. Das ist es, was diesen Ort des ewigen Vergnügens für mich so tödlich macht. Es ist das Fehlen dieses Instinkts, das Sie zu dem seltsamen Ungeheuer macht, das man einen Teufel nennt. Es ist der Erfolg, mit dem Sie die Aufmerksamkeit des Menschen von seinem wahren Ziel abgelenkt haben, das mehr oder weniger das Gleiche ist wie das meine, und es auf Ihr Ziel gelenkt haben, der Ihnen den Namen »der Versucher« verdient hat. Es ist die Tatsache, daß die Menschen Ihren Willen tun, oder vielmehr sich von Ihrem Mangel an Willen treiben lassen, statt ihren eigenen zu tun, der sie zu diesen verdrießlichen elenden Geschöpfen macht, die sie sind.

DER TEUFEL *gekränkt*

Señor Don Juan, Sie sind unhöflich gegen meine Freunde.

DON JUAN

Pah! Warum sollte ich gegen die oder gegen Sie höflich sein? Ein oder zwei Wahrheiten in diesem Schloß der Lügen werden Ihnen nicht weh tun. Ihre Freunde sind die langweiligsten Hunde, die ich kenne. Sie sind nicht schön, sie sind nur geschmückt. Sie sind nicht rein, sie sind nur rasiert und gestärkt. Sie sind nicht würdig, sie sind nur modisch gekleidet. Sie sind nicht gebildet, sie haben nur das College absolviert. Sie sind nicht religiös, sie sind nur Mieter eines Kirchenstuhls. Sie sind nicht moralisch, sie sind nur konventionell. Sie sind nicht tugendhaft, sie sind nur feige. Sie sind nicht einmal böse, sie sind nur schwach. Sie sind keine Künstler, sie sind nur lüstern. Sie sind nicht wohlhabend, sie sind nur reich. Sie sind nicht treu, sie sind nur servil, nicht pflichttreu, nur Schafe; sie haben keinen Gemeinschaftsgeist, sie sind nur patriotisch, nicht mutig, nur streitsüchtig; nicht entschlossen, nur eigensinnig; keine Herren, nur herrschsüchtig; nicht beherrscht, nur stumpf; sie haben keine Selbstachtung, sie sind nur eitel; nicht freundlich, nur sentimental, nicht gesellig, nur Herdenvieh, nicht rücksichtsvoll, nur höflich, nicht intelligent, nur starrköpfig; nicht fortschrittlich, nur aufrührerisch; nicht phantasievoll, nur abergläubisch; nicht gerecht, nur rachsüchtig; nicht großherzig, nur konziliant; nicht diszipliniert, nur geduckt; und gar nicht wahrheitsliebend, alle sind sie Lügner bis ins tiefste Innere ihrer Seelen.

DIE STATUE

Ihr Redefluß ist einfach bewundernswert, Juan. Ich wünschte, ich hätte so zu meinen Soldaten reden können.

DER TEUFEL

Trotzdem ist es bloßes Geschwätz: Es ist alles schon früher gesagt worden, aber was hat sich damit geändert? Welche Notiz hat die Welt davon genommen?

DON JUAN

Ja, es ist bloßes Gerede. Aber warum ist es bloßes Gerede? Weil, meine Freunde, Schönheit, Reinheit, Ehrbarkeit, Moral, Kunst, Patriotismus, Tapferkeit und all das andere nichts als Wörter sind, die ich und jeder andere umwenden kann wie einen Handschuh. Wären sie Wirklichkeiten, so müßten Sie sich vor meiner Anklage schuldig bekennen, aber zum Glück für Ihre Selbstachtung, mein diabolischer Freund, sind sie keine Wirklichkeiten. Wie Sie sagen, sind sie bloße Wörter, brauchbar, um Barbaren dazu zu verleiten, daß sie Kultur annehmen, oder brauchbar, um die Armen der Kulturvölker dazu zu bringen, sich ausnutzen und versklaven zu lassen. Das ist das Familiengeheimnis der herrschenden Klasse; und wenn wir, die dieser Klasse angehören, uns um mehr Leben für die Welt bemühten, statt um mehr Macht und Luxus für unser elendes Selbst, könnte dieses Geheimnis uns groß machen. Da nun ich, der ich auch ein Edelmann bin, an dem Geheimnis teilnehme, stellen Sie sich vor, wie langweilig Ihr endloses Geschwätz über all diese moralistischen Fiktionen für mich sein muß, und wie elend und verhängnisvoll die Tatsache, daß Sie diesen Fiktionen Ihr Leben opfern! Wenn Sie wenigstens genügend an dieses moralische Spiel glaubten, um es fair zu spielen, dann wäre es immerhin interessant zu beobachten; aber Sie tun es nicht; Sie mogeln bei jedem Zug; und wenn Ihr Gegner beim Mogeln klüger ist als Sie, dann kippen Sie den Tisch um und versuchen, ihn umzubringen.

DER TEUFEL

Auf der Erde mag etwas Wahres daran sein, weil die Leute dort ungebildet sind, und meine Religion der Liebe und Schönheit nicht zu schätzen wissen. Aber hier –

DON JUAN

Oh ja, ich weiß. Hier ist nichts als Liebe und Schönheit. Uff! Es ist, als säße man eine Ewigkeit lang beim ersten Akt eines modernen Schauspiels, ehe die Komplikationen beginnen. Niemals, in den schlimmsten Momenten abergläubischer Furcht auf der Erde nicht, hätte ich mir geträumt, daß die Hölle so schrecklich ist. Ich lebe, wie ein Friseur, in der ständigen Betrachtung der Schönheit, spiele mit seidenen Flechten. Ich atme eine süßliche Luft, wie der Verkäufer in einer Konditorei. Komtur, gibt es im Himmel schöne Frauen?

DIE STATUE

Keine. Absolut keine. Alle sind unelegant. Ein Dutzend von ihnen tragen zusammen Schmuck, der keine zwei Pennys wert ist. Sie könnten Männer von fünfzig sein.

DON JUAN

Ich warte ungeduldig darauf, hinzukommen. Wird das Wort Schönheit je erwähnt? Gibt es künstlerische Menschen dort?

DIE STATUE

Ich gebe Ihnen mein Wort, die bewundern eine schöne Statue nicht mal, wenn sie an ihnen vorübergeht.

DON JUAN

Ich gehe.

DER TEUFEL

Don Juan, darf ich offen sein?

DON JUAN

Waren Sie das nicht schon früher?

DER TEUFEL

Soweit ich zu Wort gekommen bin, ja. Aber ich will jetzt noch weiter gehen, und Ihnen gestehen, daß die Menschen alles leid werden, den Himmel nicht weniger als die Hölle, und daß die ganze Geschichte nichts anderes ist, als der Bericht über die Schwankungen der Welt zwischen diesen beiden Extremen. Eine Epoche ist ein Ausschlagen des Pendels; und jede Generation glaubt, daß die Welt fortschreitet, weil sie sich immer bewegt. Aber wenn man so alt ist wie ich, wenn Sie tausendmal des Himmels überdrüssig geworden sind, wie ich und der Komtur, und tausendmal der Hölle überdrüssig geworden sind, wie Sie ihrer jetzt überdrüssig sind, dann werden Sie sich nicht länger einbilden, daß jede Schwingung vom Himmel zur Hölle eine Emanzipation, jede

Schwingung der Hölle zum Himmel eine Evolution ist. Wo Sie jetzt Reform, Fortschritt, Erfüllung einer Aufwärtsbewegung sehen, den ständigen Aufstieg des Menschen auf den Stufen seines gestorbenen Selbst zu höheren Dingen, werden Sie nichts sehen, als eine unendliche Komödie der Täuschungen. Sie werden die tiefe Wahrheit des Ausspruchs meines Freundes Koholeth erkennen, daß es unter der Sonne nichts Neues gibt. Vanitas vanitatum –

DON JUAN *hat die Geduld völlig verloren*

Beim Himmel, das ist schlimmer als Ihr Geschwätz über Liebe und Schönheit, Sie kluger Dummkopf, der Sie sind, ist ein Mensch nicht mehr als ein Wurm, ein Hund nicht besser als ein Wolf, weil er aller Dinge überdrüssig wird? Soll er aufhören zu essen, weil er, wenn er seinen Hunger befriedigt, diesen zerstört? Ist ein Feld unnütz, wenn es brach liegt? Kann der Komtur hier seine höllische Energie verbrauchen, ohne himmlische Energie anzusammeln für seine nächste Zeit der Seligkeit? Ich gebe zu, daß die große Macht des Lebens auf das Prinzip des Uhrmacherpendels verfallen ist, und die Erde als das Gewicht benutzt; daß die Geschichte jeder Schwingung, die uns, den Akteuren, so neu erscheint, nur die Wiederholung der Geschichte der letzten Schwingung ist; nein, vielmehr, daß in der undenkbaren Unendlichkeit von Zeit die Sonne die Erde abstößt und sie tausend Mal wieder fängt, wie ein Zirkusreiter einen Ball wirft, und daß unsere jahrhundertelangen Epochen nur die Augenblicke sind zwischen dem Werfen und dem Fangen, hat dann dieser kolossale Mechanismus keinen Zweck?

DER TEUFEL

Nein, mein Freund. Sie denken, weil Sie ein Ziel haben, muß auch die Natur ein Ziel haben. Sie könnten ebensogut erwarten, daß Sie Finger und Zehen haben, weil Sie sie haben.

DON JUAN

Aber ich würde sie nicht haben, wenn sie keinen Zweck erfüllten. Und ich, mein Freund, bin ebenso ein Teil der Natur, wie meine Finger ein Teil von mir sind. Wenn mein Finger das Organ ist, mit dem ich das Schwert und die Mandoline fasse, so ist mein Gehirn das Organ, durch das die Natur danach strebt, sich selbst zu verstehen. Das Gehirn meines Hundes dient nur den Zwekken des Hundes, aber mein eigenes Gehirn strebt nach einem Wissen, das mir persönlich nicht hilft, das mir meinen Körper bitter macht und meinen Verfall und Tod zu einem Unglück. Wäre ich nicht von einem Ziel beseelt, das außer mir liegt, dann wäre ich besser ein Pflüger geworden statt ein Philosoph; denn der Pflüger lebt ebenso lang wie ein Philosoph, ißt mehr, schläft besser, und erfreut sich der Frau seines Herzens mit weniger Zweifeln. Das kommt daher, daß der Philosoph sich in den Fängen der Macht des Lebens befindet. Diese Macht des Lebens sagt zu ihm: Ich habe unbewußt tausend wunderbare Dinge vollbracht, nur indem ich leben wollte und den Weg des geringsten Widerstandes ging; jetzt will ich mich selbst und meine Bestimmung kennen lernen und meinen Weg wählen; darum habe ich ein besonderes Gehirn hervorgebracht, das Gehirn eines Philosophen, es soll für mich dieses Wissen erfassen, so wie die Hand des Bauern für mich den Pflug erfaßt. »Und dies«, sagt die Macht des Lebens zum Philosophen, »mußt du versuchen, für mich zu tun bis du stirbst, dann werde ich ein anderes Gehirn hervorbringen und einen anderen Philosophen, der die Arbeit fortsetzt.«

DER TEUFEL

Welchen Sinn hat es, zu wissen?

DON JUAN

Damit man den Weg des größten Nutzens einschlagen kann, statt sich in die Richtung des geringsten Widerstandes drängen zu lassen. Steuert ein Schiff nicht besser auf seinen Bestimmungsort zu als ein Stück Treibholz, das ins Ungewisse schwimmt? Der Philosoph ist der Lotse der Natur. Und hier haben Sie den Unterschied: In der Hölle sein heißt zu treiben, im Himmel sein, heißt steuern.

DER TEUFEL

Wahrscheinlich auf die Klippen.

DON JUAN

Pah! Welches Schiff läuft öfter auf die Klippen oder auf Grund? Das treibende Schiff oder das mit einem Lotsen an Bord?

DER TEUFEL

Also gut, Señor Don Juan, gehen Sie Ihrer Wege. Ich ziehe es vor, mein eigener Herr zu sein und nicht das Werkzeug irgendeiner blinden universalen Macht. Ich weiß, die Schönheit ist gut anzusehen, die Musik gut anzuhören, Liebe ist gut zu spüren, und alle eignen sich gut, daran zu denken und darüber zu reden. Ich weiß, in diesen Gefühlen, Empfindungen und Übungen wohl geschult zu sein, macht einen zu einem verfeinerten und kultivierten Wesen. Was immer sie in den Kirchen auf Erden über mich sagen mögen, ich weiß, es wird in der guten Gesellschaft allgemein zugegeben, daß der Fürst der Finsternis ein Edelmann ist; und das genügt mir. Was Ihre Macht des Lebens angeht, die Sie für unwiderstehlich halten, so kann eine Person von Charakter ihr sehr leicht widerstehen. Aber wenn man von Natur vulgär und gutgläubig ist, und das sind alle Reformer, so treibt sie einen zuerst der Religion in die Arme, wo man Wasser über die kleinen Kinder spritzt, um ihre

Seelen vor mir zu bewahren; dann treibt sie dich von der Religion zur Wissenschaft, wo man die kleinen Kinder dem Wassersprengen entreißt und sie mit Krankheiten impft, um sie davor zu bewahren, daß sie sie zufällig damit anstecken. Dann verschreibst du dich der Politik, wo du korrupten Funktionären die Kastanien aus dem Feuer holen kannst oder zum Henker von ehrgeizigen Schwindlern wirst; und am Ende stehen Verzweiflung und Siechtum, zerrüttete Nerven und zerstörte Hoffnungen, nutzlose Reue über die schlimmste und sinnloseste Vergeudung und das sinnloseste Opfer, die Vergeudung und das Opfer jeglicher Lebensfreude mit einem Wort, die Strafe für einen Narren, der das bessere will, bevor er des Guten sicher ist.

DON JUAN

Aber ich werde wenigstens mich nicht langweilen. Der Dienst an der Macht des Lebens hat diesen Vorteil. Leben Sie also wohl, Señor Satan.

DER TEUFEL *freundschaftlich*

Leben Sie wohl, Don Juan. Ich werde oft an unsere interessanten Plaudereien über allgemeine Themen denken. Ich wünsche Ihnen alles Glück, wie ich schon früher gesagt habe, manchen Leuten gefällt es im Himmel. Aber wenn Sie Ihre Meinung ändern sollten, so vergessen Sie nicht, daß unsere Pforten für den verlorenen Sohn, der bereut, immer offen stehen. Wenn Sie je wieder diese Herzenswärme spüren, diese echte, ungezwungene Neigung, unschuldige Freude und warme, atmende, klopfende Wirklichkeit –

DON JUAN

Warum sagen Sie nicht gleich Fleisch und Blut, obwohl wir diese beiden schmierigen Gemeinplätze hinter uns gelassen haben?

DER TEUFEL *ärgerlich*

Sie stoßen mir meinen freundlichen Abschiedsgruß in die Kehle zurück, Don Juan?

DON JUAN

Aber nein. Aber wenn man auch von einem zynischen Teufel viel lernen kann, einen sentimentalen kann ich einfach nicht ausstehen. Señor Komtur, Sie kennen den Weg zur Grenze zwischen Himmel und Hölle. Seien Sie so gut und führen mich.

DIE STATUE

Oh, die Grenze ist nur der Unterschied zwischen zwei Arten, eine Sache anzusehen. Wenn Sie wirklich hinwollen, werden Sie auf jeden Weg hingelangen.

DON JUAN

Gut.

Grüßt Doña Aña

Señora, Ihr Diener.

AÑA

Aber ich gehe mit Ihnen.

DON JUAN

Ich werde meinen eigenen Weg zum Himmel gehen, nicht den Ihren.

Er verschwindet

AÑA

Wie ärgerlich.

DIE STATUE *ruft hinter ihm her*

Bon Voyage, Juan!

Als Abschiedsgruß schickt er ein letztes Mal seine großen rollenden Akkorde hinter ihm her. Als Antwort kommt ein leises Echo der ersten Geistermelodie zurück

Ah, da geht er hin.

Atmet tief aus

Uff! Wie der redet! Im Himmel werden sie das bestimmt nicht ertragen.

DER TEUFEL *düster*

Sein Weggang ist eine politische Niederlage. Ich kann diese Lebensanbeter nicht halten. Sie gehen alle. Dies ist, seit dieser holländische Maler gegangen ist, der größte Verlust; ein Bursche, der mit der gleichen Freude eine Hexe von 70 malte wie eine Venus von 20.

DIE STATUE

Oh, ich erinnere mich, er kam zu uns in den Himmel, Rembrandt.

DER TEUFEL

Ja, Rembrandt. Diese Burschen haben etwas Unnatürliches an sich. Hören Sie nicht auf deren Evangelium, Komtur: es ist gefährlich. Hüten Sie sich vor dem Streben nach dem Übermenschlichen; es führt zu einer unterschiedslosen Verachtung des Menschlichen. Für einen Menschen sind Pferde, Hunde, Katzen einfach Arten der Tierwelt, sie stehen außerhalb der moralischen Welt. Für den Übermenschen sind auch Männer und Frauen einfach Arten, auch sie außerhalb der moralischen Welt. Dieser Don Juan war freundlich zu Frauen und höflich zu Männern, so wie ihre Tochter hier zu ihren Katzen und Hunden freundlich war; eine solche Freundlichkeit leugnet das ausschließlich menschliche Wesen der Seele.

DIE STATUE

Und wer zum Teufel ist der Übermensch?

DER TEUFEL

Oh, was ist die neueste Mode unter den Lebenskraft-Fanatikern. Haben Sie im Himmel unter den Neuankömmlingen nicht diesen deutsch-polnischen Irren getroffen? Wie hieß er noch? Nietzsche?

DIE STATUE

Nie gehört.

DER TEUFEL

Nun, er kam zuerst hierher, bis er wieder zu Verstand

kam. Ich hatte einige Hoffnungen auf ihn gesetzt, aber er war ein eingeschworener Lebenskraft-Anbeter. Er war es, der diesen Übermenschen wieder ausgegraben hat, der so alt ist wie Prometheus; und das zwanzigste Jahrhundert wird diesem neuesten aller alten Träume nachlaufen, sobald es der Welt, des Fleisches und Ihres ergebenen Dieners müde geworden ist.

DIE STATUE

Übermensch, das ist ein guter Schlachtruf. Und ein guter Schlachtruf ist die halbe Schlacht. Ich würde diesen Nietzsche gern sehen.

DER TEUFEL

Unglücklicherweise traf er hier Wagner und fing einen Streit mit ihm an.

DIE STATUE

Da hatte er recht. Ich bin für Mozart.

DER TEUFEL

Oh, es ging hier nicht um Musik. Wagner geriet auch einmal unter die Lebenskraft-Anbeter und erfand einen Übermenschen namens Siegfried. Aber später kam er wieder zur Vernunft. Als sie sich daher hier trafen, beschimpfte Nietzsche ihn als einen Abtrünnigen, und Wagner schrieb ein Pamphlet, in dem er bewies, daß Nietzsche ein Jude sei; und es endete damit, daß Nietzsche aufgebracht in den Himmel ging. Ich war froh, daß wir ihn los waren. Und nun mein Freund, wollen wir in meinen Palast eilen und Ihre Ankunft mit einer großen musikalischen Feier begehen.

DIE STATUE

Mit Vergnügen. Sie sind sehr freundlich.

DER TEUFEL

Hier entlang, Komtur. Wir gehen durch die alte Falltür.

Er stellt sich auf die Grabplatte.

DIE STATUE

Gut.

nachdenklich

Trotzdem, der Übermensch ist eine schöne Erfindung. Er hat etwas von einer Statue.

Er stellt sich neben den Teufel auf die Grabplatte. Sie beginnt sich langsam zu senken. Roter Schein aus dem Abgrund.

Ah, das erinnert mich an alte Zeiten.

DER TEUFEL

Mich auch.

AÑA

Halt!

Die Platte bleibt stehen.

DER TEUFEL

Sie, Señora, können nicht diesen Weg gehen. Für Sie wird es eine Apotheose geben, und Sie werden vor uns im Palast sein.

AÑA

Darum habe ich Sie nicht aufgehalten. Sagen Sie mir, wo kann ich den Übermenschen finden?

DER TEUFEL

Er ist noch nicht geschaffen, Señora.

DIE STATUE

Und wahrscheinlich wird er auch nie geschaffen werden. Wir wollen weiterfahren. Das rote Feuer bringt mich zum Niesen.

Sie steigen ab

AÑA

Noch nicht geschaffen! Dann ist mein Werk noch nicht vollbracht.

Sie bekreuzigt sich andächtig

Ich glaube an das zukünftige Leben.

Sie ruft ins Weltall hinein
Einen Vater! Einen Vater für den Übermenschen!
Sie verschwindet in die Leere hinein; und wieder ist da nichts; alle Existenz scheint im Unendlichen zu schweben. Dann hört man unbestimmt irgendwo lebendige menschliche Stimmen rufen. Verblüfft erkennt man einen Berggipfel, der sich schwach gegen den helleren Hintergrund abhebt. Von weither ist der Himmel zurückgekehrt; wir erinnern uns plötzlich, wo wir sind. Der Schrei wird deutlich und dringend: er lautet: Automobil, Automobil. Die ganze Wirklichkeit kommt plötzlich zurück, im Nu ist es heller Morgen in der Sierra; die Räuber rappeln sich auf und laufen auf die Straße zu, während der Ziegenhirt von dem Hügel heruntergelaufen kommt und die Ankunft eines neuen Autos ankündigt. Tanner und Mendoza erheben sich erstaunt und starren einander verwirrt an. Straker setzt sich auf und gähnt, bevor er aufsteht, es ist gegen seine Ehre, ein ungebührliches Interesse an der Aufregung der Räuber zu zeigen. Mendoza sieht sich schnell um, ob seine Leute auch dem Alarm Folge leisten; dann wendet er sich Tanner zu.

MENDOZA
Haben Sie geträumt?

TANNER
Scheußlich. Sie auch?

MENDOZA
Ja. Ich weiß nicht mehr was. Aber Sie kamen auch drin vor.

TANNER
Sie auch bei mir. Erstaunlich!

MENDOZA
Ich habe Sie gewarnt
von der Straße her hört man einen Schuß

Die Dummköpfe! Sie müssen unbedingt mit dem Gewehr spielen.

Die Räuber kommen erschrocken zurückgelaufen

Wer hat geschossen?

zu Duval

Waren Sie das?

DUVAL *atemlos*

Ich hab nicht geschossen. Die haben zuerst geschossen.

DER ANARCHIST

Ich hab euch ja gesagt, daß man zuerst den Staat abschaffen muß. Jetzt sind wir alle verloren.

Der wüste Sozialdemokrat kommt durch das Amphitheater gerannt

Lauft, lauft alle!

MENDOZA *packt ihn beim Kragen, wirft ihn auf den Rükken und zieht sein Messer*

Ich ersteche jeden, der sich rührt.

Er stellt sich in den Weg, die Flucht kommt zum Stillstand

Was ist geschehen?

DER SCHMOLLENDE SOZIALDEMOKRAT

Ein Auto –

DER ANARCHIST

Drei Männer!

DUVAL

Deux femmes –

MENDOZA

Drei Männer und zwei Frauen! Warum habt Ihr sie nicht hergebracht? Habt Ihr Angst vor ihnen?

DER WÜSTE SOZIALDEMOKRAT *steht auf*

Sie ham ne Eskorte. Oh. –

DER SCHMOLLENDE SOZIALDEMOKRAT

Zwei Panzerwagen voller Soldaten am Ende des Tals.

DER ANARCHIST

Der Schuß ging in die Luft. Es war ein Signal.

Straker pfeift seine Lieblingsmelodie, die den Räubern wie ein Trauermarsch in den Ohren klingt.

TANNER

Es ist keine Eskorte, sondern eine Expedition, die euch fangen soll. Man hat uns den Rat gegeben, auf sie zu warten; aber ich hatte es eilig.

DER WÜSTE *in Todesangst*

Und, oh mein Gott, wir sizn hier un wartn auf sie!
Laßt uns in die Berge machen!

MENDOZA

Idiot! Was weißt du von den Bergen? Bist du ein Spanier? Der erste Schäfer, den du triffst, würde dich verraten. Außerdem sind wir jetzt schon in Reichweite ihrer Gewehre.

DER WÜSTE

Aber –

MENDOZA

Ruhe. Überlaßt es mir.

zu Tanner

Kamerad, wirst du uns verraten?

STRAKER

Wen nennste hier Kamerad?

MENDOZA

Gestern abend war ich im Vorteil. Der, der die Armen ausplündert befand sich in der Hand dessen, der die Reichen ausplündert. Sie boten mir Ihre Hand. Ich nahm sie.

TANNER

Ich habe keine Klage gegen Sie, Kamerad. Wir haben bei Ihnen eine angenehme Nacht verlebt, das ist alles.

STRAKER

Ich hab meine Hand keinem gegeben.

MENDOZA *wendet sich ihm mit Würde zu*

Junger Mann, wenn ich vor Gericht gestellt werde, werde ich schuldig gesprochen, und ich werde eine Erklärung darüber abgeben, was mich von England von Haus und Pflichten vertrieben hat. Wollen Sie, daß der ehrenwerte Name Straker durch den Schmutz eines spanischen Kriminalgerichts geschleift wird? Die Polizei wird mich durchsuchen. Sie werden Louisas Bild finden. Man wird es in den Illustrierten veröffentlichen. Sie werden blaß! Denken Sie daran, es wird Ihre Schuld sein!

STRAKER *mit unterdrückter Wut*

Das Gericht ist mir egal. Aber daß unser Name zusammen mit deinem genannt wird, dagegen hab ich was, du erpresserisches Schwein, du.

MENDOZA

Eine Sprache, die des Bruders von Louisa unwürdig ist. Aber wie auch immer, der Mund ist dir gestopft, das genügt uns.

Er wendet sich an seine eigenen Leute, die sich unschlüssig durch das Amphitheater auf die Höhle zu zurückziehen, um hinter seinem Rücken Schutz zu suchen. In diesem Augenblick kommt eine neue Gesellschaft, für eine Autoreise eingemummt von der Straße her. Sie sind bester Laune. Voran kommt Anne, die geradewegs auf Tanner zugeht, dann Violet, deren rechte Hand Hector hält, um ihr über die Unebenheiten des Bodens zu helfen, Violets Linke hält Ramsden. Mendoza geht zu seinem Präsidentenstein und setzt sich ruhig hin, sein Gefolge stellt sich hinter ihm auf, und sein Stab, der aus Duval und dem Anarchisten zu seiner Rechten und den beiden Sozialdemokraten zu seiner Linken besteht, schützen ihn von den Seiten.

ANNE

Es ist Jack!

TANNER

Gefangen!

HECTOR

Natürlich ist er es. Ich sagte gleich, Sie wären es, Tanner. Wir mußten eben wegen eines Platten anhalten, die Straße ist voller Nägel.

VIOLET

Was tut ihr hier mit all den Leuten?

ANNE

Warum hast du uns keine Nachricht hinterlassen?

HECTOR

Ich kriege den Strauß Rosen, Miss Whitefield.

zu Tanner

Als wir merkten, daß Sie weg waren, hat Miss Whitefield mit mir um einen Strauß Rosen gewettet, daß mein Wagen Sie nicht einholen könnte, bevor sie Monte Carlo erreicht hätten.

TANNER

Aber dies ist nicht die Straße nach Monte Carlo.

HECTOR

Das macht nichts. Miss Whitefield hat an jedem Halteplatz ihre Spur gefunden; sie ist ein richtiger Sherlock Holmes.

TANNER

Die Lebenskraft! Ich bin verloren!

OCTAVIUS *kommt fröhlich von der Straße her ins Amphitheater gesprungen und tritt zwischen Tanner und Straker.*

Ich bin so froh, daß du wohlbehalten bist, alter Freund. Wir hatten Angst, du wärest Räubern in die Hände gefallen.

RAMSDEN *starrt Mendoza an*

Das Gesicht Ihres Freundes hier kommt mir bekannt vor.

Mendoza erhebt sich höflich und tritt zwischen Anne und Ramsden

HECTOR

Ja wirklich, mir auch.

OCTAVIUS

Ich kenne Sie genau, mein Herr; aber es will mir nicht einfallen, wo ich Sie schon einmal getroffen habe.

MENDOZA *zu Violet*

Erinnern Sie sich an mich, gnädige Frau?

VIOLET

Ja, sehr gut, aber ich vergesse Namen so leicht.

MENDOZA

Es war im Savoy Hotel.

zu Hector

Sie mein Herr pflegten mit dieser Dame zum Lunch zu kommen.

zu Octavius

Sie mein Herr brachten manchmal diese Dame und ihre Mutter auf dem Weg ins Lyceum Theater zum Diner.

zu Ramsden

Sie mein Herr,

zu Ramsden

pflegten zum Abendessen zu kommen, in Begleitung von

er senkt seine Stimme zu einem vertraulichen aber deutlich hörbaren Flüstern

verschiedenen Damen.

RAMSDEN *ärgerlich*

Und was geht Sie das an, wenn ich bitten darf?

OCTAVIUS

Aber Violet, ich dachte du und Malone! Ihr hättet einander vor dieser Reise nur flüchtig gekannt.

VIOLET *ärgerlich*

Ich glaubte, dieser Mensch war der Manager.

MENDOZA

Der Kellner, gnädige Frau. Ich habe Sie alle in dankbarer Erinnerung. Aus der freigiebigen Art, in der Sie mich alle behandelten, schloß ich, daß Sie Ihre Besuche bei uns sehr genossen.

VIOLET

Welche Frechheit!

Sie wendet ihm ihren Rücken zu und geht mit Malone den Hügel hinauf.

RAMSDEN

Das genügt, mein Freund. Sie werden wohl nicht erwarten, daß diese Damen Sie, weil Sie sie bei Tisch bedient haben, wie einen Bekannten behandeln.

MENDOZA

Entschuldigen Sie. Aber Sie waren es, die an unsere Bekanntschaft erinnerten. Die Damen folgten Ihrem Beispiel. Nun, dieser Beweis – für die unglückseligen Manieren Ihrer Klasse beendet den Zwischenfall. In Zukunft werden Sie mich bitte mit dem Respekt behandeln, der sich gegen einer fremden Mitreisenden geziemt.

Er wendet sich hochmütig ab und nimmt seinen Präsidentensitz wieder ein.

TANNER

Da haben wirs! Ich habe auf meiner Reise einen einzigen Mann gefunden, mit dem man sich vernünftig unterhalten kann, und ihr alle müßt ihn instinktiv beleidigen. Sogar der Neue Mann ist nicht besser als ihr alle. Enry: Sie haben sich benommen wie irgendein elender Gentleman.

STRAKER

Gentleman? Nicht ich.

RAMSDEN

Wirklich, Tanner! Dieser Ton –

ANNE

Laß ihn nur, Großpapa; du solltest ihn inzwischen kennen.

Sie nimmt Ramsdens Arm und führt ihn besänftigend

den Hügel hinauf zu Violet und Hector. Octavius folgt ihr wie ein Hund.

VIOLET *ruft vom Hügel her*

Da sind die Soldaten. Sie steigen aus ihren Wagen.

DUVAL *in Panik*

Oh, nom le Dieu!

DER ANARCHIST

Ihr Narren. Der Staat wird euch zermalmen, weil ihr ihn auf Verlangen der politischen Mitläufer der Bourgoisie verschont habt.

DER SCHMOLLENDE SOZIALDEMOKRAT *bis zuletzt streitsüchtig*

Im Gegenteil, nur indem man sich der Staatsmaschinerie bemächtigt –

DER ANARCHIST

Sie ist im Begriff, sich deiner zu bemächtigen.

DER WÜSTE SOZIALDEMOKRAT *außer sich vor Angst*

Oh, halt die Schnauze! Was machen wir noch hier. Worauf wartn wir denn noch?

MENDOZA *mit zusammengebissenen Zähnen*

Macht nur weiter. Redet über Politik, ihr Idioten, nichts könnte harmloser klingen. Macht weiter, sag ich euch!

Die Soldaten stellen sich auf der Straße auf, sie beherrschen mit ihren Gewehren das Amphitheater. Die Räuber, die gegen einen fast unüberwindlichen Drang, sich hintereinander zu verstecken, ankämpfen, versuchen so unbeteiligt wie möglich auszusehen. Mendoza erhebt sich mit großartiger Geste und ungetrübter Unverschämtheit. Der befehlshabene Offizier kommt von der Straße in das Amphitheater herunter; wirft einen scharfen Blick auf die Räuber und dann einen fragenden auf Tanner.

DER OFFIZIER

Wer sind diese Männer, Señor Ingles?

TANNER Meine Eskorte.

Mendoza verneigt sich tief mit einem mephistopheli-

schen Lächeln. Die Räuber können ein Grinsen nicht unterdrücken. Sie legen die Hand an die Mützen, außer dem Anarchisten, der mit untergeschlagenen Armen der Staatsgewalt Trotz bietet.

Vierter Akt

Im Garten einer Villa in Granada. Wer wissen will, wie ein solcher Garten aussieht, muß nach Granada gehen. Prosaisch ausgedrückt: man kann eine Hügelkette ausmachen, die mit Landhäusern übersät ist; auf einem der Hügel liegt die Alhambra, im Tal eine ansehnliche Stadt, zu der staubige, weiße Straßen führen, auf der die Kinder, ohne sich dabei etwas zu denken, automatisch mit jammervoller Stimme und ausgestrecktem braunem Händchen um einen halben Penny betteln; aber an dieser Beschreibung ist, außer dem Betteln und der Farbe der Straßen nichts, das nicht ebensogut nach Surrey passen würde wie nach Spanien. Der Unterschied ist, daß die Hügel von Surrey verhältnismäßig klein und häßlich sind, man sollte sie eigentlich die Auswüchse von Surrey nennen; diese spanischen Hügel indessen sind eher Berge; die angenehme Form, die über ihre Höhe täuscht, nimmt ihnen nichts von ihrer Würde.

Unser Garten liegt auf einem Hügel der Alhambra gegenüber, und die Villa ist so teuer und pompös, wie eine Villa sein muß, die man englischen oder amerikanischen Reisenden wochenweise möbliert vermietet. Wenn wir am unteren Rand des Gartens auf dem Rasen stehen und nach oben blicken, bildet unseren Horizont die Steinbalustrade einer gepflasterten Plattform, die oben auf dem Hügel am Rande des unendlichen Raumes liegt. Zwischen uns und dieser Plattform liegt ein Blumengarten, in dessen Mitte ein rundes Becken mit einem Springbrunnen, das von geometrischen Blumenbeeten, Kieswegen und beschnittenen Taxushecken in hochherrschaftlichem Stil umgeben ist. Der Garten liegt höher als unser Rasen, wir erreichen ihn über ein paar Stufen in der Mitte einer Böschung. Die Platt-

form liegt wieder höher als der Garten, von dem aus wieder ein paar Stufen hinaufführen; über die Balustrade hinweg hat man eine herrliche Aussicht auf die Stadt im Tal und auf die Hügel, die sich auf der anderen Seite des Tales bis in die weite Ferne erstrecken, wo sie zu einem Gebirge ansteigen. Die Villa liegt zu unserer Linken; man steigt aus der linken Gartenecke auf Stufen zu ihr hinauf. Wenn wir von der Plattform durch den Garten wieder auf den Rasen zurückkehren (dabei bleibt die Villa zu unserer Rechten liegen), so finden wir einen Beweis für die literarischen Interessen der Mieter in der Tatsache, daß es hier kein Tennisnetz gibt und auch keine Krokett-Bögen, sondern zu unserer Linken einen kleinen Eisentisch mit Büchern darauf, die meisten mit gelben Rücken. Daneben steht ein Stuhl. Auf einem Stuhl rechts vom Tisch liegen auch ein paar aufgeschlagene Bücher. Es liegen keine Zeitungen da, ein Umstand, der, zusammen mit dem Fehlen von Sportgegenständen den intelligenten Zuschauer zu sehr weitreichenden Schlüssen verführen könnte, was die Art der Menschen betrifft, die diese Villa bewohnen. Solche Spekulationen werden an diesem wundervollen Nachmittag dadurch unterbrochen, daß in einem kleinen Tor in einem Staketenzaun zu unserer Linken Henry Straker in seiner Chauffeurs-Kleidung auftaucht. Er hält einem älteren Herrn das Tor auf und folgt ihm dann auf den Rasen.

Dieser ältere Herr trotzt der spanischen Sonne in einem schwarzen Gehrock, hohem Seidenzylinder, Hosen, auf denen sich schmale dunkelgraue und lila Streifen zu einem höchst schicklichen Farbton vermischen, und einer schwarzen Krawatte, die über fleckenlosem Linnen zu einer Schleife gebunden ist. Wahrscheinlich ist dies ein Mann, dessen gesellschaftliche Stellung einer ständigen und peinlich genauen Bestätigung bedarf, ohne Rücksicht auf Klima; er würde sich mitten in der Sahara und auf dem Gip-

fel des Mont Blanc ebenso kleiden. Und da er nicht den Stempel der Klasse trägt, die es als ihre Lebensaufgabe ansieht, erstklassige Schneiderarbeit und Putzmacherei zur Schau zu stellen, sieht er in seinem Staat vulgär aus; in irgendeiner Arbeitskleidung würde er dagegen bestimmt würdig aussehen. Er hat kugelige Wangen und eine gerötete Haut, struppiges Haar, etwas kleine Augen, einen harten Mund, von dessen Winkeln aus sich Falten nach unten ziehen und ein eigensinniges Kinn. Seine Haut hängt, wie es das Alter mit sich bringt, am unteren Rand der Wangen und unter dem Kinn lose; aber oberhalb des Mundes ist er noch so hart wie ein Apfel, so daß die obere Hälfte des Gesichts jünger aussieht als die untere. Er hat das Selbstvertrauen eines Mannes, der Geld gemacht hat, und manchmal auch die Verschlagenheit dessen, der es in einem brutalen Kampf gemacht hat; hinter seiner Höflichkeit wird die Drohung spürbar, daß er notfalls auch andere Methoden in Reserve hat. Im ganzen gesehen, ein Mann, mit dem man Mitleid haben kann, wenn man keine Angst vor ihm haben muß, denn manchmal hat er etwas rührendes, als hätte die riesige Wirtschaftsmaschinerie, durch die er in seinen Gehrock gezwängt worden ist, ihm wenig von seiner Eigenart gelassen, und seine Gefühle ausgehungert und verkümmern lassen. Beim ersten Wort, das er fallen läßt, wird klar, daß er ein Ire ist, dessen angeborener Tonfall den häufigen Wechsel von Aufenthaltsort und gesellschaftlicher Stellung überdauert hat. Man kann eben noch erraten, daß das ursprüngliche Material seiner Sprache vielleicht der schroffe Dialekt von Kerry ist; aber die Verkümmerung der Rede, die London, Glasgow, Dublin und Großstädte im allgemeinen mit sich bringen, ist so lange am Werk gewesen, daß nur ein ausgekochter Londoner es sich im Traum einfallen ließe, seine Sprechweise heute noch irisch zu nennen; denn ihre Musik ist fast ver-

schwunden, die Schroffheit ist noch bemerkbar. Straker, der ein sehr ausgeprägter Londoner ist, flößt ihm eine unerbittliche Verachtung ein, der Mann hält ihn für einen blöden Engländer, der seine eigene Sprache nicht ordentlich beherrscht. Straker dagegen hält den Akzent des alten Herrn für einen Witz, der von der Vorsehung aufmerksamerweise eigens zum Vergnügen der britischen Rasse geschaffen worden ist und behandelt ihn meist mit der Nachsicht, die man einem unterlegenen und unglücklichen Mitmenschen schuldig ist; manchmal auch zeigt er empörte Beunruhigung, wenn der alte Mann offenkundig darauf besteht, daß man seinen irischen Blödsinn ernst nimmt.

STRAKER

Ich geh und sags der jungen Dame. Sie sagte, Sie würden lieber hier warten.

Er wendet sich, um durch den Garten zur Villa hinaufzugehen.

DER IRE *der sich mit lebhafter Neugier umgesehen hat*

Der jungen Dame? Das ist Miss Violet, wie?

STRAKER *der plötzlich Verdacht schöpft, bleibt stehen*

Nun, Sie wissen es doch, oder nicht?

DER IRE

Weiß ich es?

STRAKER *wird langsam wütend*

Nun, wissen Sie's oder wissen Sie's nicht?

DER IRE

Was geht das Sie an?

STRAKER *jetzt sehr wütend, kommt die Stufen wieder herunter und stellt sich dem Besucher gegenüber*

Ich werde Ihnen sagen, was mich das angeht. Miss Robinson –

DER IRE *unterbricht ihn*

Oh, ihr Name ist Robinson, wie? Vielen Dank!

STRAKER

Wie, Sie wissen nicht einmal ihren Namen?

DER IRE

Doch ich weiß ihn. Sie haben ihn mir ja eben gesagt.

STRAKER *für einen Augenblick durch die Schlagfertigkeit des alten Mannes zum Schweigen gebracht*

Hörn Se mal, was denken Se sich, Sie steigen in meinen Wagen un lassen sich von mir herfahren, un dabei sin Se garnicht der Mann, dem ich den Brief geben sollte.

DER IRE

Wem sonst sollten Sie ihn denn bringen?

STRAKER

Auf Miss Robinsons Bitte hin brachte ich ihn Mr. Ector Malone, verstehen Se? Miss Robinson ist nicht meine Chefin; ich hab es aus Gefälligkeit getan. Ich kenne Mr. Malone, un Sie sin es nicht, weit entfernt davon. Im Hotel sagte man mir, Sie wären Mr. Ector Malone –

MALONE

Hector Malone.

STRAKER *mit ruhiger Überlegenheit*

Hector in Ihrem eigenen Land; das kommt davon, wenn man an so provinziellen Orten lebt wie Irland und Amerika. Hier bei uns heißt es Ector; wenn Sie das noch nicht gemerkt haben, dann werden Sie's bald tun.

Die wachsende Spannung in der Unterhaltung wird in diesem Augenblick von Violet unterbrochen, die aus der Villa herausstürzt, durch den Garten gelaufen ist und soeben die Stufen hinuntersteigt. Sie tritt gerade zur rechten Zeit zwischen Straker und Malone.

VIOLET *zu Straker*

Haben Sie meine Botschaft überbracht?

STRAKER

Ja, Miss. Ich habe den Brief zum Hotel gebracht und nach oben geschickt, und erwartet, den jungen Mr. Malone zu sehen. Dann kommt dieser Herr heraus und sagt, es ist in Ordnung und er fährt mit mir. Da die Leute im Hotel sagten, er sei Mr. Ector Malone, hab ich ihn mitgebracht. Und jetzt sagt er wieder dasselbe. Aber wenn es nicht der Herr ist, den Sie meinten, sagen Sie nur ein Wort; es ist ganz leicht, ihn wieder zurückzubringen.

MALONE

Ich würde es als eine große Gunst betrachten, wenn ich mich kurz mit Ihnen unterhalten könnte, mein Fräulein. Ich bin Hectors Vater, wie dieser kluge Brite im Laufe der nächsten Stunde erraten haben würde.

STRAKER *kühl und abweisend*

Nein, nicht einmal im Lauf des nächsten Jahres. Wenn wir soviel Zeit gehabt haben, Sie aufzupolieren wie ihn, wern Se ihm vielleicht ein bißchen ähnlich. Im Augenblick fehlt noch viel daran. Um ein Beispiel zu nennen, Sie haben viel zu viele Hs.

liebenswürdig zu Violet

Schon gut, Miss; Sie wollen mit ihm sprechen, ich ziehe mich zurück.

Er nickt Malone leutselig zu und geht durch das kleine Tor im Zaun hinaus.

VIOLET *sehr höflich*

Wenn dieser Mann unhöflich gewesen ist, Mr. Malone, so tut es mir sehr leid. Aber was können wir machen? Er ist unser Chauffeur.

MALONE

Ihr was?

VIOLET

Der Fahrer unseres Autos. Er kann mit einem Auto siebzig Meilen in der Stunde fahren und es flicken, wenn etwas kaputt ist. Wir sind von unseren Autos abhängig, und unsere Autos sind von ihm abhängig; daher sind wir auch von ihm abhängig.

MALONE
Ich habe folgendes bemerkt, mein Fräulein, jede tausend Dollar, die ein Engländer erwirbt, fügen der Zahl der Leute, von denen er abhängig ist, einen hinzu. Aber Sie brauchen sich wegen des Mannes nicht zu entschuldigen. Ich habe ihn mit Absicht zum Sprechen gebracht. Dabei habe ich erfahren, daß Sie sich hier in Grannida mit einer Gesellschaft von Engländern aufhalten, zu der auch mein Sohn Hector gehört.

VIOLET *im Plauderton*
Ja. Wir hatten die Absicht, nach Nizza zu fahren; aber wir mußten einem etwas exzentrischen Mitglied unserer Gesellschaft folgen, der als erster abfuhr und hierher kam. Wollen Sie sich nicht setzen?
Sie räumt die Bücher von dem nächststehenden Stuhl

MALONE *von dieser Aufmerksamkeit beeindruckt*
Vielen Dank.
Er setzt sich und beobachtet sie neugierig, während sie zu dem Eisentisch geht und dort die Bücher ablegt. Als sie sich ihm wieder zuwendet, sagt er
Miss Robinson, nicht wahr?

VIOLET *setzt sich*
Ja.

MALONE *nimmt einen Brief aus der Tasche*
Ihre Nachricht an Hector lautet folgendermaßen:
Violet ist außerstande, ihr Erschrecken zu unterdrükken. Er macht eine Pause, um ruhig seine goldgefaßte Brille herauszuholen und aufzusetzen.
»Liebster, sie sind heute nachmittag alle zur Alhambra. Ich habe Kopfschmerzen vorgeschützt und habe den Garten ganz für mich. Spring in Jacks Auto; Straker wird im Nu herrattern. Schnell, schnell, schnell. Deine Dich liebende Violet.«
Er schaut sie an. Sie hat sich inzwischen gefaßt und

blickt mit völliger Ruhe in seine Brillengläser. Er fährt langsam fort.

Nun, ich weiß nicht, wie die jungen Leute in England miteinander umgehen; aber in Amerika würde man finden, daß dieser Brief ein sehr beträchtliches Maß von zärtlicher Vertrautheit zwischen den Betroffenen andeutet.

VIOLET

Ja; ich kenne Ihren Sohn sehr gut, Mr. Malone. Haben Sie etwas dagegen?

MALONE *etwas betroffen*

Nein, eigentlich nicht. Vorausgesetzt, daß es klar ist, daß mein Sohn völlig von mir abhängt, und daß ich von jedem wichtigen Schritt in Kenntnis gesetzt werden muß, den er vielleicht zu tun erwägt.

VIOLET

Ich bin sicher, Mr. Malone, Sie würden keine unvernünftigen Forderungen an ihn stellen.

MALONE

Gewiß nicht, Miss Robinson; aber in Ihrem Alter werden Ihnen sicher viele Dinge unvernünftig vorkommen, die ich nicht für unvernünftig halte.

VIOLET *mit einem leichten Achselzucken*

Nun gut, ich glaube, es hat keinen Zweck, daß wir aneinander vorbeireden, Mr. Malone. Hector hat die Absicht, mich zu heiraten.

MALONE

Diese Möglichkeit konnte ich nach Ihrem Brief nicht ausschließen. Nun, Miss Robinson, er ist sein eigener Herr; aber wenn er Sie heiratet, kriegt er von mir keinen Cent.

Er nimmt seine Brille ab und steckt sie zusammen mit dem Brief in die Tasche.

VIOLET *ziemlich streng*

Das ist nicht sehr schmeichelhaft für mich, Mr. Malone.

MALONE

Ich sage nichts gegen Sie, Miss Robinson; Sie sind bestimmt eine liebenswürdige und ausgezeichnete junge Dame. Aber ich habe mit Hector andere Absichten.

VIOLET

Aber vielleicht hat Hector keine anderen Absichten mit sich selbst, Mr. Malone.

MALONE

Vielleicht. Aber dann muß er sie ohne mich ausführen, mehr nicht. Ich möchte doch meinen, daß Sie damit gerechnet haben. Wenn eine junge Dame einem jungen Mann schreibt, daß er schnell, schnell, schnell zu ihm kommen soll, dann scheint Geld nichts und Liebe alles zu bedeuten.

VIOLET *scharf*

Entschuldigen Sie, Mr. Malone. So töricht denke ich keineswegs. Hector muß Geld haben.

MALONE *fassungslos*

Oh, sehr gut, sehr gut. Er kann es sich zweifelsohne erarbeiten.

VIOLET

Welchen Sinn hat es, Geld zu haben, wenn man dafür arbeiten muß?

Sie steht ungeduldig auf

Das ist alles Unsinn, Mr. Malone: Sie müssen Ihren Sohn in die Lage versetzen, standesgemäß zu leben. Das ist sein Recht.

MALONE *grimmig*

Ich würde Ihnen nicht raten, ihn auf dieses Recht hin zu heiraten, Miss Robinson.

Violet, die beinahe die Geduld verloren hätte, beherrscht sich mühsam; sie öffnet ihre geballte Faust und nimmt mit mühsam zurückgewonnener Ruhe und Gelassenheit wieder Platz.

VIOLET

Ich bitte Sie, was haben Sie denn gegen mich? Meine gesellschaftliche Stellung ist, um es milde auszudrücken, so gut wie die Hectors. Er gibt das zu.

MALONE *listig*

Sie sagen es ihm wohl auch von Zeit zu Zeit, wie? Hectors gesellschaftliche Stellung in England, Miss Robinson, ist die, die ich für ihn kaufen werde. Ich habe ihm ein faires Angebot gemacht. Er kann sich das geschichtsträchtigste Landhaus, Schloß oder Kloster aussuchen, das in England zu finden ist. An dem Tag, an dem er mir sagt, daß er es für eine Frau nötig hat, die der Tradition des Hauses entspricht, werde ich es ihm kaufen und ihm die Mittel geben, es zu unterhalten.

VIOLET

Was meinen Sie mit einer Frau, die der Tradition entspricht? Kann nicht jede Frau mit guter Erziehung ein solches Haus für ihn führen?

MALONE

Nein, sie muß dazu geboren sein.

VIOLET

Hector ist auch nicht dazu geboren, oder doch?

MALONE

Seine Großmutter war ein barfüßiges irisches Mädchen, das mich an einem Torffeuer stillte. Eine solche mag er heiraten, ihr werde ich ihr Heiratsgut nicht verweigern. Er kann selbst mit meinem Geld auf der sozialen Leiter aufsteigen oder er kann einen anderen emporheben. Solange irgendein sozialer Nutzen dabei herauskommt, werde ich meine Ausgaben als gerechtfertigt ansehen. Aber für einen von beiden muß ein Vorteil damit verbunden sein. Eine Heirat mit Ihnen würde alles so lassen, wie es ist.

VIOLET

Viele meiner Verwandten würden sehr dagegen sein, daß ich den Enkel einer Frau aus dem Volke heirate, Mr. Malone. Das mag ein Vorurteil sein, aber Ihr Wunsch, daß er einen Titel heiraten soll, ist auch ein Vorurteil.

MALONE *steht auf und nähert sich ihr mit einem prüfenden Blick, in dem viel widerwilliger Respekt zu lesen ist*

Sie scheinen mir ziemlich geradeheraus und ehrlich, junge Frau.

VIOLET

Ich kann nicht einsehen, warum ich elend und arm sein soll, weil ich Ihnen keinen Vorteil bringe. Warum wollen Sie Hector unglücklich machen?

MALONE

Er wird schon drüber kommen. Männer kommen besser über Enttäuschungen in der Liebe als über Enttäuschungen in Punkto Geld. Wahrscheinlich kommt Ihnen das schmutzig vor; aber ich weiß, wovon ich rede. Mein Vater verhungerte im schwarzen Jahr 47 in Irland. Vielleicht haben Sie von diesem Jahr gehört.

VIOLET

Die Hungersnot?

MALONE *mit unterdrückter Empörung*

Nein, der Hungertod. Wenn ein Land voller Nahrungsmittel ist und sie ausführt, dann kann man nicht von einer Hungersnot sprechen. Mein Vater hungerte sich zu Tode, und ich wurde auf dem Arm meiner Mutter vom Hunger nach Amerika vertrieben. Die englische Herrschaft hat mich und die meinen aus Irland vertrieben. Nun, Sie können Irland behalten. Ich und meinesgleichen sind zurückgekommen, um England zu kaufen; und wir wollen das beste daran kaufen. Ich will kein Mittelklasse-Anwesen und keine Frau der Mittelklasse für Hector. Sie sehen, ich bin so geradeheraus wie Sie.

VIOLET *mit eisigem Mitleid für seine Sentimentalität*

Aber hören Sie Mr. Malone. Ich muß mich wundern, einen Mann Ihres Alters und Ihrer Intelligenz so romantisches Zeug reden zu hören. Glauben Sie, englische Edelleute werden Ihnen so einfach Ihren Familiensitz verkaufen?

MALONE

Ich habe das Verkaufsrecht auf zwei der ältesten Familiensitze in England. Der eine der historischen Eigentümer kann es sich nicht mehr leisten, alle Räume abstauben zu lassen; der andere kann die Erbschaftssteuer nicht bezahlen. Was sagen Sie nun?

VIOLET

Das ist natürlich skandalös. Aber Sie wissen genau, daß die Regierung früher oder später all diesen sozialistischen Angriffen auf das Eigentum Einhalt gebieten wird.

MALONE *grinsend*

Glauben Sie, die Regierung wirds schaffen, bevor ich das Haus gekauft habe – oder vielmehr die Abtei? Es sind beides Abteien.

VIOLET *schiebt diesen Punkt ungeduldig beiseite*

Oh, lassen Sie uns doch vernünftig miteinander reden, Mr. Malone. Sie müssen doch spüren, daß wir bisher nicht vernünftig miteinander geredet haben.

MALONE

Das kann ich nicht sagen. Mir ist alles, was ich sage, ernst.

VIOLET

Dann kennen Sie Hector nicht so wie ich ihn kenne. Er ist ein romantischer Schwärmer – mir scheint, das hat er von Ihnen – und er braucht eine bestimmte Art von Frau, die sich seiner annimmt. Keine Romantikerin, wissen Sie.

MALONE

Wohl jemanden wie Sie?

VIOLET *ruhig*

Allerdings. Aber Sie können nicht von mir verlangen, daß ich dies tue ohne die erforderlichen Mittel, um seine gesellschaftliche Stellung aufrechtzuerhalten.

MALONE

Einen Augenblick, einen Augenblick! Wo geraten wir da hin? Ich habe nicht den Eindruck, daß ich Sie gebeten habe, irgendetwas zu tun.

VIOLET

Natürlich können Sie es mir sehr schwer machen, mit Ihnen zu sprechen, Mr. Malone, wenn Sie mich mit Absicht mißverstehen.

MALONE *ein wenig in Verwirrung gebracht*

Ich habe nicht die Absicht, unfair gegen Sie zu sein, aber mir scheint, daß wir irgendwie den Faden verloren haben.

Straker, der aussieht, als habe er sich beeilt, öffnet das kleine Tor und läßt Hector herein, der wutschnaubend auf den Rasen tritt und auf seinen Vater zugeht. Violet springt, äußerst bestürzt, auf und geht ihm entgegen. Straker wartet nicht ab; wenigstens bleibt er nicht sichtbar in Hörweite.

VIOLET

Oh, wie dumm! Bitte, Hector, sag jetzt nichts. Geh weg, bis ich mein Gespräch mit deinem Vater beendet habe.

HECTOR *unerbittlich*

Nein Violet: Ich will die Sache jetzt auf der Stelle klären.

Er schiebt sie beiseite, geht an ihr vorbei und tritt seinem Vater entgegen, dessen Wangen dunkel werden, da das irische Blut in ihnen zu brodeln beginnt.

Papa, du hast nicht fair gespielt.

MALONE

Was soll das heißen?

HECTOR

Du hast einen Brief geöffnet, der an mich adressiert war. Du hast so getan, als wärest du ich und bist bei dieser Dame eingedrungen. Das ist unehrenhaft.

MALONE *drohend*

Paß auf, was du sagst, Hector. Paß auf, sag ich dir.

HECTOR

Ich habe aufgepaßt. Ich passe auf. Ich passe auf meine Ehre auf und auf meine Stellung in der englischen Gesellschaft.

MALONE *wütend*

Deine Stellung ist mit meinem Geld gekauft, weißt du das?

HECTOR

Nun, dadurch, daß du diesen Brief geöffnet hast, hast du sie mir verdorben. Der Brief einer englischen Dame, der nicht an dich gerichtet war – ein vertraulicher Brief! Ein delikater Brief! Ein persönlicher Brief! Von meinem Vater geöffnet! Damit ist ein Mann in England erledigt. Je eher wir zusammen zurückfahren, desto besser. *Er ruft stumm den Himmel zum Zeugen für die Schande und die Not zweier Ausgestoßener an.*

VIOLET *mit Verachtung, aus einem instinktiven Widerwillen gegen Szenen*

Nun sei vernünftig, Hector. Es war ganz natürlich, daß Mr. Malone meinen Brief geöffnet hat: sein Name stand auf dem Umschlag.

MALONE

Da hast dus! Du hast keinen gesunden Menschenverstand, Hector. Ich danke Ihnen, Miss Robinson.

HECTOR

Ich danke dir auch. Du bist sehr freundlich. Mein Vater weiß es nicht besser!

MALONE *ballt wütend die Fäuste*

Hector!

HECTOR *mit unverminderter moralischer Überlegenheit*

Oh, es hat keinen Zweck, mich anzufahren, Papa. Ein persönlicher Brief ist ein persönlicher Brief; daran kannst du nicht vorbei.

MALONE *erhebt seine Stimme*

Ich laß mir von dir keine Vorschriften machen, merk dir das!

VIOLET

Still, bitte, bitte! Da kommen sie alle.

Vater und Sohn, zum Schweigen gebracht, starren sich stumm an, während Tanner mit Ramsden durch das kleine Tor kommt, Octavius und Anne folgen.

VIOLET

Schon zurück?

TANNER

Die Alhambra ist heute nachmittag geschlossen.

VIOLET

Was für ein Reinfall!

Tanner kommt weiter nach vorn und findet sich plötzlich zwischen Hector und einem fremden älteren Mann, die beiden sind offensichtlich gerade dabei, sich aufeinandere zu stürzen. Er blickt, eine Erklärung suchend, von einem zum andern. Sie wenden beleidigt den Blick ab und nähren stumm ihren Groll.

RAMSDEN

Violet, ist es klug, mit solchen Kopfschmerzen in die Sonne zu gehen?

TANNER

Und Sie haben sich auch erholt, Malone?

VIOLET

Oh, ich vergaß. Ihr kennt euch ja noch nicht. Mr. Malone, wollen Sie nicht Ihren Vater vorstellen?

HECTOR *mit römischer Festigkeit*

Nein, das will ich nicht. Er ist nicht mein Vater.

MALONE *sehr wütend*

Du verleugnest deinen Papa vor deinen englischen Freunden, wie?

VIOLET

Oh bitte, macht keine Szene.

Anne und Octavius, die in der Nähe des Törchens stehen geblieben sind, wechseln einen erstaunten Blick und ziehen sich dann diskret die Stufen hinauf in den Garten zurück, wo sie den Krach genießen können, ohne sich einzumischen. Auf dem Weg zu den Stufen signalisiert Anne mit raschem Mienenspiel stumm ihr Einverständnis zu Violet hinüber, die mit dem Rücken zu dem kleinen Tisch steht und mit hilfloser Wut zusieht, wie ihr Mann sich in immer höhere Sphären moralischer Empörung hinaufschwingt, ohne die geringste Rücksicht auf die Millionen des alten Herrn zu nehmen.

HECTOR

Es tut mir sehr leid, Miss Robinson, aber ich kämpfe um ein Prinzip. Ich bin ein Sohn, und ich hoffe, ein pflichtbewußter Sohn; aber vor allem bin ich ein Mann!!! Und wenn Papa meine Privatbriefe behandelt, als gehörten sie ihm, und sich anmaßt mir zu verbieten, Sie zu heiraten, nachdem ich das große Glück gehabt habe, Ihre Einwilligung zu erlangen, dann kann ich mich hier rumdrehen und meiner Wege gehen.

TANNER

Violet heiraten?

RAMSDEN

Sind Sie von Sinnen?

TANNER

Haben Sie vergessen, was wir Ihnen gesagt haben?

HECTOR *unbekümmert*

Was Sie mir gesagt haben, kümmert mich nicht.

RAMSDEN *empört*

Aber, aber, Sir! Ungeheuerlich!

Er eilt auf das Tor zu, seine Ellbogen zittern vor Empörung.

TANNER

Noch ein Verrückter! Diese verliebten Kerle sollten ein gesperrt werden.

Er gibt Hector als hoffnungslosen Fall auf und wendet sich in den Garten; aber der alte Malone, der sich aus einer neuen Richtung beleidigt fühlt, folgt ihm und zwingt ihn, durch die Aggressivität seines Tons, stehen zu bleiben.

MALONE

Das verstehe ich nicht. Bitte sehr, ist Hector etwa nicht gut genug für diese Dame?

TANNER

Mein lieber Herr, diese Dame ist bereits verheiratet. Hector weiß das, und doch stört ihn das nicht in seiner Verliebtheit. Bringen Sie ihn nach Hause und sperren Sie ihn ein.

MALONE

Das ist also der hochwohlgeborene Gesellschaftston, den ich mit meinem unwissenden, unkultivierten Benehmen gestört habe! Ein Verhältnis mit einer verheirateten Frau!

Er tritt wütend zwischen Hector und Violet und brüllt in Hectors linkes Ohr hinein

Diese Sitten hast du bei der britischen Aristokratie gelernt, wie?

HECTOR
Ganz recht. Mach dir deshalb keine Sorgen. Das was ich tue, kann ich moralisch verantworten.

TANNER *tritt mit blitzenden Augen an Hectors Rechte*
Gut gesagt, Malone! Auch Sie sehen ein, daß die reinen Ehegesetze noch nicht die Moral selbst sind! Ich stimme Ihnen zu; aber unglücklicherweise tut Violet das nicht.

MALONE
Ich erlaube mir, das zu bezweifeln, mein Herr.
wendet sich an Violet
Eins will ich Ihnen sagen, Mrs. Robinson, oder wie sonst Ihr richtiger Name lautet, wenn Sie die Frau eines anderen Mannes sind, war es unrecht von Ihnen, meinem Sohn diesen Brief zu schicken.

HECTOR *empört*
Jetzt ist es genug! Papa, du hast meine Frau beleidigt.

MALONE
Deine Frau?

TANNER
Sie sind also der unbekannte Gatte! Noch ein Moralschwindler!
Er schlägt sich mit der flachen Hand gegen die Stirn und sinkt in Malones Stuhl zusammen.

MALONE
Du hast ohne meine Zustimmung geheiratet!

RAMSDEN
Sie haben uns absichtlich hinters Licht geführt, mein Herr.

HECTOR
Hört mal, ich hab jetzt genug davon, von allen Seiten gehetzt zu werden. Violet und ich sind verheiratet, das ist eine Tatsache. Habt Ihr etwas dazu zu sagen – wer von euch?

MALONE

Ich weiß, was ich dazu zu sagen habe: sie hat einen Bettler geheiratet.

HECTOR

Nein, sie hat einen Arbeiter geheiratet.

Seine amerikanische Aussprache gibt diesem einfachen und populären Wort noch eine überwältigende Eindringlichkeit

Noch heute nachmittag werde ich anfangen, meinen eigenen Lebensunterhalt zu verdienen.

MALONE *schnaubt verächtlich*

Ja, du bist im Augenblick sehr mutig, denn du hast wohl gestern oder heute morgen deinen Scheck von mir bekommen. Warte, bis er verbraucht ist, dann wirst du nicht mehr so übermütig sein.

HECTOR *holt einen Scheck aus seiner Brieftasche*

Hier ist er.

wirft ihn seinem Vater vor die Füße

Nimm deinen Scheck und scher dich damit aus meinem Leben. Ich bin mit deinen Schecks fertig, und ich bin mit dir fertig. Das Recht, meine Frau zu beleidigen, verkaufe ich nicht für tausend Dollar.

MALONE *tief verletzt und voller Sorge*

Hector, du weißt nicht, was Armut ist.

HECTOR *feurig*

Nun, dann will ich sie eben kennen lernen. Ich will ein Mann werden. Violet, du kommst mit mir, in dein eigenes Heim: ich werde für dich sorgen.

OCTAVIUS *springt aus dem Garten auf den Rasen hinunter und eilt an Hectors Linke*

Ich hoffe, du gibst mir noch einmal die Hand, bevor du gehst, Hector. Ich bewundere und verehre dich mehr, als ich sagen kann.

während sie sich die Hand schütteln, bricht Octavius beinahe in Tränen aus

VIOLET *auch den Tränen nahe, aber aus Wut*

Oh Tavy, sei kein Idiot, Hector eignet sich zum Arbeiter genauso wenig wie du.

TANNER *erhebt sich von seinem Stuhl und tritt an Hectors andere Seite*

Keine Angst, Mrs. Malone, er braucht ja nicht gleich Straßenarbeiter zu werden.

zu Hector

Es macht keine Schwierigkeit, Startkapital zu besorgen. Betrachten Sie mich als Ihren Freund. Verfügen Sie über mich.

OCTAVIUS *impulsiv*

Und über mich.

MALONE *mit wilder Eifersucht*

Wer will denn Ihr dreckiges Geld? Bei wem sollte er Kredit aufnehmen, wenn nicht bei seinem eigenen Vater?

Tanner und Octavius ziehen sich zurück, Octavius ein wenig beleidigt, Tanner beruhigt, daß die Geldfrage gelöst ist. Violet schöpft Hoffnung.

Hector, mein Junge, überstürze nichts. Es tut mir leid, was ich gesagt habe; ich wollte Violet nicht beleidigen; ich nehme alles zurück. Sie ist genau die Frau, die du brauchst. Nun?

HECTOR *klopft ihm auf die Schulter*

Es ist schon gut, Papa. Sag nichts mehr. Wir sind wieder Freunde. Aber Geld nehme ich von niemanden mehr.

MALONE *demütig bittend*

Sei nicht so hart gegen mich, Hector. Es wäre mir lieber, du wärst böse und nähmst das Geld, als daß wir Freunde sind und du hungerst. Du kennst die Welt nicht; ich kenne sie.

HECTOR

Nein, nein, nein. Das ist abgemacht, und daran ist nichts mehr zu rütteln.

er geht unerbittlich an seinem Vater vorbei und tritt zu Violet

Komm, Mrs. Malone. Du mußt jetzt mit zu mir ins Hotel ziehen und vor der Welt den Platz einnehmen, der dir zukommt.

VIOLET

Aber ich muß hineingehen, Lieber, und Davis sagen, daß sie packen soll. Möchtest du nicht vorgehen und mir ein Zimmer bestellen, das auf den Garten hinausgeht? In einer halben Stunde komme ich nach.

HECTOR

Nun gut. Du ißt mit uns, Vater, nicht wahr?

MALONE *sehr darauf bedacht, ihn zu versöhnen*

Ja, ja.

HECTOR

Wir sehen uns dann alle nachher.

er winkt Anne zu, die jetzt mit Tanner, Octavius und Ramsden im Garten steht, geht durch das kleine Tor hinaus und läßt seinen Vater und Violet nebeneinander auf dem Rasen zurück.

MALONE

Sie werden versuchen, ihn zur Vernunft zu bringen, Violet, das weiß ich.

VIOLET

Ich hatte keine Ahnung, daß er so eigensinnig sein kann. Was kann ich tun, wenn er so weitermacht?

MALONE

Lassen Sie sich nicht entmutigen; häuslicher Druck wirkt langsam, aber sicher. Sie werden ihn schon hinkriegen. Versprechen Sie mir das.

VIOLET

Ich werde mein bestes tun. Natürlich halte ich es auch für den größten Blödsinn, uns absichtlich arm zu machen.

MALONE

Natürlich.

VIOLET *überlegt einen Augenblick*

Vielleicht geben Sie mir den Scheck. Er wird ihn für die Hotelrechnung brauchen. Ich werde ihn zu überreden versuchen, daß er ihn annimmt. Natürlich nicht jetzt sofort, aber bald.

MALONE *eifrig*

Ja, ja, ja, so ist es richtig.

Er reicht ihr eine Tausend-Dollarnote und fügt listig hinzu

Sie verstehen, das ist nur der Zuschuß für einen Junggesellen.

VIOLET *kühl*

Natürlich.

sie nimmt den Schein

Danke. Übrigens, Mr. Malone – diese beiden Häuser, von denen Sie sprachen – die Abteien.

MALONE

Ja?

VIOLET

Kaufen Sie keins davon, ehe ich es gesehen habe. Man weiß nie, was für Nachteile diese Anwesen haben.

MALONE

Schon gut. Ich tue nichts, ohne Sie um Rat zu fragen, da brauchen Sie keine Angst zu haben.

VIOLET *höflich, aber ohne einen Schimmer von Dankbarkeit*

Danke, so wird es am besten sein.

Sie geht ruhig zur Villa zurück, wird dabei unterwürfig von Malone bis zum oberen Rand des Gartens begleitet.

TANNER *macht Ramsden darauf aufmerksam, wie untertänig sich Malone von Violet verabschiedet*

Und dieser arme Teufel ist ein Milliardär! Einer der großen Männer seiner Zeit! Vom ersten Mädchen, das sich die Mühe macht, ihn zu verachten, wie ein Möpschen an der Leine geführt. Ich frage mich, ob es je mit mir so weit kommen wird.

Er kommt auf den Rasen hinunter.

RAMSDEN *kommt hinter ihm her*

Je eher, desto besser fur Sie.

MALONE *kommt durch den Garten zurück und klatscht dabei in die Hände*

Sie wird eine großartige Frau für Hector sein. Ich würde sie nicht gegen zehn Herzoginnen tauschen.

Er kommt auf den Rasen hinunter und tritt zwischen Tanner und Ramsden.

RAMSDEN *sehr höflich gegen den Milliardär*

Es ist ein unerwartetes Vergnügen, Mr. Malone, Sie in diesem Winkel der Welt zu treffen. Sind Sie gekommen, um die Alhambra zu kaufen?

MALONE

Nun, ich könnte es mir überlegen. Ich glaube, ich könnte sie besser gebrauchen als die spanische Regierung. Aber das ist nicht der Grund, warum ich hergekommen bin. Ich will Ihnen die Wahrheit sagen. Vor etwa einem Monat hörte ich zufällig, wie zwei Männer über ein Aktienpaket verhandelten. Sie waren über den Preis verschiedener Meinung; sie waren jung und gierig und wußten nicht, daß, wenn die Aktien wert waren, was man für sie bot, sie auch das wert sein mußten, was verlangt wurde, denn der Unterschied war zu gering, um von Belang zu sein. Weil es mir Spaß machte, griff ich ein und kaufte sie. Nun, bis zu diesem Tage habe ich nicht herausgekriegt, um was es sich handelt. Das Büro ist in dieser Stadt, die Firma heißt Mendoza und Co. Ob Mendoza ein Bergwerk, eine Dampferlinie, eine Bank oder ein patentierter Artikel ist –

TANNER

Mendoza ist ein Mann. Ich kenne ihn; seine Prinzipien sind durchaus kaufmännisch. Erlauben Sie, daß wir Sie in unserem Wagen durch die Stadt fahren, Mr. Malone und unterwegs bei ihm vorsprechen.

MALONE

Ja, wenn Sie so freundlich sein wollen. Und darf ich fragen, wer –

TANNER

Mr. Roebuck Ramsden, ein sehr alter Freund Ihrer Schwiegertochter.

MALONE

Freue mich, Sie kennen zu lernen.

RAMSDEN

Danke, Mr. Tanner gehört auch zu unserem Kreis.

MALONE

Ich freue mich, auch Sie kennen zu lernen, Mr. Tanner.

TANNER

Danke!

Malone und Ramsden gehen freundschaftlich miteinander durch das kleine Tor. Tanner ruft nach Octavius, der im Garten mit Anne umhergeht.

Tavy!

Tavy kommt an die Stufen und Tanner flüstert ihm laut zu

Violets Schwiegervater finanziert die Räuber.

Tanner eilt davon, um Malone und Ramsden einzuholen. Anne kommt an die Treppe, von der Laune getrieben, Octavius zu quälen.

ANNE

Willst du nicht mit ihnen gehen, Tavy?

OCTAVIUS *Tränen stürzen ihm plötzlich in die Augen*

Es schneidet mir ins Herz, Anne, wenn du wünschst, daß ich gehe.

Er kommt auf den Rasen hinunter, um sein Gesicht vor ihr zu verbergen. Sie folgt ihm mit schmeichelnden Worten.

ANNE

Armer Ricky-Ticky-Tavy! Armes Herz!

OCTAVIUS

Es gehört dir, Anne. Vergib mir, ich muß mit dir sprechen. Ich liebe dich. Du weißt, daß ich dich liebe.

ANNE

Was nützt das, Tavy? Du weißt, meine Mutter hat beschlossen, daß ich Jack heirate.

OCTAVIUS *überrascht*

Jack?

ANNE

Es klingt absurd, nicht wahr?

OCTAVIUS *mit wachsendem Unmut*

Willst du sagen, daß Jack die ganze Zeit mit mir gespielt hat? Daß er in mich gedrungen ist, dich nicht zu heiraten, weil er selber dich heiraten will?

ANNE *erschrocken*

Nein, nein, du darfst ihn nie merken lassen, ich hätte das gesagt. Ich habe nie geglaubt, daß Jack weiß, was er will. Aber aus dem Testament meines Vaters geht klar hervor, daß er wünschte, ich sollte Jack heiraten. Und meine Mutter hat es sich fest in den Kopf gesetzt.

OCTAVIUS

Aber du bist nicht verpflichtet, dich in allem den Wünschen deiner Eltern zu opfern.

ANNE

Mein Vater hat mich geliebt. Meine Mutter liebt mich. Ihre Wünsche sind gewiß eine bessere Richtschnur als meine Selbstsucht.

OCTAVIUS

Oh, ich weiß doch, wie selbstlos du bist, Anne. Aber glaub mir – obwohl ich weiß, daß ich in meinem eigenen Interesse spreche – diese Frage hat noch eine andere Seite. Ist es Jack gegenüber fair, ihn zu heiraten, wenn du ihn nicht liebst? Ist es dann fair, mit deinem eigenen auch mein Glück zu zerstören, wenn du mich lieben könntest.

ANNE *betrachtet ihn mit einer schwachen Regung von Mitleid*

Tavy, mein Lieber, du bist ein netter Mensch – ein guter Junge.

OCTAVIUS *gedemütigt*

Ist das alles?

ANNE *trotz ihres Mitleids boshaft*

Das ist sehr viel, laß dir das gesagt sein. Du würdest immer den Boden anbeten, auf den ich trete, nicht wahr?

OCTAVIUS

Ja. Es klingt lächerlich, aber es ist keine Übertreibung. Ich tue es und werde es immer tun.

ANNE

Immer ist ein langes Wort, Tavy. Sieh mal, immer würde ich deiner Vorstellung von meiner Göttlichkeit entsprechen müssen; und ich glaube, wenn wir verheiratet wären, könnte ich das nicht. Aber wenn ich Jack heirate, werde ich dich nie enttäuschen – wenigstens nicht, bis ich alt werde.

OCTAVIUS

Auch ich werde alt, Anne. Und wenn ich achtzig bin, ein weißes Haar der Frau, die ich liebe, wird mich mehr beben machen als die dickste Goldflechte auf dem schönsten jungen Kopf.

ANNE *ganz gerührt*

Oh, das ist Poesie, Tavy, wirkliche Poesie. Es ruft in mir ein seltsames Gefühl hervor, wie ein Echo aus einer früheren Existenz, und da scheint mir immer ein schlagender Beweis dafür, daß wir eine unsterbliche Seele haben.

OCTAVIUS

Glaubst du das wirklich?

ANNE

Tavy, es muß wahr werden, du mußt mich verlieren und mich doch lieben.

OCTAVIUS

Oh!

Er läßt sich an dem kleinen Tisch auf einen Stuhl fallen und bedeckt das Gesicht mit den Händen.

ANNE *mit Überzeugung*

Tavy, um nichts in der Welt möchte ich deine Illusionen zerstören. Ich kann dich weder nehmen noch dich lassen. Ich sehe genau voraus, was für dich gut ist. Um meinetwillen mußt du ein sentimentaler alter Junggeselle werden.

OCTAVIUS *verzweifelt*

Anne, ich bringe mich um!

ANNE

Oh nein, das wirst du nicht tun. Es wäre rücksichtslos. Es wird dir gar nicht so schlecht gehen. Du wirst sehr nett zu den Frauen sein, und du wirst oft in die Oper gehen. Ein gebrochenes Herz ist für einen Mann in London, der über ein ausreichendes Einkommen verfügt, ein recht angenehmes Leiden.

OCTAVIUS *beträchtlich abgekühlt, aber überzeugt, daß er nur seine Selbstbeherrschung wiedergewinnt*

Ich weiß Anne, deine Absicht war gut. Jack hat dir eingeredet, daß zynische Behandlung ein gutes Heilmittel für mich ist.

er erhebt sich mit ruhiger Würde

ANNE *betrachtet ihn prüfend*

Siehst Du, Du bist schon desillusioniert. Das hatte ich gefürchtet.

OCTAVIUS

Daß Jack desillusioniert werden könnte, davor hast du keine Angst.

ANNE *ihr Gesicht leuchtet in boshafter Ekstase auf – sie flüstert*

Nein, denn Jack macht sich über mich keine Illusionen. Jack werde ich in der entgegengesetzten Weise überraschen. Einem ungünstigen Eindruck entgegenzuwirken, ist soviel leichter, als einem Ideal gerecht werden zu müssen. Oh, manchmal werde ich Jack entzücken!

OCTAVIUS *sinkt wieder in den ruhigen Zustand der Verzweiflung zurück, und, ohne es zu wissen, beginnt er bereits, sein gebrochenes Herz und seine delikate Position zu genießen*

Daran zweifle ich nicht. Du wirst ihn immer entzükken. Und er – der Narr – glaubt, du würdest ihn elend machen.

ANNE

Ja, das ist bis im Augenblick noch die Schwierigkeit.

OCTAVIUS *heldenmütig*

Soll ich ihm sagen, daß du ihn liebst?

ANNE *schnell*

Oh nein, er würde wieder davonlaufen.

OCTAVIUS *schockiert*

Anne, würdest du denn einen Mann heiraten, der dich nicht will?

ANNE

Was bist du doch für ein seltsamer Mensch, Tavy. Ein Mann, hinter dem man wirklich her ist, will nie.

sie lacht boshaft

Ich glaube, ich habe dich schockiert, aber weißt du, in

Wirklichkeit spürst du jetzt schon so etwas wie Befriedigung aufgrund der Tatsache, daß du selbst aus der Gefahr heraus bist.

OCTAVIUS *erschreckt*

Befriedigung?

vorwurfsvoll

Das sagst du mir?

ANNE

Nun, würdest du, wenn es wirklich Todesqual wäre, dann nach mehr verlangen?

OCTAVIUS

Habe ich denn nach mehr verlangt?

ANNE

Du hast dich erboten, Jack zu sagen, daß ich ihn liebe. Das ist, vermute ich, Selbstverleugnung; aber es muß auch eine Art Befriedigung dabei sein. Vielleicht ist das so, weil du ein Dichter bist. Du bist wie der Vogel, der seine Brust gegen den scharfen Dorn drückt, um besser zu singen.

OCTAVIUS

Es ist ganz einfach. Ich liebe dich; und ich will, daß du glücklich bist. Du liebst mich nicht; ich selber kann dich also nicht glücklich machen, aber ich kann einem anderen Mann dabei helfen, es zu tun.

ANNE

Ja, das klingt ganz einfach. Aber ich zweifle, ob wir immer wissen, warum wir etwas tun. Das einzig wirklich Einfache ist, geradeswegs auf das zuzugehen, was du haben willst und es zu ergreifen. Wahrscheinlich liebe ich dich nicht Tavy; aber manchmal fühle ich den Wunsch, irgendwie einen Mann aus dir zu machen. Deine Haltung Frauen gegenüber ist sehr töricht.

OCTAVIUS *beinahe kalt*

Was das betrifft, ich bin zufrieden mit dem was ich bin.

ANNE

Dann mußt du dich von den Frauen fernhalten und nur von ihnen träumen. Um nichts in der Welt würde ich dich heiraten, Tavy.

OCTAVIUS

Ich habe keine Hoffnung, Anne, ich nehme mein Unglück an. Aber ich glaube, du weißt nicht genau, wie weh es tut.

ANNE

Du hast ein so weiches Herz! Seltsam, daß du so ganz anders bist als Violet. Violet ist hart wie Stahl.

OCTAVIUS

Oh nein. Ich weiß genau, daß Violet im Innersten ganz weiblich ist.

ANNE *etwas ungeduldig*

Warum sagst du das? Ist es unweiblich, nachzudenken und praktisch und vernünftig zu sein? Möchtest du, daß Violet idiotisch wäre – oder noch schlimmer, so wie ich?

OCTAVIUS

Noch schlimmer – wie Du? Was soll das heißen, Anne?

ANNE

Nun, das soll natürlich gar nichts heißen. Aber ich habe großen Respekt vor Violet. Sie bekommt immer ihren Willen.

OCTAVIUS *seufzend*

Du auch.

ANNE

Ja; aber irgendwie bekommt sie ihn ohne zu schmeicheln – ohne daß sie mit den Gefühlen der Leute spielen muß.

OCTAVIUS *mit brüderlicher Kaltschnäuzigkeit*

Ich glaube, niemand könnte wegen Violet, so hübsch sie auch ist, sentimental werden.

ANNE

Oh doch, das wäre möglich, wenn sie es wollte.

OCTAVIUS

Aber ich bin sicher, daß keine wirklich anständige Frau so bewußt mit den Gefühlen eines Mannes spielen würde.

ANNE *ringt die Hände*

Oh Tavy, Tavy, Ricky Ticky Tavy, Gott möge der Frau beistehen, die dich heiratet!

OCTAVIUS *seine Leidenschaft erwacht bei der Nennung dieses Kosenamens wieder*

Oh, warum, warum, warum sagst du das? Quäle mich nicht. Ich verstehe es nicht.

ANNE

Stell dir vor, diese Frau würde schwindeln und den Männern Fallen stellen.

OCTAVIUS

Glaubst du, ich könnte eine solche Frau heiraten? Ich, der ich dich gekannt und geliebt habe?

ANNE

Hm! Jedenfalls, wenn sie klug ist, wird sie es auch gar nicht zulassen. Das wäre also geregelt. Und jetzt kann ich nicht mehr weiter sprechen. Sag, daß du mir vergibst und daß die Sache erledigt ist.

OCTAVIUS

Ich habe nichts zu vergeben, und die Sache ist erledigt. Und wenn die Wunde auch offen bleibt, du jedenfalls sollst sie nicht bluten sehen.

ANNE

Bis zuletzt ein Dichter, Tavy. Auf Wiedersehen mein Lieber.

Sie tätschelt seine Wange; sie spürt den Drang, ihn zu küssen, und dann ein Gefühl des Ekels, das sie daran hindert; schließlich läuft sie durch den Garten in die Villa. Octavius flüchtet sich wieder an den Tisch, legt den Kopf in die Arme und schluchzt leise. Mrs. Whitefield, die in den Läden von Granada herumgeschlendert ist, und ein Netz voller Päckchen in der Hand trägt, kommt durch das Tor und sieht ihn.

MRS. WHITEFIELD *kommt zu ihm gelaufen und hebt seinen Kopf*

Was ist los, Tavy. Bist du krank?

OCTAVIUS

Oh, nichts, nichts.

MRS. WHITEFIELD *hält immer noch seinen Kopf, besorgt*

Aber du weinst. Ist es Violets Heirat wegen?

OCTAVIUS

Nein, nein! Wer hat Ihnen das von Violet erzählt?

MRS. WHITEFIELD *überläßt den Kopf wieder seinem Eigentümer*

Ich habe Roebuck getroffen und diesen schrecklichen alten Iren. Und du bist wirklich nicht krank? Was ist dann los?

OCTAVIUS *herzlich*

Gar nichts. Nur ein gebrochenes Männerherz. Klingt das nicht lächerlich?

MRS. WHITEFIELD

Aber was ist denn los? Hat Anne dir etwas getan?

OCTAVIUS

Es ist nicht Annes Schuld. Und glauben Sie keinen Augenblick lang, ich machte Ihnen einen Vorwurf.

MRS. WHITEFIELD *aufgeschreckt*

Einen Vorwurf, weswegen?

OCTAVIUS *drückt ihr tröstend die Hand*

Wegen nichts. Ich habe ja gesagt, ich mache Ihnen keinen Vorwurf.

MRS. WHITEFIELD

Aber ich habe nichts getan. Was ist los?

OCTAVIUS *traurig lächelnd*

Können Sie es nicht erraten? Sie haben wohl recht, wenn

wie sie ist, wenn sie sich etwas in den Kopf gesetzt hat. Aber gib nicht mir die Schuld, das ist alles, was ich verlange. Tavy hat gerade angedeutet, daß sie gesagt hat, ich dränge sie, dich zu heiraten; und dem armen Jungen bricht es das Herz; denn er ist selber in sie verliebt. Gott mag wissen, was er an ihr so wunderbares findet, ich finde es nicht. Es hat keinen Sinn, daß man Tavy sagt, daß Anne den Leuten Dinge in den Kopf setzt, indem sie behauptet, ich wollte sie; dabei sind sie mir nie in den Kopf gekommen. Es bringt nur Tavy gegen mich auf. Aber du weißt es besser. Wenn du sie also heiratest, so gib nicht mir die Schuld.

TANNER *mit Nachdruck*

Ich habe nicht die mindeste Absicht, sie zu heiraten.

MRS. WHITEFIELD *listig*

Sie würde zu dir besser passen als zu Tavy. In dir würde sie ihren Meister finden, Jack. Ich wäre froh, wenn sie ihren Meister fände.

TANNER

Kein Mann kann mit einer Frau fertig werden, außer mit einem Schürhaken und einem Paar genagelter Stiefel. Und nicht einmal dann mit Sicherheit. Und ich kann nicht mit einem Schürhaken auf sie losgehen. Ich wäre ein reiner Sklave.

MRS. WHITEFIELD

Nein, sie hat Angst vor dir. Auf jeden Fall würdest du ihr die Wahrheit sagen. Sie wäre nicht im Stande, der Wahrheit zu entkommen, wie das bei mir der Fall ist.

TANNER

Würde ich Anne mit den Ausdrücken ihres eigenen moralischen Kodex die Wahrheit über sie selbst sagen, so würden alle mich brutal nennen. Zum Beispiel Anne sagt Dinge, die nicht ganz wahr sind.

MRS. WHITEFIELD

Ich bin froh, daß es jemanden gibt, der sie nicht für einen Engel hält.

TANNER

Kurz und gut – um es so auszudrücken, wie es ein Ehemann aussprechen würde, den die Verzweiflung dazu treibt, den Mund aufzumachen – sie ist eine Lügnerin. Und da sie Tavy bis zum Wahnsinn in sich verliebt gemacht hat, ohne die Absicht, ihn zu heiraten, ist sie kokett. Nach der Standarddefinition erregt eine kokette Frau Leidenschaften, ohne die Absicht, sie zu befriedigen. Und da sie Sie nun dazu gebracht hat, mich auf dem Altar zu opfern, nur um die Genugtuung zu haben, daß ich sie ins Gesicht eine Lügnerin nenne, darf ich schließen, daß sie auch herrisch ist. Männer kann sie nicht so einschüchtern wie sie Frauen einschüchtert, darum benutzt sie gewohnheitsmäßig und skrupellos ihren persönlichen Charme, um Männer dahin zu bringen, daß sie ihr geben, was sie will. Das macht sie fast zu etwas, für das ich keinen höflichen Ausdruck kenne.

MRS. WHITEFIELD *sanft widersprechend*

Nun, du kannst keine Vollkommenheit erwarten, Jack.

TANNER

Das tue ich auch nicht. Aber was mich ärgert, Anne erwartet sie. Ich weiß genau, all dieses Gerede, daß sie eine Lügnerin, herrisch und kokett usw. ist, ist ein forciertes moralisches Urteil, wie man es über jeden fällen könnte. Wir alle lügen, wir alle versuchen, die anderen zu beherrschen, so weit wir können, wir alle wollen Bewunderung erregen, ohne sie im geringsten zu verdienen, wir alle ziehen soviel Nutzen wie möglich aus unserer Macht, andere zu bezaubern. Wenn Anne das zugeben wollte, so würde ich nicht mit ihr streiten. Aber sie gibt es nicht zu. Wenn sie Kinder hätte, würde sie aus der Tatsache, daß sie lügen, Nutzen ziehen, indem sie sich das Vergnügen verschafft, sie zu ohrfeigen. Wenn eine andere Frau mir schöne Augen machte, würde Anne nicht zugeben, daß sie weiß, was Koketterie ist. Sie selbst wird tun, was ihr gefällt, aber darauf bestehen, daß alle anderen tun, was die Konvention vorschreibt. Kurz gesagt, ich kann alles ertragen, nur nicht ihre verdammte Heuchelei. Die macht mich fertig.

MRS. WHITEFIELD *entzückt, weil sie glaubt, ihre eigene Meinung so beredt ausgedrückt zu hören*

Oh, sie ist eine Heuchlerin. Ja, ja. Nicht wahr?

TANNER

Und warum wünschen Sie dann, mich mit ihr zu verheiraten?

MRS. WHITEFIELD *weinerlich*

So ists recht! Du gibst natürlich mir die Schuld. Ich hab nie daran gedacht, bis Tavy mir sagte, sie sagte, ich hätte das vor. Aber du weißt, wie gern ich Tavy habe, er ist mir beinahe wie ein Sohn, und ich will nicht, daß man auf ihm herumtrampelt und ihn unglücklich macht.

TANNER

Während es bei mir nichts ausmacht, vermute ich.

MRS. WHITEFIELD

Oh, bei dir ist es etwas anderes; du bist im Stande, dich zu verteidigen. Du würdest es ihr schon geben. Und schließlich, irgendeinen muß sie ja heiraten.

TANNER

Aha, da spricht der Lebensinstinkt. Sie verabscheuen sie, aber Sie haben das Gefühl, daß Sie sie verheiraten müssen.

MRS. WHITEFIELD *erhebt sich entsetzt*

Du willst sagen, daß ich meine eigne Tochter verabscheue? Du hältst mich doch wohl nicht für so böse und unnatürlich, nur weil ich ihre Fehler sehe?

TANNER

Sie lieben sie also?

MRS. WHITEFIELD

Aber natürlich! Was für seltsame Fragen du stellen kannst, Jack. Wir können doch nicht anders, als unsere Blutsverwandten lieben.

TANNER

Nun, vielleicht erspart es einem Unannehmlichkeiten, wenn man das behauptet. Ich meinerseits habe den Verdacht, daß die natürliche Basis der Blutsverwandtschaft ein natürlicher Widerwille ist.

er steht auf

MRS. WHITEFIELD

So etwas solltest du nicht sagen, Jack. Ich hoffe, du wirst Anne nicht sagen, daß ich mit dir gesprochen habe. Ich wollte mich nur vor dir und Tavy rechtfertigen. Ich kann nicht stumm da sitzen bleiben und alles auf mich abladen lassen.

TANNER *höflich*

Genau.

MRS. WHITEFIELD *die nicht zufrieden ist*

Und jetzt habe ich nur alles schlimmer gemacht. Tavy ist böse mit mir, weil ich Anne nicht anbete. Und wenn man mir in den Kopf gesetzt hat, daß Anne dich heiraten sollte, dann kann ich nur sagen, es würde ihr recht geschehen.

TANNER

Vielen Dank.

MRS. WHITEFIELD

Nun sei aber nicht so dumm und verdrehe das, was ich gesagt habe zu etwas, was ich gar nicht sagen wollte. Man sollte mir Gerechtigkeit widerfahren lassen.

Anne kommt aus der Villa, von Violet gefolgt, die zu einer Autofahrt gekleidet ist.

ANNE *tritt an die rechte Seite ihrer Mutter, mit gefährlicher Sanftheit*

Nun, liebste Mama, du scheinst ganz reizend mit Jack geplaudert zu haben. Man konnte dich überall hören.

MRS. WHITEFIELD *erschrocken*

Hast du gelauscht –

TANNER

Keine Angst; Anne will nur – nun, wir haben gerade über diese ihre Gewohnheit gesprochen. Sie hat kein Wort gehört.

MRS. WHITEFIELD *entschlossen*

Es ist mir ganz gleich, ob sie etwas gehört hat. Ich habe ein Recht zu sagen, was mir beliebt.

VIOLET *tritt auf den Rasen und stellt sich zwischen Mrs. Whitefield und Tanner*

Ich bin gekommen, um mich zu verabschieden. Ich gehe auf Hochzeitsreise.

MRS. WHITEFIELD *weint*

Oh, sag das nicht, Violet. Und keine Hochzeitsfeier, kein Frühstück, keine Kleider, nichts!

VIOLET *streichelt sie*

Es ist ja nicht für lange.

MRS. WHITEFIELD

Laß dich nicht mit nach Amerika nehmen. Versprich mir das.

VIOLET *sehr entschieden*

Ich denke nicht daran! Weinen Sie nicht, Liebe. Ich ziehe nur ins Hotel.

MRS. WHITEFIELD

Aber dieses Kleid, und das Gepäck – da wird einem doch klar –

sie kann nicht weitersprechen, dann bricht es aus ihr heraus

Oh, ich wünschte, du wärest meine Tochter, Violet!

VIOLET *tröstend*

Aber, aber, das bin ich doch. Anne wird noch eifersüchtig.

MRS. WHITEFIELD

Anne macht sich überhaupt nichts aus mir.

ANNE

Pfui, Mutter! Nun komm, du darfst nicht mehr weinen, weißt du. Violet mag das gar nicht.

Mrs. Whitefield trocknet ihre Augen und fügt sich

VIOLET

Auf Wiedersehen? Jack.

TANNER

Auf Wiedersehen, Violet.

VIOLET

Je eher du auch heiratest, desto besser. Man wird dich viel weniger mißverstehen.

TANNER *unruhig*

Es kommt so weit, daß ich heute nachmittag noch heirate. Ihr alle scheint es euch in den Kopf gesetzt zu haben.

VIOLET

Es könnte dir schlimmeres passieren.

legt den Arm um Mrs. Whitefield

Fahren Sie doch mit mir ins Hotel. Die Fahrt wird Ihnen gut tun. Kommen Sie mit herein und holen einen Mantel.

Sie führt sie auf die Villa zu davon.

MRS. WHITEFIELD *während sie durch den Garten gehen*

Ich weiß nicht, was ich anfangen werde, wenn du weg bist, und nur noch Anne im Hause ist. Sie hat nur die Männer im Kopf. Ich kann wohl nicht erwarten, daß dein Mann sich mit einer alten Frau wie mir abgeben mag. Oh, du brauchst nichts zu sagen; Höflichkeit ist gut und schön, aber ich weiß, was die Leute denken.

Sie redet, bis sie und Violet außer Seh- und Hörweite sind.

Anne, allein mit Tanner, beobachtet ihn und wartet. Er macht eine unentschlossene Bewegung auf das Tor zu, aber irgendein Magnetismus an ihr zieht ihn, einen gebrochenen Mann, zu ihr.

ANNE

Violet hat ganz recht, du solltest heiraten.

TANNER *bricht aus*

Anne, ich will dich nicht heiraten. Hörst du. Ich will dich nicht heiraten, ich will nicht, will nicht, will nicht!

ANNE *ganz ruhig*

Nun, niemand bat euch, mein Herr, sagt sie, Herr, sagt sie, Herr, sagt sie. Das wäre also geklärt.

TANNER

Es stimmt, niemand hat mich gebeten, aber alle tun so, als wäre es eine abgemachte Sache. Es liegt in der Luft. Wenn wir uns treffen, gehen die anderen unter einem fadenscheinigen Vorwand weg und lassen uns allein. Ramsden macht keine finstere Miene mehr, wenn er mich sieht; sein Auge strahlt, als führte er dich mir schon in der Kirche zu. Tavy empfiehlt mich deiner Mutter und gibt mir seinen Segen. Straker behandelt dich ganz offen als deine zukünftige Arbeitgeberin; er hat es mir als erster gesagt.

ANNE

Hast du darum die Flucht ergriffen?

TANNER

Ja, aber ich wurde von einem liebeskranken Räuber aufgehalten und wie ein Schulschwänzer eingefangen.

ANNE

Aber wenn du nicht heiraten willst, dann brauchst du es doch nicht.

Sie wendet sich von ihm ab und setzt sich ganz behaglich hin.

TANNER *folgt ihr*

Gibt es irgendeinen Mann, der gehängt werden will? Und doch lassen sich Männer hängen, ohne um ihr Leben zu kämpfen, obgleich sie wenigstens dem Kaplan ein blaues Auge verpassen könnten. Wir tun den Willen der Welt, nicht unseren eigenen. Ich habe das schreckliche Gefühl, daß ich mich werde verheiraten lassen, weil die Welt will, daß du einen Gatten haben sollst.

ANNE

Ich glaube, eines Tages werde ich auch einen haben.

TANNER

Aber warum mich? Warum von allen Männern ausgerechnet mich? Für mich bedeutet die Ehe Abfall vom Glauben, Entweihung des Heiligtums meiner Seele, Verletzung meiner Männlichkeit, Verkauf meines Erstgeburtsrechtes, schmachvolles Ergeben, schmähliche Kapitulation, Annehmen der Niederlage. Ich werde zerfallen wie ein Ding, das seinen Zweck erfüllt hat und weggeworfen wird. Ich werde mich von einem Mann mit einer Zukunft in einen Mann mit einer Vergangenheit verwandeln; in den schleimigen Augen aller anderen Ehemänner werde ich die Erleichterung über die Ankunft eines neuen Gefangenen lesen, der ihre Schmach teilt. Die jungen Männer werden mich verachten, wie einen, der Ausverkauf gehalten hat; für die Frauen werde ich, der ich immer ein Rätsel und eine Möglichkeit war, nurmehr das Eigentum von jemand anderem sein – und dazu noch eine angeschlagene Ware, bestenfalls ein Mann aus zweiter Hand.

ANNE

Nun, deine Frau kann ja eine Haube aufsetzen und sich selbst häßlich machen, um dir Gesellschaft zu leisten, so wie es meine Großmutter tat.

TANNER

Damit sie umso unverschämter triumphieren kann, indem sie öffentlich den Köder wegwirft, nachdem die Falle hinter ihrem Opfer zugeschnappt ist.

ANNE

Was für einen Unterschied würde es schließlich auch machen? Schönheit ist auf den ersten Blick gut und schön, aber wer sieht sie noch, nachdem sie drei Tage im Haus gewesen ist? Als Papa unsere Bilder kaufte, kamen sie mir sehr schön vor; aber ich habe sie seit Jahren nicht mehr angesehen. Du machst dir aus meinem Aussehen gar nichts, du bist zu sehr daran gewöhnt. Ich könnte ebensogut ein Schirmständer sein.

TANNER

Du lügst, du Vampir, du lügst!

ANNE

Schmeichler! Warum versuchst du, mich zu faszinieren, Jack, wenn du mich nicht heiraten willst?

TANNER

Die Lebenskraft. Ich bin in den Fängen der Lebenskraft.

ANNE

Ich verstehe überhaupt nichts. Es klingt für mich nach Lebensrettungsgesellschaft.

TANNER

Warum heiratest du nicht Tavy? Er will doch. Kannst du denn nur zufrieden sein, wenn deine Beute sich wehrt?

ANNE *wendet sich ihm zu, als wollte sie ihn in ein Geheimnis einweihen*

Tavy wird nie heiraten. Ist dir nicht aufgefallen, daß diese Art Männer nie heiratet?

TANNER

Wie? Ein Mann, der die Frauen idealisiert? Der in der Natur nichts sieht, als eine romantische Szenerie für Liebesduette? Tavy, der ritterliche, der treue, der zartfühlende und ehrliche, Tavy soll nie heiraten? Aber er ist doch geboren, um vom ersten Paar blauer Augen, die ihm auf der Straße begegnen, verschlungen zu werden.

ANNE

Ja, ich weiß. Trotzdem Jack, solche Männer leben immer mit gebrochenem Herzen in bequemen Junggesellenwohnungen, werden von ihren Wirtinnen umschwärmt und heiraten nie. Männer wie du heiraten immer.

TANNER *schlägt sich gegen die Stirn*

Wie schrecklich, wie fürchterlich wahr! Mein ganzes Leben lang hat mir diese Wahrheit ins Gesicht gestarrt, und ich habe sie nie gesehen.

ANNE

Oh, es ist das gleiche mit den Frauen. Die poetische Natur ist eine sehr schöne Natur, sehr liebenswert, harmlos und romantisch, möchte ich sagen, aber es ist die Natur einer alten Jungfer.

TANNER

Unfruchtbar. Die Lebenskraft geht an ihr vorbei.

ANNE

Wenn es das ist, was du mit der Lebenskraft meinst, dann hast du recht.

TANNER

Du machst dir nichts aus Tavy?

ANNE *sieht sich vorsichtig um, ob Tavy auch nicht in Hörweite ist*

Nein.

TANNER

Und aus mir machst du dir etwas?

ANNE *steht ruhig auf und droht ihm mit dem Finger*

Aber Jack! Benimm dich!

TANNER

Du abscheuliches, gewissenloses Weib, du Teufelin!

ANNE

Boa Constrictor! Elefant!

TANNER

Heuchlerin!

ANNE *weich*

Das muß ich um meines zukünftigen Gatten willen sein.

TANNER

Um meinetwillen?

verbessert sich verzweifelt

Ich wollte sagen, um seinetwillen?

ANNE *überhört die Berichtigung*

Ja um deinetwillen. Es ist besser für dich, wenn du eine, wie du es nennst, Heuchlerin heiratest, Jack. Frauen, die nicht heucheln, gehen in vernünftigen Kleidern herum, werden beleidigt und verbrennen sich an jedem Feuer die Finger. Und dann werden ihre Männer auch aufgesaugt und leben in ständiger Angst vor weiteren Verbrennungen. Würdest du nicht lieber eine Frau haben, auf die du dich verlassen kannst?

TANNER

Nein, tausendmal nein. Was brennt, ist das Element des Revolutionärs. Man reinigt Männer wie man Milchkannen reinigt, indem man sie abbrüht.

ANNE

Kaltes Wasser hat auch seine Vorzüge. Es ist gesund.

TANNER *verzweifelt*

Oh, du bist witzig; im äußersten Moment stattet dich die Lebenskraft mit jeder notwendigen Eigenschaft aus. Nun, auch ich kann ein Heuchler sein. Das Testament deines Vaters hat mich zu deinem Vormund bestimmt, nicht zu deinem Freier. Ich werde meiner Aufgabe treu sein.

ANNE *in leisen Sirenentönen*

Bevor er sein Testament machte, fragte er mich, wen ich zum Vormund haben wollte. Ich habe dich gewählt!

TANNER

Dann ist es also dein Testament! Die Falle war von Anfang an gestellt.

ANNE *nimmt ihren ganzen Zauber zusammen*

Von Anfang an – von unserer Kindheit an – für uns beide gestellt – von der Lebenskraft.

TANNER

Ich will dich nicht heiraten. Ich will dich nicht heiraten.

ANNE

Oh doch, du willst, du willst!

TANNER

Ich sage dir: nein, nein, nein!

ANNE

Ich sage dir ja, ja, ja!

TANNER

Nein.

ANNE *schmeichelnd – flehend – beinahe erschöpft*

Ja. Sag ja, bevor es zu spät ist zu bereuen!

TANNER *wie von einem Echo aus der Vergangenheit getroffen*

Wann ist mir das schon einmal geschehen? Träumen wir beide?

ANNE *verliert plötzlich den Mut – mit einer Qual, die sie nicht verbirgt*

Nein. Wir sind wach; und du hast nein gesagt, das ist alles.

TANNER *brutal*

Nun?

ANNE

Ich habe einen Fehler begangen: du liebst mich nicht.

TANNER *nimmt sie in seine Arme*

Das stimmt nicht. Ich liebe dich. Die Lebenskraft hat mich verzaubert. Wenn ich dich in den Armen halte, halte ich die ganze Welt. Aber ich kämpfe um meine

Freiheit, meine Ehre, mein Selbst, mein eines und unteilbares Selbst.

ANNE

Dein Glück wird all das wert sein.

TANNER

Du würdest Freiheit, Ehre und dein Selbst gegen Glücklichsein tauschen?

ANNE

Für mich wird es nicht nur Glück bedeuten. Vielleicht den Tod.

TANNER *stöhnend*

Oh, diese Klaue hält fest und tut weh. Was in mir hast du gepackt? Gibt es ebenso ein Vaterherz wie es ein Mutterherz gibt?

ANNE

Nimm dich in acht, Jack: wenn jemand kommt und uns so sieht, wirst du mich heiraten müssen.

TANNER

Wenn wir beide jetzt am Rande eines Abgrunds ständen, würde ich dich festhalten und hinunterspringen.

ANNE *ermattet keuchend immer mehr von der Anspannung*

Jack, laß mich los. Ich bin zu kühn gewesen – es dauert länger als ich dachte. Laß mich los, ich kann es nicht ertragen.

TANNER

Ich auch nicht. Dann soll es uns umbringen.

ANNE

Ja, es ist mir gleich. Ich bin am Ende meiner Kräfte. Es ist mir gleich. Ich glaube, ich werde ohnmächtig.

In diesem Augenblick kommen Violet und Octavius mit Mrs. Whitefield von der Villa her. Mrs. Whitefield ist für eine Autofahrt eingemummt. Gleichzeitig kommen Malone und Ramsden, gefolgt von Mendoza und Straker durch das kleine Tor im Zaun. Tanner läßt errötend Anne los, die taumelnd die Hand an den Kopf hebt.

MALONE

Passen Sie auf. Mit der Dame stimmt etwas nicht.

RAMSDEN

Was soll das hier bedeuten?

VIOLET *kommt gelaufen und tritt zwischen Anne und Tanner*

Ist dir schlecht?

ANNE *taumelnd, mit äußerster Anstrengung*

Ich habe Jack versprochen, ihn zu heiraten.

Sie wird ohnmächtig. Violet kniet neben ihr und reibt ihre Hand. Tanner läuft zur anderen Seite und versucht, ihren Kopf zu heben. Octavius will Violet helfen, weiß aber nicht, was er tun soll. Mrs. Whitefield eilt in die Villa zurück. Octavius, Malone und Ramsden kommen zu Anne gelaufen, scharen sich um sie und beugen sich nieder, um zu helfen. Straker stellt sich kühl Anne zu Füßen, Mendoza steht ihr zu Häupten, beide aufrecht und gefaßt.

STRAKER

Also, meine Damen und Herren, was sie braucht ist keine Menschenmenge um sich herum, sie braucht Luft – so viel Luft wie möglich – Bitte, die Herrschaften –

Malone und Ramsden lassen sich sanft von Anne weg und den Rasen hinauf in den Garten treiben, während Octavius, dem seine Nutzlosigkeit klar geworden ist, ihnen folgt. Straker macht, ehe er ihnen nachgeht eine kurze Pause, um Tanner Anweisungen zu geben.

Heben Sie ihren Kopf nicht hoch, Mr. Tanner, lassen Sie'n flach liegen, damit das Blut wieder hineinlaufen kann.

MENDOZA

Er hat recht, Mr. Tanner. Vertrauen Sie der Luft der Sierra.

Er zieht sich zartfühlend bis zur Treppe zurück.

TANNER *erhebt sich*

Ich weiche Ihren überlegenen physiologischen Kenntnissen, Henry.

Er zieht sich in die Ecke des Rasens zurück und Octavius kommt sofort zu ihm geeilt.

OCTAVIUS *beiseite zu Tanner, er ergreift dessen Hand*

Jack, sei sehr glücklich.

TANNER *beiseite zu Octavius*

Ich habe sie gar nicht gefragt. Das ist eine Falle.

Er geht über den Rasen auf den Garten zu. Octavius bleibt wie versteinert stehen.

MENDOZA *tritt auf Mrs. Whitefield zu, die mit einem Glas Kognak aus der Villa kommt*

Was ist das, Madame.

Er nimmt ihr das Glas aus der Hand.

MRS. WHITEFIELD

Ein wenig Branntwein.

MENDOZA

Das schlimmste, das Sie ihr geben könnten. Erlauben Sie.

Er trinkt das Glas aus.

Vertrauen Sie auf die Luft der Sierra, Madame.

Einen Augenblick haben die Männer Anne vergessen und starren Mendoza an.

ANNE *legt den Arm um Violets Hals, flüstert ihr ins Ohr*

Violet, hat Jack etwas gesagt, als ich ohnmächtig wurde?

VIOLET

Nein.

ANNE

Ah!

Mit einem Seufzer äußerster Erleichterung läßt sie sich wieder fallen.

MRS. WHITEFIELD

Oh, sie ist wieder ohnmächtig geworden.

Alle kommen herbeigestürzt, aber Mendoza hält sie mit einer warnenden Geste zurück.

ANNE *auf dem Rücken liegend*

Nein, ich bin nicht ohnmächtig. Es geht mir ganz gut.

TANNER *geht plötzlich entschlossen auf sie zu, entreißt Violet Annes Hand und fühlt den Puls*

Also, ihr Puls hüpft nur so. Los! Steh auf. Was für ein Blödsinn. Steh sofort auf.

Er zieht sie ohne Umstände hoch.

ANNE

Ja, ich fühle mich wieder stark genug. Aber trotzdem, Jack, du hättest mich beinahe umgebracht.

MALONE

Ein stürmischer Freier, wie? Das sind die besten, Miss Whitefield. Ich wünsche Mr. Tanner viel Glück, und ich hoffe, Sie beide häufig als Gäste in der Abtei zu sehen.

ANNE

Vielen Dank.

Sie geht an Malone vorbei auf Octavius zu.

Ricky, Tavy, gratuliere mir.

leise zu ihm

Ich will dich zum letzten Mal weinen sehen.

OCTAVIUS *standhaft*

Keine Tränen mehr. Ich bin glücklich, weil du glücklich bist. Und ich glaube an dich, trotz allem.

RAMSDEN *tritt zwischen Malone und Tanner*

Sie sind ein glücklicher Mann, Jack. Ich beneide Sie.

MENDOZA *tritt zwischen Violet und Tanner*

Mein Herr, es gibt zwei Tragödien im Leben: Die eine ist, seinen Herzenswunsch unerfüllt zu sehen. Die andere ist, ihn erfüllt zu sehen. Mein Fall und der Ihre, mein Herr.

TANNER

Mr. Mendoza, ich habe keine Herzenswünsche, Ramsden, es ist sehr leicht für Sie, mich einen glücklichen Mann zu nennen, Sie sind nur ein Zuschauer. Ich bin einer der Hauptakteure, und ich weiß es besser. Anne, hör auf, Tavy in Versuchung zu führen und komm zu mir.

ANNE *willfährig*

Du bist verrückt, Jack.

Sie nimmt seinen angebotenen Arm.

TANNER *fährt fort*

Ich erkläre hiermit feierlich, daß ich *kein* glücklicher Mann bin, Anne *sieht* glücklich *aus*, aber sie triumphiert nur, hat nur ihr Ziel erreicht, hat nur gewonnen. Das ist kein Glück, sondern der Preis, um den die Starken ihr Glück verkaufen. Wir beide haben heute nachmittag folgendes getan: Wir haben dem Glück abgeschworen, der Ruhe abgeschworen, vor allem haben wir den romantischen Möglichkeiten einer unbekannten Zukunft abgeschworen, um die Sorgen eines Haushalts und einer Familie auf uns zu nehmen. Ich bitte darum, daß kein Mann die Gelegenheit ergreift, sich halb zu betrinken und blödsinnige Reden zu halten und auf meine Kosten grobe Scherze zu äußern. Wir haben vor, unser eigenes Haus nach unserem eigenen Geschmack einzurichten; und ich mache hiermit darauf aufmerksam, daß die sieben oder acht Reisewecker, die vier oder fünf Reisenecessaires, die Bratenbestecke und Fischmesser, die Kopien von Patmores »Engel des Hauses« auf Saffianleder und alle anderen Gegenstände, mit denen Sie im Sinn haben, uns zu überhäufen, sofort verkauft werden, und daß der Erlös dazu verwendet wird, Frei-Exemplare vom »Handbuch eines Revolutionärs« in Umlauf zu setzen. Die Hochzeit wird drei Tage nach unserer Rückkehr nach England mit einer Sondererlaubnis auf dem Standesamt in Gegenwart meines Anwalts und seines Bürovorstehers stattfinden, und diese Herren werden, genau wie ihre Klienten, im gewöhnlichen Straßenanzug sein –

VIOLET *in tiefer Überzeugung*

Jack, du bist ein Unmensch.

ANNE *betrachtet ihn mit zärtlichem Stolz und streichelt seinen Arm*

Laß sie nur, Lieber. Rede weiter.

TANNER

Rede!

Universales Gelächter

Zeittafel

1856	am 26. Juli in Dublin geboren
1871–1876	Büroangestellter bei einem Grundstücksmakler. Übersiedlung nach London, schlägt sich als kaufmännischer Angestellter, Klavierspieler und Journalist durch
1880–1883	Entstehung der Romane »The Irrational Knot« (Die törichte Heirat), »Love Among the Artists« (Künstlerliebe), »An Unsocial Socialist« (Der Amateursozialist)
1885–1894	Buchrezensionen, Kunst- und Musikkritiken
1891	»The Quintessence of Ibsenism«
1892	Uraufführung seines ersten Stückes »Widowers House« (Die Häuser des Herrn Sartorius) in London
1894	»Mrs. Warren's Profession« (Frau Warrens Gewerbe), »Arms and the Man« (Der Schlachtenlenker), »Candida«. Shaw wird Mitglied der sozialistischen Fabian Society, wird zu einem ihrer Führer
1897	»The Devil's Disciple« (Der Teufelsschüler). Uraufführung in New York
1898	»Caesar and Cleopatra«, »Captain Brassbound's Conversion« (Kapitän Brassbounds Bekehrung), »The Perfect Wagnerite« (Ein Wagner-Brevier)
1901–1903	»Man and Superman (Mensch und Übermensch)
1904	»John Bull's Other Island« (John Bulls andere Insel)
1905	»Major Barbara«
1906	»The Doctor's Dilemma« (Der Arzt am Scheideweg)
1911–1915	»Androcles and the Lion« (Androklus und der Löwe), »Pygmalion«, beide Stücke werden in deutscher Übersetzung uraufgeführt in Berlin bzw. Wien; Shaw wird Mitglied des akademischen Komitees der Royal Society of Literature
1913–1919	»Heartbreak House« (Haus Herzenstod)
1917	Reise nach Frankreich
1918–1920	»Back to Methuselah« (Zurück zu Methusalem)
1923	»Saint Joan« (Die heilige Johanna)
1926	Nobelpreis für Literatur
1928	»The Intelligent Woman's Guide to Socialism and Capitalism« (Wegweiser für die intelligente Frau zum Sozialismus und Kapitalismus)
1931	»Too True to be Good« (Zu wahr um schön zu sein). Reise nach Rußland

1932 Reise nach Südafrika. »The Adventures of the Black Girl in Her Search for God (Ein Negermädchen suchte Gott)

1933 Reise in die USA

1934 Weltreise. »The Simpleton of the Unexpected Isles« (Die Insel der Überraschungen)

1939 »The Good King Charles Golden Days« (Der gute König Karl), »Shaw Gives Himself away« später: »Sixteen Self Sketches« (Sechzehn selbstbiographische Skizzen)

1943 »Everbody's Political What's What« (Politik für jedermann)

1948 »Buoyant Billions«, Shaws letztes Stück, wurde in Zürich uraufgeführt

1950 am 2. November Tod in Ayot St. Lawrence

Bernard Shaw
im Suhrkamp Verlag

Vorreden zu den Stücken. Band I. Deutsch von Siegfried Trebitsch. Vorwort von Peter Suhrkamp. 1952

Klassische Stücke. Sonderausgabe zum 25. Todestag. 1975
Wegweiser für die intelligente Frau zum Sozialismus und Kapitalismus. Neu herausgegeben und aus dem Englischen übertragen von Ursula Michels-Wenz. 1978

Lustspiele in neuen Übersetzungen. 1977

Bibliothek Suhrkamp
Helden. Aus dem Englischen von Wolfgang Hildesheimer. 1970. Band 42

Pygmalion. Aus dem Englischen von Harald Müller. 1970. Band 66

Sechzehn selbstbiographische Skizzen. Aus dem Englischen von Siegfried Trebitsch, 1971. Band 86

Haus Herzenstod. Aus dem Englischen von Hans Günter Michelsen. 1971. Band 108

Mensch und Übermensch. Aus dem Englischen von Annemarie und Heinrich Böll. 1972. Band 129

Vorwort für Politiker. 1965. Band 154. Deutsch von Siegfried Trebitsch

Die heilige Johanna. Dramatische Chronik in 6 Szenen und einem Epilog. Deutsch von Wolfgang Hildesheimer. Mit Shaws ausführlicher Vorrede. 1971. Band 295

Handbuch des Revolutionärs. Aus dem Englischen von Annemarie und Heinrich Böll. 1972. Band 309

Ein ›Wagnerbrevier‹. Kommentar zum Ring des Nibelungen. Aus dem Englischen von Christian Grote. Vorwort von Joachim Kaiser. 1973. Band 337

Der Kaiser von Amerika. Eine politische Extravaganz. Deutsch von Annemarie und Heinrich Böll. 1973. Band 359

Sozialismus für Millionäre. Aus dem Englischen von Siegfried Trebitsch. 1979. Band 631

edition suhrkamp
Cäsar und Cleopatra. Deutsch von Annemarie und Heinrich Böll. 1965. Band 102

suhrkamp taschenbücher
Die Aussichten des Christentums. Deutsch von Siegfried Trebitsch. 1974. Band 18

Der Sozialismus und die Natur des Menschen. Reden und Aufsätze aus den Jahren 1884–1918. Aus dem Englischen von Ursula Michels-Wenz. 1973. Band 121

Der Aufstand gegen die Ehe. Autorisierte Übersetzung von Siegfried Trebitsch. 1976. Band 328

Politik für Jedermann. Aus dem Englischen übersetzt von Franz Fein. 1981. Band 643

Wegweiser für die intelligente Frau zum Sozialismus und Kapitalismus. Neu herausgegeben und aus dem Englischen übertragen von Ursula Michels-Wenz. 1981. Band 470

insel taschenbücher
Shaw-Brevier. Ein zeitloses Lesebuch für kritische Zeitgenossen. Herausgegeben von Ursula Michels-Wenz. 1976. it 159.

Alphabetisches Gesamtverzeichnis der suhrkamp taschenbücher